国家社科基金丛书
GUOJIA SHEKE JIJIN CONGSHU

中国全面开放新格局
战略研究

The Strategic Research on a New Pattern of
China's All-round Opening-up

何传添　霍伟东　李春顶　林创伟　著

人民出版社

序　言

经过改革开放四十多年的快速发展,中国已经成为世界第二经济大国、第一贸易大国、外汇储备第一大国。中国经济已经进入从要素驱动向创新驱动转型,从"引进来"为主到"引进来""走出去"并重的阶段。在此背景下,党的十八届五中全会提出打造"陆海内外联动、东西双向开放"的全面开放新格局。在党的十九大上,习近平总书记更是明确指出"以'一带一路'建设为重点,坚持引进来和走出去并重,遵循共商共建共享原则,加强创新能力开放合作,形成陆海内外联动、东西双向互济的开放格局"。可见,未来相当长的一段时间,打造"陆海内外联动、东西双向互济"的全面开放新格局将是我国对外开放的主要内容。

国家社科规划办紧紧围绕服务国家所需,设立了"研究阐释党的十八届五中全会精神"专项的国家社科基金重大项目。广东外语外贸大学联合西南财经大学、辽宁大学等兄弟院校,组成了一个研究经验丰富、研究能力较强的研究团队,申报并中标了名为"打造陆海内外联动、东西双向开放的全面开放新格局研究"的国家社科重大项目。在课题研究中,发表了高水平论文22篇,其中英文 SSCI 收录的论文7篇,中文 CSSCI 收录的论文10篇,完成的研究报告中有10篇得到副省级以上领导批示或者为省部级以上政府部门采纳(其中,1份得到中央政治局常委批示,2份得到中央政治局委员批示,1份得到外交部采纳,2份得到教育部采纳)。研究取得了较为丰硕的成果,为党和国家的决策提供了重要参考,并于2020年以免于鉴定的方式结项。

　　为了更好地和同行交流,并供对中国开放和发展感兴趣的朋友了解中国新时代全面开放新格局战略,我们把研究的主要观点整理写成了本书。全书紧紧围绕"中国在新时代为什么必须构建对外开放新格局""中国应如何构建对外开放新格局""中国的对外开放新格局将会是怎样的"这几个问题来进行研究,力争回答好这几个对我国构建全面开放新格局至关重要的问题。全书共分四个部分,十四章。第一部分:全面开放新格局的背景、理论与内涵,主要是对中国改革开放四十多年取得的经验进行回顾,并对发展经济学、制度经济学、马克思政治经济学中涉及开放和发展的相关理论进行回顾和评述。第二部分:扩大自主开放。这一部分共6章,主要是从6个方面阐述了可以通过什么样的国内措施来构建对外开放新格局。第三部分:全球合作共赢。这一部分共4章,主要是从4个方面论述了中国应该采取什么样的对外措施来构建对外开放新格局。第四部分:总结和展望,主要是对全书的研究结论进行总结,并对未来的中国开放新格局进行了展望。

　　本书是集体智慧的结晶。广东外语外贸大学的何传添教授负责了全书的规划、统筹,并参与了第一、二、三、十四章的写作;林创伟副研究员参与了全书的统筹、校对、修改,并参与了第九、十四章的写作;谭娜博士完成了第二、三、十章的写作。西南财经大学的霍伟东教授完成了第四、五、六、十二、十三章的写作。中国农业大学的李春顶教授完成了第七、八、九、十一章的写作,并参与了第十四章的写作。

　　本书从2020年6月交付人民出版社,经过近7个月的多次修改和完善,于2021年1月定稿出版。在此要特别感谢人民出版社的大力支持,以及孟雪博士非常认真、细致、高效的工作。最后,再次感谢国家社科重大项目"打造陆海内外联动、东西双向开放的全面开放新格局研究(15ZDC017)"的资助。

何传添
2021 年 1 月 26 日

目　录

第一章　构建全面开放新格局的背景

从 1978 年党的十一届三中全会确定我国进行改革开放至今,四十多年的光阴弹指一挥间。改革开放的四十多年取得了令人瞩目的成就,回顾改革开放的"渐进式"的发展历程,并不乏艰难险阻,但是我们仍沿着中国特色社会主义道路稳步前行,从实施计划经济到大刀阔斧地改革发展商品经济,再到顺应社会经济趋势的需要而发展市场经济,每一步都走得踏实有力;从设想的蓝图到真正构建中国特色社会主义,再到历经时代的洗礼而不断完善,直至今时今日的依法治国事业的蓬勃发展,国家治理水平不断提高,每一步都夯实稳固。改革开放的伟大航程经历暴风骤雨,开拓的帆却从未落下。

现如今,历经了波折,同时也收获了改革开放带来的成果,我们回顾过去,梳理这四十多年改革开放的路程,归纳取得的成就,总结这段历程的特征以期为进一步的改革和新时代全方位的开放提供经验,在理论和实践上不断丰富中国特色社会主义。

第一节　改革开放四十多年的历程

整体来看,从地理区位的角度看,改革自农村开始,后逐步向城市推进;从改革的领域看,改革的起点是经济领域的改革,然后发散式地覆盖到其他各个领域。将这一时期的发展过程归纳为四个阶段,分别是:"改革初期的探索阶段""社会主义市场经济体制框架构建阶段""社会主义市场经济体制的逐步完善阶段""'五位一体'全面深化改革的新阶段"。[①]

一、1978—1991 年:改革初期的探索阶段

1978 年,党的十一届三中全会顺利召开,到 1992 年党的十四大会议确立我国实行社会主义市场经济体制,这一时期是改革初期的探索阶段。

从改革的区域顺序看,改革并非一蹴而就,而是在科学规划、统筹安排下稳扎稳打。首先在农村进行改革,再逐渐向城市过渡,改革在试点区取得一定的发展成果惠及人民,积累了一定的可借鉴的经验后,再进行推广。农村的改革自安徽等地先行展开,实施家庭联产承包责任制;转变单一的经营方式为统一经营和家庭分散相互结合的双层经营,该统则统,该分则分,统分互为补充。这一改革取得可喜的成果,提高了农民劳动的积极性,获得广大人民的支持,借鉴改革成功的经验并结合区域发展进行一定的改良,逐步向全国范围内推广。从企业改革的方面看,集体经济恢复,个体经济逐渐发展;进行国有企业扩大自主权的改革,不再故步自封,提倡多元化。从财税体制改革的方面看,财税体制改革的总基调是放权让利,"利改税"以及"划分收支、分级包干"都为这一主题铺路。从流通体制改革的方面看,农副产品的统购统销制度被废除,激发农产品的市场活力。

从对外开放的历程看,经济园区是开放中的"先行兵",经济特区在改革开放的大背景下应运而生。1980 年,汕头、深圳、厦门和珠海被设置为经济特区,承担着区域增长极的重要角色,紧接着以城市为重点推进经济体制改革,开放了一批沿海港口城市,随后沿江开放乃至内地开放。开放格局不断扩大,深入发展,为经济发展注入新的血液和生命力。

[①] 高尚全:《改革:中国特色社会主义的伟大实践——中国改革 40 年的回顾和思考》,《全球化》2017 年第 9 期。

改革经历了时间的检验取得了傲人的成就,人们对进一步推进改革、深化改革达成一致共识。1984 年 10 月,十二届三中全会上明确了社会主义的基本内涵,即社会主义经济是公有制基础上的有计划的商品经济。改革在农村进行得如火如荼且成效显著,下一步改革的重点从农村转移到城市,全面推进改革的各项环节。从企业作为微观主体的角度看,国有企业进行的改革措施,首先是企业经营方式的改革,承包制、租赁制调动了企业和员工的积极性。其次是管理制度的改革,推行劳动合同制和工效挂钩,普遍实行厂长责任制,这些涉及分配和用工等方面的改革为国有企业注入新的内在生命力。从宏观管理体制方面看,改革覆盖价栺、金融、财税和流通体制的各个方面。具体措施有:在"调、放、管"相结合的思路下理顺商品和服务的比价关系;指令性的计划内容将被削减;银行组织体制的改革势在必行。此外,改革在政治、科技和教育等领域也将相应拉开序幕。

二、1992—2002 年: 社会主义市场经济体制框架构建阶段

1992 年是改革开放历程中关键性的一年。这一年召开的党的十四大提出建立社会主义市场经济体制的改革目标,十四届三中全会通过了《中共中央关于建立社会主义市场经济体制若干问题的决定》,为社会主义改革指明了方向。至 2002 年,初步建立完成社会主义市场经济体制的基本框架。

在确立框架的这一阶段,改革的内容更为丰富,各个领域都进行了深刻的改革,主要包括以下方面:第一,在宏观管理体制方面,进一步完善改革初期对金融、财税、外汇、计划和投资融资领域的改革。于 1994 年提出系统性、全面性的改革方案,以分税制为重要内容的新的财政体制和以流转税为主体的流转税体制得以确立,这一系列措施,有力地增强了中央银行对经济发展审时度势的宏观调控职能。第二,在市场体系方面,生产资料和价格双轨制被取消,加大市场开放力度,竞争性商品和服务的价格不再被约束绑定,而是得到进一步放于,推动要素市场形成发展的步伐。第三,在国有企业改革方面,1997 年

召开的党的十五大上确立了我国的经济制度是公有制为主体、多种所有制共同发展的基本经济制度。改革要注意抓主要矛盾和矛盾的主要方面,把握宏观调控,有的放矢。国有经济布局得到有序调整,国有企业也顺应经济布局的调整积极推进其结构改革。从国有企业的类型看,国有的大中型企业进行企业组织形式上的改革,具体体现在改变其企业组织形式为国有独资、有限责任制或股份有限公司,组织形式更加多元化,产权更加明晰,经营更加规范化。对国有中小型企业而言,改革主要体现在经济组织的变革上,对中小企业实行并购、联合、承包或是租赁,对资源的充分利用和优化配置都十分有利。第四,在完善社会保障方面,养老制度得以完善,让人民老有所养;医疗保险制度逐步建立,让人民病有所医;居民最低生活保障制度及时制定,让人民贫有所依。另外,失业保险和社会救济制度也进一步发展,改革将目光聚焦于民生。

三、2003—2011 年: 社会主义市场经济体制的逐步完善阶段

2003 年 10 月举行的党的十六届三中全会,提出科学发展观以及构建社会主义和谐社会的伟大战略构想,并以此为指导对新时期新阶段经济体制改革作出全面的规划和科学的安排。2010 年 10 月召开了党的十七届五中全会,会议上提出建成完善的社会主义市场经济体制这一改革目标在 2020 年实现。自 2003 年始,我国的改革进入添砖加瓦的完善阶段。

在这一添砖加瓦的完善阶段,我国改革的领域向纵深发展,改革的力度不断加强,改革的步伐稳中有进。这一阶段改革的措施主要归纳为以下六个方面:第一,在所有制方面,实行一系列措施鼓励非公有制经济的发展,比如将对非公有制有约束和限定的法规和规定予以修订或清理,为非公有制经济的发展提供制度上的保证;市场准入上放宽对其限制,允许其进入法律未作出禁止进入的领域。第二,在财税体制改革方面,不断完善公共财政体制;冗余的税种予以取消,例如牧业税、农业税等。第三,在国有商业银行方面,加快推进股份制改革。第四,在改革投资体制方面,放大企业的投资自主权,缩减政府的

投资范围。第五,在要素市场方面,进一步推进要素市场的发展,使基本的生产要素,比如劳动、土地、资本以及技术产权等得到合理配置。发挥市场优势,加快水力、电能、石油和天然气等关键要素的市场化进程。第六,在社会保障方面,不断扩展社会保障的受众覆盖面,扩充社会保障体系的内容。

四、2012 年至今:"五位一体"全面深化改革的新阶段

2012 年,党的十八大召开,选举产生了以习近平同志为核心的新一届中共中央领导集体。在受到金融危机的冲击,国际上的经济局势不稳定、经济状况复杂多变的形势下,仍然保持经济增长稳中有进。

2017 年 10 月,党的十九大在北京召开,把中国的改革开放事业进一步推向深入。首先,党的十九大以来,以习近平同志为核心的党中央坚定不移地弘扬改革精神,高瞻远瞩地对中国改革开放下一步的发展方向和内容作出清晰的判断和明确的指示,不断推进改革的深入。其次,党的十九大宣布中国特色社会主义的步伐迈进新时代。过去我国社会的主要矛盾是人民日益增长的物质文化需求与社会生产之间的矛盾;新时代我国社会的主要矛盾发生了改变,应审时度势,把握新时代的主要矛盾——人民日益增长的美好生活需要和不平衡不充分的发展之间的矛盾。同时,党的十九大报告提出,在时代给予我们如何发展中国特色社会主义的重要课题上,我们党在时间的洪流中已经进行了诸多有意义、有价值、有启发的探索,也取得了一系列可喜的成果,在这一过程中,中国特色社会主义思想逐步形成和完善。回顾党的十九大以来改革发展的历程,党中央通盘筹划,尤其是最先推动党和国家机构上的改革,为其他方面的改革循序渐进地逐一推进铺路搭桥。

第二节　改革开放四十多年的伟大成就

党的十八大以来,党中央提出一系列治国理政的新理念。习近平总书记

提出,当代中国发展进步的活力之源是改革开放,它是我们党和人民大踏步赶上时代前进步伐的重要法宝,只有坚定而踏实地走改革开放之路,才能追赶社会日新月异的变化。党的十八大以来的改革开放,在推动我们党的事业和人民的美好愿景在逐一实现时迎来了重大转变。改革开放四十多年所取得的伟大成就,主要归纳为以下五个方面。

一、工作重点的转移:从以阶级斗争为纲到以经济建设为中心

党的十一届三中全会于 1978 年 12 月在北京召开,会议确定党和国家的工作重心转移到经济建设上来。这一转折具有重大的意义,它改变了传统的计划经济体制,以开放的态度迎接世界的巨变,推动国家的前进。以"解放思想,实事求是"的马克思主义思想路线作为源源不断的理论源泉。

二、经济体制的转变:从计划经济到市场经济

1984 年,党的第十二届三中全会在北京召开,会上在理论方面实现重大突破,通过《中共中央关于经济体制改革的决定》。突破传统固有认知——计划经济和商品经济是对立的关系,提出计划经济是公有制基础上的有计划的商品经济。经过时间的检验和实践的考察,1992 年召开的党的十四大提出建立社会主义市场经济体制的改革目标。制度基础构建的重要性不言而喻,它为价值规律在社会经济中的实现夯实基础,让价值规律在每一个微观主体上都发挥作用,从而激起创造的热情和发展的斗志。党的十六届三中全会于 2003 年 10 月在北京举行,会议提出新阶段的目标是完善社会主义市场经济体制。同时提出可持续发展的理念,要把握全面协调可持续,致力于促进人作为个体的发展和经济社会在宏观上的发展。改革经历时间的洗礼进入崭新的阶段,党的十八届三中全会是新阶段的重要节点,会议指出要紧紧围绕使市场在资源配置中起决定性作用深化经济体制改革,这既是对市场规律的充分认可,同样也是把市场经济规律纳入为社会主义市场经济建设服务的历史性丰

碑。从计划经济转变为市场经济,体现了党的与时俱进,顺应时代和社会的需要,是党具有创造性的伟大变革,同时为发展中国特色社会主义打下坚实的基础。

三、开放态度的转变：从故步自封到全方位开放

开放的过程是从部分城市的试点开放,再逐步推进为全方位的开放。归纳自 1979—1988 年开放的路径：首先在改革开放之初,国务院决定建设工业区,先在深圳蛇口试点。随后,经全国人大常委会决议,建设经济特区,批准深圳、汕头、珠海和厦门四地先行,根据市场指向进行探索。1984 年,继续拓宽开放的广度,以城市开放为重点扩大开放,批准大连、青岛和宁波等 14 个沿海城市开放。随后又实施以中心城市的开放带动腹地开放,沿海经济开放区应运而生,例如长三角、珠三角以及福建厦漳泉三角地带实现进一步的对外开放。而后的几年间,开放朝着广地域、大范围持续推动。1988 年,新增海南为新的经济特区。1990 年,中央决定开发上海浦东,浦东的开发和开放是 20 世纪 90 年代改革开放的重点和标志,带动长江流域的开放发展。在这一改革阶段,我国优惠的政策吸引了大量的外资企业进入,外资企业带来了资金、先进的技术和丰富的管理经验,国内商品市场欣欣向荣、蓬勃发展,对外开放发展有力地突破了计划经济的桎梏,使市场的活力得以充分地发挥和实现。

1992 年至今,开放的步伐每一步都坚固扎实。1992 年,邓小平同志南方谈话拉开对外开放进一步发展的序幕,开放的区位不再局限于沿海沿江,而是快速向内陆扩展。2001 年 11 月,我国正式成为 WTO 第 143 个成员。从此,改革开放进入快速发展的历史时期。2002 年党的十六大召开以来,吸收和利用外资目标、规模和质量都发生改变,由"双缺口"弥补到资本实现优化配置,规模不断扩大,质量全面提升。2010 年经济总量超过日本,排名上升至世界第二位。利用外资连续二十余年位居发展中国家首位。与此同时,改革开放也进入关键时期。2012 年党的十八大召开以来,在"五位一体"总体布局、"四

个全面"战略布局等新的发展理念的引领下对外开放有了更大的进展,中国开放的目光不仅聚焦于"引进来",更展望"走出去",随着"一带一路"伟大倡议的提出、举办 G20 峰会以及设立亚投行,这些行动都体现了中国以更包容的姿态、更强大的经济实力和更深刻的民族自信在国际市场扮演着不可或缺的角色。改革开放四十多年来,国际形势发生巨变,发展态势难以预料。当今世界全球经济低迷,贸易壁垒悄然抬头,中国已在全球化浪潮的冲击中从被动的接受者成为推动者乃至领军者。可以说,在 40 年前,这是无法估量的。

四、治国理念的转变:从人治到法治

从数千年的封建历史的传统,到新时代以致力于建设法治社会,走依法治国之路,改革迅速有力地在各个领域发扬壮大,造就惊人的历史性伟大进步。依法治国不仅体现制度文明的发展,也体现着用法治思维和法律规范的治国智慧。社会主义市场经济的改革需要依法治国提供制度保障,这是不可逆转的社会发展的趋势,是顺应时代向前迈进的要求。1997 年,党的十五大召开,会议上提出党领导人民治理国家的基本方略是依法治国,建设社会主义法治国家。同时,将过去提法中"建设社会主义法制国家"的"法制"改为"法治",一字之差,意义深远,表明且凸显了法治理念的关键性、重要性和必要性。1999 年,第九届全国人民代表大会第二次会议通过了《中华人民共和国宪法修正案》,将依法治国的内容写进宪法。2012 年召开的党的十八大,再次重申了法治在社会管理和国家治理中的重要意义。因此,要实现建设社会主义法治国家,构建中国特色社会主义法律体系,就务必要沿着全面推进依法治国的道路坚定不移地前行。改革开放助力我国法治社会建设,并且为经济发展提供新动力、新保障。

五、人民生活的变化:从贫困落后到迈进小康

社会生产力在与生产关系不相适应的严峻状况下的发展难以为继,改革

开放势如破竹极大地改善了这一局面。解放了生产力,促进了生产率的提高,增加了社会财富的同时使改革的成果惠及全民。具体来看,改革开放四十多年来,我国城乡居民的收入水平大幅度提升,1978 年城市和农村居民的可支配收入分别为 343 元和 134 元,到 2018 年这一数字分别为 39251 元和 14617 元,增量惊人。消费结构也发生变化,从温饱型转向小康型,城市居民的恩格尔系数由 1978 年的 57.5%下降至 2018 年的 27.7%,农村居民的恩格尔系数 1978 年是 67.7%,至 2018 年,这一数值降低至 30.1%。人民对于生活的需求不再是简单的维持温饱,而是有了更加多层次多样化的消费需求,生活水平得到质的飞跃。居民人均预期寿命也从 1981 年的 67.8 岁提高至 2018 年的 77 岁。

2016 年,中共中央、国务院印发《"健康中国 2030"规划纲要》,纲要提出到 2030 年要显著增强人民身体素质,提高居民预期寿命,至 2030 年的目标是人均预期寿命达到 79 岁。改革也融入社会教育方面,助力社会教育事业的发展,具体来看,文盲率显著降低,1982 年的文盲率是 22.8%,2015 年的文盲率降低至 3.6%。改革开放解放了人民的思想,拓展了人民的视野,推动教育事业蓬勃发展。2017 年普通高等学校本专科在校人数达到 2753.6 万人。改革开放不仅改善人民的生活,也重写了时代的命运。我们全面建成小康社会的奋斗目标在不懈努力下逐渐成为现实,人民的积极性、创造性、自主性和主观能动性在中国特色社会主义的建设中充分发挥,为社会发展提供源源不断的支持和动力。

第三节　改革开放四十多年的特征

中国的改革开放是一部革故鼎新、不断探索和创新的历史。在庆祝改革开放走过 40 年伟大征程的大会上,习近平总书记将 40 年来改革开放的经验归纳为九点,即九个必须坚持的方面,具体内容有:第一,必须坚持党对一切工作的领导;第二,必须坚持以人民为中心,不断实现人民对美好生活的向往;第三,必须坚持马克思主义指导地位,不断推进实践基础上的理论创新;第四,必须坚持走中国特色社会主义道路,不断坚持和发展中国特色社会主义;第五,必须坚持完善和发展中国特色社会主义制度,不断发挥和增强我国制度优势;第六,必须坚持以发展为第一要务,不断增强我国综合国力;第七,必须坚持扩大开放,不断推动共建人类命运共同体;第八,必须坚持全面从严治党,不断提高党的创造力、凝聚力、战斗力;第九,必须坚持辩证唯物主义和历史唯物主义世界观和方法论,正确处理改革发展稳定关系。从1978年党的十一届三中全会宣布改革开放的伟大决策,四十多年间,我国经济飞速发展,取得举世瞩目的成就,我国经历着工业化的进程,迈进城市化的发展,从站起来到富起来,从富起来到强起来,循序渐进地向世界展现中国力量。对内改革与对外开放双管齐下,改善了人民生活,从温饱不足到基本实现温饱再到小康富裕的逐层式、阶梯式的迈进。深刻的变革对世界的发展也产生巨大的影响,树立了中国在国际社会中的良好形象,向世界展现中国智慧。

1978—2018年,我国经济取得历史性的飞跃,国内GDP年均增速达9.5%。多年以来,中国对世界经济增长的贡献在30%以上。中国已经用经济发展的数字证明自己:世界第二大经济体、制造业第一大国、货物贸易第一大国等。中国奇迹在世界发展的篇章中留下浓墨重彩的一笔。由于各国的经济基础具有差异性,发展情况并不相同,因此照搬其他国家的发展经验既不切实际也难以实行,中国的发展走出的是一条带有鲜明中国印记的中国特色发展之路,是依靠具体国情走出来的富有创新精神的发展道路。

站在经济学的角度看待中国发展之路,我们可以更加清晰地归纳出中国经济变迁的线索,中国经济发展的历史也将充实经济学理论的宝库。目前,站在21世纪、新时代的关键节点上,我国的经济发展进入重要时期,对我国经济体制改革的过程进行纵向的剖析和研究有助于为新时代的经济建设提供可借鉴的经验;与其他国家的改革进行同时期的横向比较有助于为改革提供新思路,推进改革纵深发展。基于此,归纳中国四十多年来改革开放模式具有下面八个方面的特征①。

一、改革的措施:增量改革与存量改革双管齐下,同时以增量改革的进展形成示范和激励效应带动存量改革

中国改革的部门由公有制经济部门和非公有制经济部门二元结构组成。中国的改革之路以"增量改革"为主,首先在不触动现有的"存量"格局、维持社会功能的正常有序运转的基础上,在"做大做强"的过程中通过增量的构成来改善整体,即在原有的体系之外培育新的体制,不急于求成。一方面,在体制内部维持一定稳态的基础上,继续深化改革;另一方面,在体制之外大力提高企业生产率,培养企业热情,激发企业活力。形成体制内外协同发展的状态。

增量改革的具体内涵是尽量减少对已有的存量利益的损害,让增量承担起厘清利益关系的角色,使其成为带动存量优化的动力,进而提升整体的发展质量。这种方式可以快速有效地将改革做大,再不断进行深化和巩固,改革可以充分地获得即时利益,快速获得发展成果并惠及人民,获得人民对于改革支持的热情。大力发展民营经济是改革过程中典型的"增量改革",民营经济从零出发到初具萌芽,从力量匮乏到独当一面,这一阶梯式的发展过程,是改革中实现的最为重要的增量。

1978 年之初,中国的私营企业个数为零。2018 年,全国个体工商户的数量达到 7000 多万户,私营企业的个数超过 3000 万家。全国税收和对 GDP 的贡献半数以上都来自私营企业,同时,私营企业也培育了 70% 以上的技术创新,解决了 80% 以上的城镇劳动就业。私营企业不仅惠及人民生活,也为国家的发展壮大提供支持。民营经济是增量的组成部分,民营经济的发展会推

---

① 武汉大学改革开放 40 年模式研究课题组:《中国 40 年改革开放模式的八大特征》,人民网,2018 年 12 月 26 日,见 http://theory.people.com.cn/n1/2018/1226/c40531-30489088.html。

动体制内加快改革,同时加速市场机制的发展和完善,形成国有企业和民营企业竞争与发展并举的局面。

目前,改革的重点依然是增量的改革,资本市场要求增量改革和存量改革协同发展,以增量改革推动存量改革。存量改革中有多重举措并行,比如各项制度的改革,具体来看涉及发行制度、退市制度、监管制度还有交易制度。股市更多地需要引进中长期的资金。要充分发挥市场的决定性作用,给予市场更多的自主权。监管机构发挥其职能和作用,强化事中和事后的监管。增量改革要把握科创板和注册制,使技术方面的创新和金融方面的创新并驾齐驱。设立科创板,实行注册制的优势在于一方面可以避开对手的竞争优势,开发自己的优势;维持存量市场的稳定,将对其影响降至最小幅度;另一方面,也可以有效地补充资本市场的劣势,利用上市、退市和交易等的作用加大对创新型企业的帮助。

从整体上看,中国经济体制改革并不是单一的孤立式的改革,而是改革旧体制与培育新兴事物两方面协同发展,任何一方面都不可或缺。新兴事物例如新的经济增长点、新兴产业或是新生部门的不断涌现,为国民经济的持续增长提供"源头活水"。

二、改革的路径:自上而下和自下而上互为补充,依据不同时期的背景和需要选择不同的路径,在制度安排上,自发性的制度变迁与强制性并存

制度经济学将改革的过程视为制度变迁的过程。纵观中国的经济体制改革历程,可以看到中国的经济体制改革具有双重性——既有自发性的性质,同时也有强制性的性质;前者体现在自下而上的路径中,后者蕴含在自上而下的路径里。自发性的制度变迁是对制度不均衡的本能的反应,往往会成为改革最容易的突破口;强制性的制度变迁体现在由国家以制定法律法规或是发布政府命令的方式来实施新的制度,进行制度创新,它补充了自发性存在的固有

的弊端,比如外部化困难、制度在供应上的匮乏以及滞后性等问题。

自下而上的制度变迁是由家庭联产承包责任制开启,统一劳动和平均主义分配降低了劳动的积极性,农民为了争取自身的利益,自发地组织和实行改变,家庭联产承包责任制悄然而生,将农户作为独立的个体允许其承包土地等生产资料,并按合同规定实现独立经营。1978年,家庭联产承包责任制率先在安徽省凤阳县小岗村试点实行,成为中国经济体制改革里程碑式的实践。1982年1月1日,"中央一号文件"明确指出包产到户、包干到户都是社会主义集体经济的生产责任制,这也是历史上第一个涉及农村经济政策的文件。由此,家庭联产承包责任制的成功经验在全国迅速得到推广,农民生产的积极性提高,生产效率大幅度增长,农产品数量猛增,这也标志着物资匮乏的票证时代成为历史,改革促使人民生活迈进新的时代。

统计数据表明,农村经济在改革开放中取得的成绩斐然,从1978年到1984年,农村的生产年均增速达到4.8%。农产品市场繁荣发展,粮食产量大幅度提升,1984年的粮食产量比1973年增长了30%以上,达到4.1亿吨。同时,农村的工业化进程也在逐步推进,农村的剩余劳动力向非农产业转移,涌现大批乡镇企业,开启农村工业化的新篇章。

三、改革的设计:发挥基层主体的主观能动性,使基层创新为顶层设计夯实基础,同时重点把握改革中的全局性、统筹性、协调性

改革由基层的创新和顶层设计相结合。一方面,基层的主要作用在于进行实践,得到可推广、可借鉴的经验。基层创新是改革的"排头兵",为改革先行试验,降低了改革过程中的风险,发挥"试验田"的示范效应。另一方面,顶层设计的重要性在于站在全局观的角度高屋建瓴地看待改革的整个进程,进行谋篇布局和科学的规划,有效避免改革过于松散和零乱,以长远的目光测度短期的行为。在改革走过的四十多年风雨历程中,顶层设计渗透在改革的血

液中,参与改革的全过程,主要体现在:有长期的规划,比如"新三步走战略";也有中期的计划,例如五年规划等;同时也不乏短期的目标,比如历年召开的中央经济工作会议,为基层创新指明前进的方向。

党的十八大召开至今,民生问题越来越受到重视和关注,精准扶贫和精准脱贫成为新时代亟待解决的重大战略问题,各种扶贫方式如雨后春笋般出现,扶贫范围拓宽到各个方面,比如产业方面、科技方面、就业方面和教育方面等。不懈努力下脱贫事业取得巨大的进展,2012—2017年,我国的贫困人口数量骤减,6年间,贫困人口数减少了约7000万人。到2020年年底,我国现有的贫困人口已全部脱贫。

四、改革的核心逻辑:处理好市场和政府之间的关系,充分发挥市场"无形的手"与政府"有形的手"的作用,形成市场有效、政府有为的局面

市场具有的巨大的优越性是政府无法替代的,要给予市场充分发挥作用的平台,让市场在市场经济的资源配置中发挥决定性的作用。因此,经济改革的重点就在于推动经济发展从政府的经济计划的带动转变为市场的"无形的手"实现资源的优化配置。市场不是万能的,可能会存在市场失灵等诸多问题,此时就需要政府发挥作用,确保构建完备市场机制和充分保证微观个体活力的发挥。

在资源配置的方式上,我国进行了有益的探索,从初期的起主体作用的计划经济,辅之以市场调节,随着社会经济的发展,市场在资源配置中的作用越来越突出,起着无可替代的基础性作用。新时期,明确指出市场在资源配置中的决定性地位。计划经济到市场经济,从基础性地位上升至决定性地位的一系列变化,政府对市场从约束到放开,政府"有形的手"对市场进行调节,弥补了市场的弊端。政府和市场的关系在经济发展提出的新的要求中变化、革新、补充以及完善,建立科学的联系,实现开创新的突破。

市场并非万能的,当市场机制无法发挥作用时,政府应该主动补充,辅助市场发挥作用,补充不是"越位",而是用适当的经济手段调节市场;辅助不是"替代",是致力于提供服务,简化审批等手续,为完善市场经济制度搭桥。同时,对于市场本身可以解决的问题,政府要主动"放手",减少干预,强化市场的作用以及推进要素的市场化改革,逐步构建起产权有效激励、要素自由流动、价格反应灵活、竞争公平有序、企业优胜劣汰的现代化经济体系。

五、改革开放的推动力:市场化是改革开放的方向,巩固市场化基础,法治化为市场化护航

法治渗透于新时期社会改革的各个方面,法治经济是市场化经济的根本。市场化和法治化相互依存,彼此影响,相互促进。没有法治化的市场必然会乱象丛生,没有市场化的法治也就谈不上活力和竞争力。法治建设的发展离不开市场化发展为其巩固的基础,市场化建设也需要法治化为其运转提供有力支持和保障。

党和国家的工作重点随着改革开放的深入转移到经济建设上来,经济体制改革发生根本性的转变,跨越性地实现从"计划经济"迈进"市场经济"的新阶段。这一改革解放了生产力,促进了生产效率的提高。同时,随着市场活力的不断涌现,经济获得持续发展的生命力,市场上微观主体的主观能动性也得到充分的开发,因此,加强法制建设刻不容缓。市场改革推动法制建设的过程,从社会主义法制的加强过渡到社会主义法制国家的建设,再进一步转变为依法治国的全面推进,层叠式的发展路径的每一次变化都致力于服务市场经济,为市场经济建设提供必要支持。

另外,市场体系在时代和社会变革的需求中日益完善,国企不再一家独大,民企崛起,和国企处于公平竞争的地位。更多领域的开放给予民企更多的机会,民营经济的潜力被充分地激发。同时,与非公有制经济相关的各项法律

法规也不断地健全和完备,为民营企业建设发展提供必要的支持,有利于充分发挥民营企业家投身于市场经济建设的热情和创造力。

六、改革开放进程的特点:"摸着石头过河",先试点后推广,统筹安排,科学规划,为改革蓄力

改革是漫长而困难重重的过程,并非一蹴而就。这一过程经历从地方、区域先行试验再层层深入、全面推广的过程,最终实现其整体推进的目标。我国改革的经验是在结合国情和顺应社会发展规律的基础上开展的,不同于国际上激进的"休克疗法"式的改革,我国的改革具有层层递进、循序渐进的特点,先部分后综合。这一方式的优势在于可以最大限度地分散风险,降低试错成本,避免个别的失误影响整个进程。不急于求成,在此渐进式的发展过程中培育市场以及完善市场建设。

从封闭到开放;从计划到市场;从农村到城市;从招商引资到企业的抱团出海;从先富带动后富,每一步的变化都是基于对社会经济现状、发展情况以及意识形态等充分考量而作出的重大变革。各领域、各方面的改革设计科学,扎实推进。对外开放经历了"点—线—面"的空间发展路径,实现了从局部到整体的发展过程,最终形成全面的、拓宽的以及层次性的发展形式。

七、改革的权利分配:各级政府各尽其职,形成纵向的权利分配机制,确保中央的权威性的同时调动地方积极性

能否正确处理好地方和中央的关系,对于经济发展、政治建设以及社会稳定都有十分重要的意义。因此,在改革开放的历程中,要准确把握中央和地方的权利与责任,使之与经济体制建设相适应。

合理的各级政府分配机制对于改革这一复杂而深远的工作来说十分必要。究其原因,首先,合理的各级政府分配机制对于系统性的改革工作起到指明灯的作用,定好改革的总基调,规定改革的底线确保改革稳扎稳打,不出现

根本性的错误。其次,中央政府的权威性的优势在于能够集中力量办大事,改革不能仅流浮于表面,要推进其深入发展。地方政府发挥积极性,根据地域特点形成不同的地方发展方式。

八、改革的市场:国际国内两个市场,充分利用资源,走开放推进改革、改革促进开放之路

改革和开放是不可分割的整体,彼此互为前提条件,互相推进。单一的脱离开放的改革是坐井观天,单纯的开放而内部不改革是不切实际的生搬硬套。中国的改革开放是具有历史意义的创举,充分开拓国际国内两个市场,资源得到合理的利用,对外开放给中国经济带来新的生命力,促进经济的飞跃。

开放带来了国际上的技术、经验以及人才,中国向发达国家学习,后来者居上,实现了快速发展,同时改革也倒逼了开放的步伐,促进了全方位开放格局的形成。中国于 2001 年加入世界贸易组织,这标志着中国成为世界贸易体系中的重要一员,不仅推动中国国际贸易的发展迎来新的阶段,也为世界各国的经济发展带来巨大的市场和大量的机会。随着加入世界贸易组织后外贸增速大幅提升,2013 年我国的货物贸易总量超过美国,位居世界首位。

加入世界贸易组织带给我国的不仅是经济的飞跃,也促进了我国的进一步开放。以全国统一实施 WTO 规则为突破口,消除国内市场分割,促进贸易自由化,缓解垄断部门独大的局面,市场上建立了统一完备的竞争秩序;现代化的新的企业制度相应建立,产权制度完善;金融业的开放促进了中国更好地融入全球资本流通体系。另外,外资的进入也倒逼企业创新、改进经营管理模式,促进竞争从而加快产业转型升级的步伐。

第二章　构建全面开放新格局的
理论基础

改革开放以来,我国始终坚持对外开放,并根据各个阶段的经济社会发展特点付诸实践。本章将介绍构建全面开放新格局的理论基础,主要内容包括马克思主义关于对外开放的论述、经济学的相关理论基础,以及部分重要理论的主要内容和对我国对外开放的重要启示。

第一节　马克思主义关于对外开放的论述

英国工业革命之后,机器逐渐取代了人力,欧洲的生产方式向资本主义生产方式转变,建立了以英国为核心的资本主义经济体系。在这一背景下,马克思和恩格斯的理论提出,从封闭走向开放是人类社会的必然趋势,这是马克思主义对外开放思想的体现。根据马克思主义理论,推动形成全面开放新格局对顺应国际分工体系、推动全球经济一体化,以及推动社会主义现代化建设都具有重要意义。具体而言,其必然性体现在以下几点。

一、进一步对外开放是国际分工发展的必然趋势

产业革命席卷欧洲后,本地已经消化不了高速发展的生产力,另外,生产

活动不再局限在个体,每个生产环节也开始细分,使得国内各生产部门之间、国家之间都出现了更细化的分工。马克思认为:"机器发明之后分工才有了巨大进步……由于有了机器,现在纺纱工人可以住在英国,而织布工人却住在东印度。在机器发明以前,一个国家的工业主要是用本地原料来加工。"①在国际分工的大潮流中,自给自足的生产模式已经逐渐被取代,通过国际化的生产链,国家之间的分工合作愈加紧密。马克思说:"处在有利条件下的国家,在交换中以较少的劳动换回较多的劳动……较高的利润率就可以和较低的商品价格同时存在。"②

在改革开放四十多年的进程中,我国积极融入了国际分工的潮流。我国主要通过劳动力成本低廉这一成本优势大力发展制造业,推动经济发展,融入国际生产链条。随着我国开放程度不断加大,在国际分工这一大趋势下,坚持改革开放、推动形成全面开放新格局,是我国必将坚守的道路。

二、进一步对外开放是经济全球化发展的必然选择

马克思和恩格斯认为资本主义的生产方式区别于以往的显著特征,就是其具有的国际性质。世界的生产活动开始连成一个整体,生产流程不再局限于一个国家,而是面向世界,生产链条的各个部分由不同的国家负责,各个国家互相合作。

随着分工和技术的发展,世界各地的交通运输和沟通交流都愈加方便快捷,国家或地区的市场逐渐发展成为世界市场。马克思提到:"世界市场不仅是同存在于国内市场以外的一切外国市场相联系的国内市场,而且同时也是作为本国市场的构成部分的一切外国市场的国内市场。"③世界市场把各个国家连接起来,加强了各地的商业往来和沟通以及资源的互补。"由于开拓了

① 《马克思恩格斯文集》第1卷,人民出版社2009年版,第627页。
② 《马克思恩格斯文集》第7卷,人民出版社2009年版,第265—266页。
③ 《马克思恩格斯全集》第30卷,人民出版社1995年版,第239页。

世界市场,使一切国家的生产和消费都成为世界性的了。……它们的产品不仅供本国消费,而且同时供世界各地消费。……过去那种地方的和民族的自给自足和闭关自守状态,被各民族的各方面的互相往来和各方面的互相依赖所代替了。"①"要知道每一个经济部门个别地、安静地独自存在的时代早已过去了,现在它们全都互相依赖,既依赖遥远的国家的进步,也依赖紧邻的国家的进步以及世界市场变化无常的行情。"②

改革开放四十多年来,我国实现了经济高速增长,而这一目标的实现离不开国际分工,离不开世界市场和经济全球化。党的十九大报告中提到,我国经济体制改革要实现"要素自由流动、价格反应灵活、竞争公平有序",这是积极顺应经济全球化的体现。在此指导下,我国的市场经济将会得到更大的发展。因此,推动形成全面开放新格局,是促进我国经济发展和顺应经济全球化发展的必然选择。③

第二节 经济学的相关理论基础

一、制度经济学与改革开放制度变迁

中国改革开放四十多年的实质是制度变迁的多年。④ 以科斯为代表的新制度经济学与中国制度变迁在两个方面是契合的:一方面,新制度经济学指出,要把资源配置问题与经济社会既定的激励结构问题相结合,才可以更好地剖析经济运行规则。而激励结构是由制度及产权决定的,因此产权明晰是市场交易的前提。

另一方面,新制度经济学系统分析了经济中的交易成本和产权问题,而我

---

① 《马克思恩格斯文集》第 2 卷,人民出版社 2009 年版,第 35 页。
② 《马克思恩格斯全集》第 21 卷,人民出版社 2003 年版,第 339 页。
③ 韩晓梅:《马克思主义理论对形成全面开放新格局的启示》,《经济学家》2018 年第 2 期。
④ 卢现祥、朱迪:《中国制度变迁 40 年:回顾与展望——基于新制度经济学视角》,《人文杂志》2018 年第 10 期。

国改革开放以来的经济高速增长在很大程度上得益于制度性交易成本的下降。制度性交易成本的下降,是我国从计划经济体制转向市场经济体制中制度变迁的结果。而目前供给侧结构性改革中的降成本也主要是通过深化改革降低我国的制度性交易成本。

我国的改革与开放是相互促进的,开放倒逼了改革和制度变迁,打破了制度变迁中的路径依赖。开放得越好的时机,也越是改革有成效的时机。因此,推动形成全面开放新格局将是我国全面深化改革的突破口,也将会进一步促进我国的经济发展。

二、宏观经济学与内外经济联动发展

宏观经济学中认为,开放型经济需要将国内经济与国际市场接轨,充分参与国际分工并在参与过程中发挥出自身优势。[①] 当今,面对新一轮的开放浪潮,中国将以一个更积极开放的态度拥抱世界,进一步扩大对外开放,推动形成全面开放新格局,增强开放的高度和深度,这既是构建开放型经济的内在要求,也是适应全球经济调整的必然选择。

未来中国的改革开放必然充满机遇,但同时也存在艰难的挑战。最近美国挑起的中美贸易摩擦以及各国关系的进一步调整,也意味着中国的对外开放需要随着时代发展而作出调整。在全球经济面临重大调整和挑战的关键时期,我国应当迎难而上,在更高的水平上开放自身的大门,需要与世界全方位接轨;同时,我们要充分考虑如何处理国内外的布局问题,极力推动各产业的升级改造和机制变革。

（一）进一步对外开放,是充分利用国际国内两个市场、发展更高层次的开放型经济的要求

在走向开放型经济的过程中,我国应当统筹兼顾国内经济稳定发展与世

---

① 周小川:《走向开放型经济》,《经济社会体制比较》1992 年第 5 期。

界经济深度融合发展两个大局,在加快推进国内经济市场化改革的基础上,积极融入世界经济体系,找到自己的定位。我国进一步对外开放所面临的主要机遇如下。

第一,我国经济面临新的一轮开放浪潮。在博鳌亚洲论坛 2018 年年会上,习近平主席指出,我国对外开放的重大举措将尽快落地,努力让开放成果及早惠及中国企业和人民,及早惠及世界各国企业和人民。我国经济已进入新的对外开放机遇期,开放已经进入新时期,有着许多机会。中国货物贸易量目前处于世界之最,在全球经济治理体系中的话语权明显增强。根据国际组织的统计,加入 WTO 以来,中国的经济发展是全球经济增长的动力源泉,平均贡献了大约30%,这占了一个非常大的比重。第二,我国经济转型升级的成效初显。我国推进供给侧结构性改革以来,以"三去一降一补"为重点任务的改革已经取得初步成效,经济结构不断优化,创新能力也显著增强。目前,全球经济面临增长乏力且恢复缓慢,中国的进一步对外开放,一是使得中国经济保持稳定发展,二是新跃升的中国经济也能为世界经济注入新动能。①

(二) 进一步对外开放,是作为一个经济大国,更加全方位融入世界经济的要求

在目前阶段,"大国模型"是思考未来中国宏观管理的前提条件。② 所谓"大国模型",即一个大国的活动影响范围是世界性的。中国是一个经济大国,所以应该以一个更开放的态度去拥抱世界。人民币国际化、"一带一路"倡议、构建人类命运共同体等,体现了中国担当。例如,1994 年的中国汇率改革,当年因中国对外贸易额占比不高,并没有引起其他国家的较多关注。2015

① 董志勇、李成明、吴景峰:《我国金融对外开放历程及其战略取向》,《改革》2018 年第 9 期。
② 张平:《从"摸着石头过河"到"大国模型"——改革开放四十年中国宏观经济学理论的演变》,《文化纵横》2018 年第 6 期。

年 8 月 11 日,人民币汇率改革的目的是按照市场透明规则定价。2016 年 10 月 1 日,人民币正式加入 SDR,人民币更深层次地开始了国际化进程。在这一进程中,我国应加快推进包括金融在内的全方位深层次的配套改革,切实提升我国经济与金融体系开放发展的水平和质量,从根本上提高自身实力,为人民币的国际储备货币地位提供牢固的支撑。

随着中国在世界范围内有了举足轻重的影响,中国对于世界价格也不再是被动接受,而是积极去参与和行动。长期来看,随着世界政治经济多极化发展与中国经济实力的显著提升,既定的国际经济规则与金融体系等都需要作出相应调整,中国的进一步对外开放将促进经济全球化和完善全球治理体系。

三、发展经济学与经济发展方式转变

发展经济学较为关注的一个话题是贫穷的国家怎样摆脱"贫困陷阱"并实现经济发展,这为那些没有跟上工业化潮流的贫穷国家指明了发展的思路。但仍然存在争议的是,当一个国家处在工业化中后期而又没有进入发达状态时,如何发展经济,如何避免陷入"中等收入陷阱"。[①] 中国经济已经起飞,并且跨入中等收入阶段,此时,我国已经意识到需要转变发展方式。但是转变发展方式的挑战十分艰巨,需要坚强的决心和深层次的体制改革。

进一步对外开放,是我国由沿海先行发展战略向区域平衡发展战略转变的要求。改革开放后,中国结合了各区域的特点,让一部分地区有条件先发展起来,因此经过四十多年的发展,目前我国沿海地区收入水平较高,部分地区已达到中等发达国家收入水平,但不平衡的区域发展使得沿海和内陆的发展差距十分显著。

在沿海地区发展起来之后,沿海先行发展战略必须转变到各个区域平衡发展战略。我国先后实施的西部大开发、东北老工业基地振兴和中部地区崛

---

① 郭熙保、马嫒嫒:《发展经济学与中国经济发展模式》,《江海学刊》2013 年第 1 期。

起等战略已取得初步成效,中西部追赶东部的势头非常强劲。而进一步对外开放,构建陆海内外联动、东西双向互济的全面开放新格局,是我国区域平衡发展战略的必然要求。全面开放体现在开放空间上,就是优化区域开放布局,加大西部开放力度,改变我国对外开放中东快西慢、沿海强内陆弱的区域格局,逐步形成沿海内陆沿边分工协作、互动发展的全方位开放新格局。

四、其他重要理论的综述

(一) 全球价值链理论与产业转型升级

中国目前已成为"世界工厂",是全球价值链的重要参与者。但是,与发达国家相比,我国主要处于生产链的下游①,参与全球价值链的收益较低。目前我国部分企业参与全球价值链生产的主要优势是劳动力成本较为低廉,在劳动密集型的低、中技术行业有较强竞争力,但随着我国人口老龄化的到来,这些行业正面临着被其他发展中国家取代的威胁。此外,我国在高铁、电力等制造业领域也具有一定竞争力,正在逐步向上游价值链迈进。

对外开放对于一国参与和升级全球价值链具有明显的促进作用。因此,进一步扩大对外开放将有助于我国制造业更深层次地融入全球价值链,提升中国在全球价值链中的地位和话语权,实现经济高质量增长。一是在制造业方面需要进一步扩大开放。目前我国在电子信息、装配制造等先进制造业部门,在全球价值链中具有一定的竞争力,但与韩国、日本等国家仍存在一定差距。② 高铁、电力、电信、纺织等部门也在全球价值链中处于较为领先的地位,保持较高的出口水平。③ 制造业的进一步对外开放将有助于加强区域间合

---

① Amador J., Cappariello R., Stehrer R., "Global Value Chains: A View from the Euro Area", *Asian Economic Journal*, Vol.29, No.2, 2015, pp.99-120.

② 张会清、翟孝强:《中国参与全球价值链的特征与启示——基于生产分解模型的研究》,《数量经济技术经济研究》2018年第1期。

③ 李宏、陈圳:《中国优势制造业全球价值链竞争力分析》,《审计与经济研究》2018年第2期。

作,强化我国现有的制造业优势,助推产业升级。

二是在生产性服务业方面需要进一步扩大开放。目前我国在生产性服务业方面竞争力较小,参与国际分工的程度仍有较大的进步余地①,这也在一定范围内制约了其他部门更深层次地融入全球价值链。限制生产性服务业发展的一个关键因素是我国的服务贸易开放度不足,例如金融、电信等行业的垄断经营程度较高,效率、创新水平和国际竞争力较低。② 生产性服务业的进一步对外开放将有助于促进生产性服务业提高竞争力,参与国际分工并融入全球价值链,也将为其他部门在全球价值链中的高效运转提高良好的生产服务环境。③

(二) 经济全球化理论

全球化这一概念于 20 世纪 80 年代末 90 年代初逐渐被国内外学术界所广泛接受和使用。一般认为"全球化'一词最初是由经济学家莱维(Levy)在1985 年提出的,国际货币基金组织在 1997 年发布的《世界经济展望报告》中,定义为:"全球化是指跨国商品与服务交易及国际资本流动规模和形式的增加,以及技术的广泛迅速传播使世界各国经济的相互依赖性增强。"具体而言,经济全球化(Economic Globalization)是指在科技革命的推动下,经济资源在全球范围内日益自由、全面、大量、结合地流动,使得世界各国经济日益融合,各国经济的发展与外部世界经济变动日益相互影响和制约。④

1.经济全球化理论的主要内容

首先,技术进步推动了经济全球化,经济全球化是技术进步和发展的结

---

① 顾国达、周蕾:《全球价值链角度下我国生产性服务贸易的发展水平研究——基于投入产出方法》,《国际贸易问题》2010 年第 5 期。
② 王爽:《全球价值链下我国生产性服务贸易发展:机理、特征与对策》,《宏观经济研究》2016 年第 10 期。
③ 唐朱昌、黄哲:《价值链研究视角下的对外开放——一个文献综述》,《广西财经学院学报》2019 年第 2 期。
④ 刘继森、何传添编著:《世界经济概论》,上海财经大学出版社 2010 年版,第 116—126 页。

果。在资源配置方面,技术进步促进了生产力的提高,使得全球资源在世界范围得到更为合理、高效的配置。信息、通信等技术的发展,促进资本、劳动力等生产要素市场突破了国家或地区的地理限制,在全球范围内流动,并迅速发展和壮大。在市场需求方面,技术进步使得全球各国可以共享更加广阔的市场,交通、通信等技术的进步推动了统一的商品在全球的进出口和销售,尤其是信息技术在商务领域的广泛应用极大地促进了经济全球化的发展。1995 年,世界贸易组织的建立标志着世界多边贸易体制的形成,进一步推动了经济全球化的趋势。

其次,跨国公司推动了经济全球化,跨国公司在全球范围内的生产和经营实现了更为优化的资源配置。近二十年是世界对外直接投资增长量最大、增速最快的时期,大量外资流入中国等发展中国家和地区是经济全球化发展的重要标志之一。进入 21 世纪以来,跨国公司在全球范围内的生产和竞争,推动了跨国兼并的浪潮。近年来的跨国兼并改变了过去大多是大企业吞并小企业的特点,实行了强强联合,企业合并规模大、兼并数量多、涉及金额巨大。跨国公司兼并浪潮进一步促进了生产在国家间的水平分工和垂直分工,促进了各种生产要素,特别是商品和资本在全球的流通。这不仅使得商品的生产资本全球化,而且使得借贷资本也加速全球化,促进了全球金融市场的紧密联系。因此,跨国企业的兼并浪潮推动了经济全球化的进程。

2. 经济全球化理论对我国对外开放的启示

我国的对外开放就是在经济全球化背景下展开的。借助经济全球化的趋势,我国发挥劳动力优势、利用全球的资本和市场发展经济,奠定了全球贸易大国和经济大国的地位。今天,中国已经成为全球第二大贸易国、全球直接投资最多的发展中东道国和全球最强劲的发展中母国,成为世界经济中举足轻重的力量。[1]

---

① 潘悦:《经济全球化新形势与中国开放型经济发展》,《理论视野》2013 年第 12 期。

随着 2008 年国际金融危机后全球经济呈现的高度不确定性,以及经济全球化的继续深入发展,我国要加快推进涉外经济体制改革,努力实现对外经贸关系的平衡发展,构建全面开放新格局。在对外贸易方面,全球主要市场持续低迷和弱增长,使得我国外贸出口面临市场规模大幅下降的趋势。在引进外资方面,主要发达国家的再工业化和制造业回流对我国产生了一定的负面影响,其他新兴市场国家的竞争力增强也对我国形成了较大挑战。在对外投资方面,我国对外投资主要以国有企业为主,部分国家的贸易和投资保护主义倾向的抬头,使得我国国有企业对外投资受到的制约和非经济风险显著提升。总体来看,改革开放以来,我国经济发展的外部环境在金融危机后发生了较大改变,因此我国要进一步扩大开放,应对经济全球化的新形势带来挑战,抓住机遇,促进我国开放型经济的发展。

(三) 区域经济一体化理论

区域经济一体化是指有关的主权国家为实现区域内外的经济合作、联合或融合而实行的制度安排。[①] 参与区域经济一体化的国家采取合作,共同推动区域内部的自由贸易,主要是希望通过合作的方式消除贸易壁垒,深化彼此之间的分工,从而获得更多的福利。

1.区域经济一体化理论的主要内容

根据区域经济一体化理论,一国参与区域经济合作可以获得静态利益和动态利益。静态利益主要指的是在关税取消之后,贸易量的增大,包括贸易流效应和贸易条件效应。[②]

贸易流效应主要指区域成员之间贸易壁垒消除之后贸易量的增长,即所谓的贸易创造效应。区域经济合作组织成立之后,成员之间的关税壁垒将被

---

① 全毅:《全球区域经济一体化发展趋势及中国的对策》,《经济学家》2015 年第 1 期。
② 陈继勇、胡艺:《中国互利共赢的对外开放战略》,社会科学文献出版社 2014 年版,第 31—57 页。

取消,引起的同盟内一个成员国国内较高成本产品的消费向同盟内伙伴国国内较低成本产品的转移。这种转移具有两方面的内容:一是减少或取消与国外产品同类的成员国国内商品的生产,成员国国内所需产品转而从伙伴国进口;二是增加消费伙伴国的产品以替代成本较高的成员国国内产品。前一种情况相对于成员国国内生产是一种成本的减少,这产生了一种生产效应(Production Effects);后一种情况使成员国对这种产品的消费需求增加,进一步增加该国消费者剩余,这是一种消费效应(Consumption Effects)。

贸易条件效应主要指国际区域经济合作带来成员贸易条件的改变。自20世纪50年代,普雷维什和辛格提出了著名的"普雷维什—辛格命题",即发展中国家在与发达国家进行不等价交换中,贸易条件不断恶化,与发达国家的收入差距也将不断拉大。但大量的实证分析已发现,对于发展中国家而言,参与国际区域经济合作有利于改善一国的贸易条件。

动态利益则指的是关税及非关税壁垒的消除,使商品、资本交易的成本降低,为深化分工创造市场条件,从而推动经济增长。国际区域经济合作通过一体化程度的提高,改善一国宏观经济政策质量,引进、模仿和吸收一体化伙伴国的先进技术等,使得一体化通过影响本国要素使用效率,最终促进经济增长。国际区域经济合作还会对区域投资水平产生影响,进而增强其长期增长。一般认为,国际区域经济合作促进投资主要源于两大因素:一是伴随商品、资本及其他要素流动障碍的消除所激发的区域成员相互投资的增加;二是增加区外企业的对内投资。

此外,国际区域经济合作还可以给成员国带来非传统收益,包括发布经济稳定信号,通过一体化对外显示出经济稳定、对外开放的信号,有利于吸引外部投资;展现具有信用的形象,即加入一体化组织可以使一些发展中小国对外更具有信用形象,增强外部投资信心;增加谈判筹码,建立国际区域经济合作组织可以使区域内成员国与区域外国家或地区谈判时更有讨价还价的优势;获得保险,对于发展中成员小国而言,加入国际区域经济合作组织犹如购买了强有力的后备保险,尤其是当与发达成员国经济一体化时保险效果更加明显;国际区域经济合作组织还可以作为协调成员国关系和政策的工具和机制。总之,区域经济一体化理论深入探讨了各国参与合作、寻求共赢的必然性和可能性。

2.区域经济一体化理论对我国对外开放的启示

近年来,以"一带一路"倡议为核心,中国加强了世界范围内的区域经济合作,取得了一定成果。我国先后与东盟、韩国、新加坡等亚洲周边国家建立自贸区(FTA);与新西兰、澳大利亚、智利、秘鲁、哥斯达黎加、冰岛、瑞士分别签订了自贸协定;积极与海湾合作委员会、以色列、挪威、毛里求斯等就建设自贸区问题进行磋商;积极研究与加拿大、斐济、尼泊尔、哥伦比亚、蒙古国与孟加拉国等的自贸协定,力图将辐射范围扩向非洲、拉丁美洲、欧洲。[1]

在区域合作过程中,未来中国还需要加快推进自贸区(FTA)建设,并与"一带一路"倡议相结合,统筹国内国际两个大局,构建高标准的自由贸易区网络。同时加强技术援助、合作与转让,分享深层次一体化的成果;并高度重视第三产业和高新技术产业的发展,提升经济产品附加值,多元化发展互补性产业,从而促进我国产业结构升级,形成区域内的科技核心力量。

(四) 要素流动理论

党的十八届三中全会作出《中共中央关于全面深化改革若干重大问题的决定》明确提出"构建开放型经济新体制",构建开放型经济新体制最重要的途径与目的在于"促进国际国内要素有序自由流动、资源高效配置、市场深度融合,加快培育参与和引领国际经济合作竞争新优势,以开放促改革"。

1.要素流动理论的主要内容

传统的贸易理论强调商品的自由流动。古典贸易理论,即绝对优势和比

---

[1]　魏思敏:《中国 FTA 现状及战略分析》,《时代金融》2015 年第 35 期。

较优势理论,从生产技术差异的角度,来解释国际贸易的起因与影响。在古典贸易理论中,劳动力可以在行业间自由流动,但并不能跨境流动。新古典贸易理论在新古典经济学框架下对国际贸易进行分析,其中,赫克歇尔—俄林(Heckscher-Ohlin)理论的核心内容是,在两国技术水平相等的前提下,产生比较成本的差异有两个原因:一是两国间的要素充裕度不同;二是商品生产的要素密集度不同。该理论的假设包含两种要素,并假定商品可以跨区自由流动,但要素只能在区域内的行业间自由流动,不能跨区流动。萨缪尔森(Samuelson,1948)对赫克歇尔—俄林理论做了重要的补充,正面探讨要素的自由流动。他分析在完全竞争、要素无成本流动、不存在规模经济的情况下,证明了国际贸易和分工代替了国际要素流动,国际分工和贸易的结果使得各国的要素价格绝对和相对的相等,即要素价格均等化(Heckscher-Ohlin-Samuelson)理论。

要素流动理论与贸易理论相互发展。原有的要素流动理论依附于贸易和增长理论,重视分析要素流动和贸易或者国际分工的替代关系。其后的新经济地理学和空间经济学,则强调要素集聚,获得要素效益、要素集聚就需要要素流动。以保罗·克鲁格曼(Paul Krugman)的研究为代表的新经济地理学和空间经济学理论更多地强调集聚的增长绩效。强调要素流动、产品和产业的空间迁移。主要包括三大模型:强调劳动空间流动的"核心—边缘"(CP)模型、强调资本空间流动的"战斧"理论(FC)模型以及强调企业家(人力资本)空间流动的"核心—边缘"(FE)模型。

2.要素流动理论对我国对外开放的启示

开放型经济的主要特征是商品、服务与要素在不同国家间自由流动,从而实现全球范围内资源的最优配置和经济效益的最大化。改革开放四十多年来,中国外向型经济发展取得了巨大的成就,是不断释放要素自由流动的结果,同时也在发展中不断加快了国内外要素的自由流动以及提高了要素资源的配置效率。但这种对要素的流动和配置的作用仍不够全面:各种要素流动表现参差不齐、区域差异显著;推动和形成作用的主体仍然是政府,在一定程度上阻碍了要素的有效配置;狙碍要素自由流动的因素不只存在于外贸制度领域,还深究到国内的制度环境。

结合当前国内外形势,世界经济复苏的长期性、艰巨性和复杂性更加凸显,全球经济结构和贸易格局面临着深刻调整。国际市场需求大幅下降,针对中国的贸易保护主义愈演愈烈,中国出口商品不断遭到反倾销、反补贴的调查,低碳和绿色壁垒也迫使中国出口企业艰难转型。而近年来国内劳动力成本不断上升、资源和能源等生产要素价格大幅上涨、出口产业传统的低成本优势大大弱化,而高耗能、高污染和资源性产业的过度发展造成中国生态环境恶化严重。因此,形成国际经济合作竞争新优势需要进一步提高要素效益,提高经济运行效率。其中的关键性环节是如何"促进国际国内要素的有序自由流动"。为此,我国必须进行外贸战略转型,加快各种要素的自由流动,提高资源的配置效率,提高要素效益,以此获得新比较优势,形成国际竞争优势,打破中国处于边缘区的原有国际分工体系格局,提升中国产品在全球价值链的位置。

(五) 经济增长阶段理论

在经历外部环境的变化和内部增长动力的调整后,中国经济增长速度正在从高速增长向中高速增长阶段转换。2019年中国的经济年均增长率为6.1%,中国经济增长的阶段性特征及相应的经济增长动力值得我们深入分析。

1. 经济增长阶段理论的主要内容

关于增长阶段的划分标准较为丰富,已有研究主要根据不同阶段的结构调整过程、驱动增长要素、增长形态特征等视角来对经济增长阶段进行划分。钱纳里等(Chenery 等)[1]的二业化阶段理论和罗斯托等(Rostow 等)[2]的经济

---

① [美]霍利斯·钱纳里、谢尔曼·鲁宾逊、摩西·赛尔奎因:《工业化和经济增长的比较研究》,吴奇、王松宝等译,格致出版社、上海三联书店、上海人民出版社 2015 年版。

② Rostow W.W., Kennedy M., *Theorists of Economic Growth from David Hume to the Present*: *With a Perspective on the Next Century*, Oxford University Press on Demand, 1992.

增长阶段理论主要是依据产业结构的调整步骤。钱纳里等将经济发展阶段分为初级产品生产阶段、工业化阶段和发达阶段。其中,工业化阶段进一步细分为四个阶段,即工业化初期阶段、中期阶段、后期阶段和后工业化阶段。工业化初期阶段,由农业向工业转型,经济发展以劳动密集型产业为主;中期阶段即重工业发展阶段,制造业内部由轻工业向重工业转变,主要以资本密集型产业为主;工业化后期阶段,第三产业尤其是新兴服务业实现持续高速增长,是经济增长的主要动力;后工业化阶段,制造业由资本密集型产业主导转变为技术密集型产业主导。进入发达阶段后,知识密集型产业将从第三产业中分化出来,成为经济发展的主要动力。

罗斯托等的经济发展阶段理论分为六个阶段,即传统社会阶段、准备起飞阶段、起飞阶段、走向成熟阶段、大众消费阶段和超越大众消费阶段。传统社会通常是封闭或者孤立的经济。准备起飞阶段的主导产业一般是第一产业或者劳动密集型的制造业。在起飞阶段,随着农业劳动生产率的提高,大量的劳动力从第一产业转移到制造业,外国投资增加,国家在国际贸易中的比较优势从农业出口转向了劳动密集型产品的出口,开始出口大量的服装和标准化的家电产品等。在大众消费阶段,主要的经济部门从制造业转向服务业,奢侈品消费向上攀升,生产者和消费者都开始大量利用高科技的成果,并欢迎外国产品的进入。超越大众消费阶段的主要目标是提高生活质量。罗斯托等的经济成长阶段论是在考察了世界经济发展的历史后提出的,他们强调了国际贸易对一国经济发展的重要性。

罗奥诺(Ohno)将一个国家或地区的经济增长用"赶超工业化"的四个阶段来描述。首先,处于初始阶段的国家特点为:文化单一,农业生产以基本的生活资料为主。当面临制造业外资的流入时,就会进入第一个阶段,此时国家在国外技术的引导下从事简单的制造业生产,当前越南即处于这个阶段。其次,当产业发挥集聚优势时,就会进入第二个阶段,此时国家内部已经拥有支柱产业,但仍然需要国外技术的引导,当前代表性国家有泰国和马来西亚。再次,当进入第三个阶段时,国家需要进行技术吸收,实现对管理和技术的熟练掌控,生产高质量的产品,当前韩国即为典型的进入第三阶段的国家。最后,当国家具备创新能力时,就能进入第四阶段,如当前的日本、美国和部分欧盟国家,此时国家能够胜任产品的设计和创新工作,成为该产业创新产品的全球引导者。[1]

奥克(Aoki)[2]依据在各个阶段驱动经济增长的要素不同来进行划分,将东亚式发展模式归纳为五个阶段,即马尔萨斯式的贫困陷阱阶段("M"阶段)、以政府为主导的发展阶段("G"阶段)、通过结构变迁实现的库兹涅茨—刘易斯式的发展阶段("K"阶段)、以人力资本为主导的经济发展阶段("H"阶段)以及后人口红利阶段("PD"阶段)。他认为中国 1952 — 1977 年、1978—1989 年、1990—2011 年分别处于"G"阶段、"K"阶段,以及"K""H"混合发展阶段。第一个阶段,由政府主导,将自然资源和资本由第一产业转移至第二、三产业,而劳动力转移则受到社会和体制制约;第二个阶段,经济增长主要由劳动力数量的增长和劳动力从第一产业向第二、三产业部门转移实现;第三个阶段,受独生子女政策影响,劳动力数量增长带来的人口红利对增长的贡献逐渐削弱,转而寻求劳动力结构转变,提高人口质量。

蔡昉依据增长形态特征的差异,将增长阶段分为"M"形增长(即马尔萨斯式的贫困陷阱增长阶段)、"L"形增长(刘易斯式的二元经济发展路径)、"T"形增长(刘易斯拐点)、"S"形增长(索罗式的新古典增长路径)。第一阶段主要由于物质资本和人力资本积累受限,导致增长长期处于"低水平的贫困陷阱";第二阶段得益于资本形成和劳动力增长以及劳动力受教育程度提高,能实现经济较快速增长;第三阶段则从"L"形向"S"形过渡,会出现刘易斯拐

---

① Ohno K., "Avoiding the Middle-Income Trap: Renovating Industrial Policy Formulation in Vietnam", *ASEAN Economic Bulletin*, 2009, pp.25-43.

② Aoki M., "The Five Phases of Economic Development and Institutional Evolution in China, Japan, and Korea", *Institutions and Comparative Economic Development*, Vol.150, No.1, 2012, p.13.

点,这一时期主要通过提高劳动力质量,增加劳动生产率,从而抵消由于资本边际报酬下降导致的资本回报率降低,推动经济增长;第四阶段,即新古典增长阶段,需要借助全要素生产率提高实现经济快速增长。①

2.经济增长阶段理论对我国对外开放的启示

目前我国东部主要省份第三产业占 GDP 的比重相对较高,人均收入较高。根据经济增长阶段理论,东部省份需要通过消费结构调整,并利用高人力资本积累程度较高的优势,进一步扩大开放,积极发展高端制造业和现代服务业,保持经济稳定增长。此外,目前我国东北三省及山西、河北等能源供应和炼化大省,因长期积累的产业结构和经济结构问题,旧有产业面临产能过剩和改革压力。这些省份则迫切需要通过产业结构转型挖掘新的增长动力,向效率驱动的增长模式过渡。对于人均收入较为落后,经济增长阶段较低的部分省份,应更多注重投资对增长的拉动作用。过早追求产业结构转型和不切实际的发展服务业,反而会对增长产生阻碍。因此整体来看,我国应当进一步深化对外开放水平,改善政府治理,为挖掘新的增长动力提供良好的制度环境,从而实现高质量经济增长。

---

① 蔡昉:《理解中国经济发展的过去、现在和将来——基于一个贯通的增长理论框架》,《经济研究》2013 年第 11 期。

第三章　全面开放新格局的内涵

　　党的十八大以来,以习近平同志为核心的党中央总揽战略全局,推进对外开放理论和实践创新,确立开放发展新理念,实施共建"一带一路"倡议,加快构建开放型经济新体制,倡导发展开放型世界经济,积极参与全球经济治理,更高水平的开放格局正在形成。从国际看,经济全球化深入发展,国际经济合作和竞争格局加速演变;从国内看,加快培育竞争新优势成为我国开放型经济的发展方向;从我国同世界关系看,我国与世界的关系在发生深刻变化,我国在国际舞台上的地位和作用大幅提高,同国际社会的联动互动空前紧密。党的十九大强调,要以"一带一路"建设为重点,坚持引进来和走出去并重,遵循共商共建共享原则,加强创新能力开放合作,形成陆海内外联动、东西双向互济的开放格局。这是我国顺应国际国内环境和条件深刻变化,赢得主动、赢得优势、赢得未来的战略抉择,具有丰富的理论与实践内涵、鲜明的时代特征和重大的现实意义。

第一节　重要文件、重要讲话的论述

一、重要文件中关于"全面开放新格局"的表述

　　党的十八大以来,我国的对外开放战略主要表现为开放领域的逐步扩大

和开放模式的转型,以及国内体制与世界规则的全面对接。具体而言,原先我国区域性推进的对外开放正在转变为全方位的对外开放;开放领域正在由传统的货物贸易向服务贸易扩展;市场准入的程度正进一步提高,市场环境也随着一系列法律法规的制定和完善而更加透明和规范。中国的扩大开放正在向更高质量、更深层次迈进。中国经济发展的巨大成就是在对外开放的条件下取得的,未来中国经济实现高质量发展也将在更加开放的条件下进行。以下我们将总结党的十八大以来,重要文件中与"全面开放新格局"有关的表述。

(一) 党的十八大报告

党的十八大报告提到:"全面提高开放型经济水平。适应经济全球化新形势,必须实行更加积极主动的开放战略,完善互利共赢、多元平衡、安全高效的开放型经济体系。要加快转变对外经济发展方式,推动开放朝着优化结构、拓展深度、提高效益方向转变。创新开放模式,促进沿海内陆沿边开放优势互补,形成引领国际经济合作和竞争的开放区域,培育带动区域发展的开放高地。坚持出口和进口并重,强化贸易政策和产业政策协调,形成以技术、品牌、质量、服务为核心的出口竞争新优势,促进加工贸易转型升级,发展服务贸易,推动对外贸易平衡发展。提高利用外资综合优势和总体效益,推动引资、引技、引智有机结合。加快走出去步伐,增强企业国际化经营能力,培育一批世界水平的跨国公司。统筹双边、多边、区域次区域开放合作,加快实施自由贸易区战略,推动同周边国家互联互通。提高抵御国际经济风险能力。"[1]

此外,十八大报告还提到:"中国将始终不渝奉行互利共赢的开放战略,通过深化合作促进世界经济强劲、可持续、平衡增长。中国致力于缩小南北差距,支持发展中国家增强自主发展能力。中国将加强同主要经济体宏观经济政策协调,通过协商妥善解决经贸摩擦。中国坚持权利和义务相平衡,积极参

---

[1] 《胡锦涛在中国共产党第十八次全国代表大会上的报告》,《人民日报》2012年11月19日。

与全球经济治理,推动贸易和投资自由化便利化,反对各种形式的保护主义。"①

(二) 党的十八届三中全会

党的十八届三中全会通过的《中共中央关于全面深化改革若干重大问题的决定》中提到:"紧紧围绕使市场在资源配置中起决定性作用深化经济体制改革,坚持和完善基本经济制度,加快完善现代市场体系、宏观调控体系、开放型经济体系,加快转变经济发展方式,加快建设创新型国家,推动经济更有效率、更加公平、更可持续发展。"②

其中在第七部分深入探讨了"构建开放型经济新体制"的相关内容,提出"适应经济全球化新形势,必须推动对内对外开放相互促进、引进来和走出去更好结合,促进国际国内要素有序自由流动、资源高效配置、市场深度融合,加快培育参与和引领国际经济合作竞争新优势,以开放促改革"。具体包括"放宽投资准入""加快自由贸易区建设""扩大内陆沿边开放"三个方面的内容。在"放宽投资准入"方面,提出要"统一内外资法律法规,保持外资政策稳定、透明、可预期。推进金融、教育、文化、医疗等服务业领域有序开放,放开育幼养老、建筑设计、会计审计、商贸物流、电子商务等服务业领域外资准入限制,进一步放开一般制造业"。"建立中国上海自由贸易试验区是党中央在新形势下推进改革开放的重大举措,要切实建设好、管理好,为全面深化改革和扩大开放探索新途径、积累新经验。在推进现有试点基础上,选择若干具备条件地方发展自由贸易园(港)区"。在"加快自由贸易区建设"方面,要"扩大对香港特别行政区、澳门特别行政区和台湾地区开放合作"。在"扩大内陆沿边开放"方面,要"支持内陆城市增开国际客货运航线,发展多式联运,形成横贯东中西、联结南北方对外经济走廊。推动内陆同沿海沿边通关协作,实现口岸

---

① 《胡锦涛在中国共产党第十八次全国代表大会上的报告》,《人民日报》2012 年 11 月 19 日。

② 《中共中央关于全面深化改革若干重大问题的决定》,新华社,2013 年 11 月 15 日。

管理相关部门信息互换、监管互认、执法互助"。"加快沿边开放步伐,允许沿边重点口岸、边境城市、经济合作区在人员往来、加工物流、旅游等方面实行特殊方式和政策"。

(三)《中共中央 国务院关于构建开放型经济新体制的若干意见》的发布

2015年9月17日,中共中央、国务院下发了《中共中央 国务院关于构建开放型经济新体制的若干意见》,具体阐述了构建开放型经济新体制的总体要求和管理体制改革,主要内容包括"构建开放型经济新体制的总体要求""创新外商投资管理体制""建立促进走出去战略的新体制""构建外贸可持续发展新机制""优化对外开放区域布局"五个方面。

其一在"构建开放型经济新体制的总体要求"方面,主要包括了"建立市场配置资源新机制""形成经济运行管理新模式""形成全方位开放新格局""形成国际合作竞争新优势"四个部分的内容。其二在"创新外商投资管理体制"方面,主要包括"统一内外资法律法规""推进准入前国民待遇加负面清单的管理模式""完善外商投资监管体系""推动开发区转型升级和创新发展"四个部分的内容。其三在"建立促进走出去战略的新体制"方面,主要包括"确立并实施新时期走出去国家战略""推进境外投资便利化""创新对外投资合作方式""健全走出去服务保障体系""引进来和走出去有机结合"五个部分的内容。其四在"构建外贸可持续发展新机制"方面,主要包括"提高贸易便利化水平""培育外贸竞争新优势""建立健全服务贸易促进体系""实施质量效益导向型的外贸政策""健全贸易摩擦应对机制"五个部分的内容。其五在"优化对外开放区域布局"方面,主要包括"建设若干自由贸易试验园区"和"完善内陆开放新机制"两个部分的内容。[1]

---

[1] 《中共中央 国务院关于构建开放型经济新体制的若干意见》,新华社,2015年9月17日。

（四）党的十九大报告

党的十九大报告提到："推动形成全面开放新格局。开放带来进步，封闭必然落后。中国开放的大门不会关闭，只会越开越大。要以'一带一路'建设为重点，坚持引进来和走出去并重，遵循共商共建共享原则，加强创新能力开放合作，形成陆海内外联动、东西双向互济的开放格局。拓展对外贸易，培育贸易新业态新模式，推进贸易强国建设。实行高水平的贸易和投资自由化便利化政策，全面实行准入前国民待遇加负面清单管理制度，大幅度放宽市场准入，扩大服务业对外开放，保护外商投资合法权益。凡是在我国境内注册的企业，都要一视同仁、平等对待。优化区域开放布局，加大西部开放力度。赋予自由贸易试验区更大改革自主权，探索建设自由贸易港。创新对外投资方式，促进国际产能合作，形成面向全球的贸易、投融资、生产、服务网络，加快培育国际经济合作和竞争新优势。"[①]

二、重要讲话中关于"全面开放新格局"的论述

党的十八大以来，习近平主席在一系列主旨演讲中多次提到了中国将推动新一轮高水平对外开放的新举措，并多次阐述了合作共赢、共同发展的理念，彰显出中国推动建设开放型经济、与世界共享未来的坚定决心和信心。从这些重要的主旨演讲中我们可以看到，全面开放新格局的提出，不但反映了我国对外开放内涵的不断丰富，对外开放的广度、深度的不断变化，也反映了我国国际地位和战略姿态的逐步调整。

（一）在世界经济论坛 2017 年年会开幕式上的主旨演讲

2017 年 1 月 17 日，习近平主席在瑞士达沃斯出席了世界经济论坛 2017

---

① 习近平:《决胜全面建成小康社会　夺取新时代中国特色社会主义伟大胜利——在中国共产党第十九次全国代表大会上的报告》，新华网，2017 年 10 月 27 日。

年年会开幕式,并发表了题为《共担时代责任 共促全球发展》的主旨演讲①,演讲中提到:"坚持协同联动,打造开放共赢的合作模式。人类已经成为你中有我、我中有你的命运共同体,利益高度融合,彼此相互依存。每个国家都有发展权利,同时都应该在更加广阔的层面考虑自身利益,不能以损害其他国家利益为代价。""我们要坚定不移发展开放型世界经济,在开放中分享机会和利益、实现互利共赢。不能一遇到风浪就退回到港湾中去,那是永远不能到达彼岸的。我们要下大气力发展全球互联互通,让世界各国实现联动增长,走向共同繁荣。我们要坚定不移发展全球自由贸易和投资,在开放中推动贸易和投资自由化便利化,旗帜鲜明反对保护主义。搞保护主义如同把自己关进黑屋子,看似躲过了风吹雨打,但也隔绝了阳光和空气。打贸易战的结果只能是两败俱伤。""这是一条在开放中谋求共同发展的道路。中国坚持对外开放基本国策,奉行互利共赢的开放战略,不断提升发展的内外联动性,在实现自身发展的同时更多惠及其他国家和人民。""中国将大力建设共同发展的对外开放格局,推进亚太自由贸易区建设和区域全面经济伙伴关系协定谈判,构建面向全球的自由贸易区网络。"

(二) 在"一带一路"国际合作高峰论坛开幕式上的主旨演讲

2017年5月14日,习近平主席在北京出席了"一带一路"国际合作高峰论坛开幕式,并发表了题为《携手推进"一带一路"建设》的演讲②,演讲中提到:"我们要将'一带一路'建成开放之路。开放带来进步,封闭导致落后。对一个国家而言,开放如同破茧成蝶,虽会经历一时阵痛,但将换来新生。'一带一路'建设要以开放为导向,解决经济增长和平衡问题。""我们要打造开放型

① 习近平:《共担时代责任 共促全球发展——在世界经济论坛2017年年会开幕式上的主旨演讲》,人民网,2017年1月18日。
② 习近平:《携手推进"一带一路"建设——在"一带一路"国际合作高峰论坛开幕式上的演讲》,新华社,2017年5月14日。

合作平台,维护和发展开放型世界经济,共同创造有利于开放发展的环境,推动构建公正、合理、透明的国际经贸投资规则体系,促进生产要素有序流动、资源高效配置、市场深度融合。我们欢迎各国结合自身国情,积极发展开放型经济,参与全球治理和公共产品供给,携手构建广泛的利益共同体。"

(三) 在博鳌亚洲论坛 2018 年年会开幕式上的主旨演讲

2018 年 4 月 10 日,习近平主席在海南博鳌出席了博鳌亚洲论坛 2018 年年会开幕式,并发表了题为《开放共创繁荣　创新引领未来》的主旨演讲①,演讲中提到:"2018 年是中国改革开放 40 周年,也是海南建省办经济特区 30 周年。海南省可谓'因改革开放而生,因改革开放而兴'。改革开放以来,海南从一个较为封闭落后的边陲岛屿,发展成为中国最开放、最具活力的地区之一,经济社会发展取得巨大成就。""40 年来,中国人民始终敞开胸襟、拥抱世界,积极作出了中国贡献。改革开放是中国和世界共同发展进步的伟大历程。中国人民坚持对外开放基本国策,打开国门搞建设,成功实现从封闭半封闭到全方位开放的伟大转折。中国在对外开放中展现大国担当,从引进来到走出去,从加入世界贸易组织到共建'一带一路',为应对亚洲金融危机和国际金融危机作出重大贡献,连续多年对世界经济增长贡献率超过 30%,成为世界经济增长的主要稳定器和动力源,促进了人类和平与发展的崇高事业。""中国进行改革开放,顺应了中国人民要发展、要创新、要美好生活的历史要求,契合了世界各国人民要发展、要合作、要和平生活的时代潮流。中国改革开放必然成功,也一定能够成功!""中国 40 年改革开放给人们提供了许多弥足珍贵的启示,其中最重要的一条就是,一个国家、一个民族要振兴,就必须在历史前进的逻辑中前进、在时代发展的潮流中发展。""当今世界,开放融通的潮流滚滚向前。人类社会发展的历史告诉我们,开放带来进步,封闭必然落后。世界

---

① 习近平:《开放共创繁荣　创新引领未来——在博鳌亚洲论坛 2018 年年会开幕式上的主旨演讲》,新华网,2018 年 4 月 10 日。

已经成为你中有我、我中有你的地球村,各国经济社会发展日益相互联系、相互影响,推进互联互通、加快融合发展成为促进共同繁荣发展的必然选择。""中国人民将继续扩大开放、加强合作,坚定不移奉行互利共赢的开放战略,坚持引进来和走出去并重,推动形成陆海内外联动、东西双向互济的开放格局,实行高水平的贸易和投资自由化便利化政策,探索建设中国特色自由贸易港。中国人民将继续与世界同行、为人类作出更大贡献,坚定不移走和平发展道路,积极发展全球伙伴关系,坚定支持多边主义,积极参与推动全球治理体系变革,构建新型国际关系,推动构建人类命运共同体。"

此外,还提到在扩大开放方面,中国将采取四个方面的重大措施,具体包括"大幅度放宽市场准入""创造更有吸引力的投资环境""加强知识产权保护"和"主动扩大进口"。强调"我们将尽快使之落地,宜早不宜迟,宜快不宜慢,努力让开放成果及早惠及中国企业和人民,及早惠及世界各国企业和人民。我相信,经过努力,中国金融业竞争力将明显提升,资本市场将持续健康发展,现代产业体系建设将加快推进,中国市场环境将大大改善,知识产权将得到有力保护,中国对外开放一定会打开一个全新的局面"。

(四)在第二届"一带一路"国际合作高峰论坛开幕式上的主旨演讲

2019年4月26日,习近平主席在北京出席了第二届"一带一路"国际合作高峰论坛开幕式,并发表了题为《齐心开创共建"一带一路"美好未来》的主旨演讲[①],演讲中提到:"中国将采取一系列重大改革开放举措,加强制度性、结构性安排,促进更高水平对外开放",主要包括"更广领域扩大外资市场准入""更大力度加强知识产权保护国际合作""更大规模增加商品和服务进口""更加有效实施国际宏观经济政策协调""更加重视对外开放政策贯彻落实"五个

---

① 习近平:《齐心开创共建"一带一路"美好未来——在第二届"一带一路"国际合作高峰论坛开幕式上的主旨演讲》,新华网,2019年4月26日。

方面。"中国扩大开放的举措，是根据中国改革发展客观需要作出的自主选择，这有利于推动经济高质量发展，有利于满足人民对美好生活的向往，有利于世界和平、稳定、发展。我们也希望世界各国创造良好投资环境，平等对待中国企业、留学生和学者，为他们正常开展国际交流合作活动提供公平友善的环境。我们坚信，一个更加开放的中国，将同世界形成更加良性的互动，带来更加进步和繁荣的中国和世界"。

（五）在第二届中国国际进口博览会开幕式上的主旨演讲

2019年11月5日，习近平主席在上海出席了第二届中国国际进口博览会开幕式，并发表了题为《开放合作　命运与共》的主旨演讲①，演讲中提到要"共建开放合作的世界经济""共建开放创新的世界经济"，以及"共建开放共享的世界经济"，并强调"站在新的历史起点，中国开放的大门只会越开越大……我们将坚持对外开放的基本国策，坚持以开放促改革、促发展、促创新，持续推进更高水平的对外开放"，将"继续扩大市场开放"和"继续完善开放格局"。"中国对外开放是全方位、全领域的，正在加快推动形成全面开放新格局。中国将继续鼓励自由贸易试验区大胆试、大胆闯，加快推进海南自由贸易港建设，打造开放新高地。中国将继续推动京津冀协同发展、长江经济带发展、长三角区域一体化发展、粤港澳大湾区建设，并将制定黄河流域生态保护和高质量发展新的国家战略，增强开放联动效应。"

三、宪法关于"对外开放"相关规定的发展变化

我国对外开放的广度和深度得到不断拓展，实现了从封闭半封闭到全方位开放的伟大历史转折，离不开宪法作为国家根本法的规范、引领、推动和保障作用。推动新一轮更高水平的对外开放，需要更好地发挥宪法法律在国家

①　习近平：《开放合作　命运与共——在第二届中国国际进口博览会开幕式上的主旨演讲》，新华网，2019年11月5日。

治理体系中的重要作用。①

（一） 1993 年宪法修正案将"坚持改革开放"写入宪法序言

1992 年邓小平同志发表南方谈话，提出三资企业"归根到底是社会主义经济的有益补充"，要"吸收和借鉴当今世界各国包括资本主义发达国家的一切反映现代社会化生产规律的先进经营方式、管理方法"。党的十四大提出，"对外开放的地域要扩大，形成多层次、多渠道、全方位开放的格局"。在这一背景下，1993 年宪法修正案把"坚持改革开放"写入宪法序言第七自然段，规定为"国家的根本任务"，确认了改革开放是我国必须长期坚持的基本国策。2000 年至 2001 年，为适应"入世"进程，我国对"外资三法"作了集中修正。

（二） 2018 年宪法修正案将"贯彻新发展理念""坚持和平发展道路，坚持互利共赢开放战略""推动构建人类命运共同体"等写入宪法序言

党的十八大以来，以习近平同志为核心的党中央实施共建"一带一路"倡议，加快构建开放型经济新体制，积极参与全球经济治理，更高水平的开放格局正在形成。在这一背景下，2018 年宪法修正案就对外开放作出两项重要修改：一是在宪法序言第七自然段加入"贯彻新发展理念"，明确把包括开放发展在内的新发展理念作为引领我国未来发展的重要指引；二是在宪法序言第十一自然段加入"坚持和平发展道路，坚持互利共赢开放战略"和"推动构建人类命运共同体"。在世界正处于大变革大调整时期的时代背景下，将"坚持和平发展道路，坚持互利共赢开放战略"写入宪法序言，反映了中国对合作共赢这一国际社会共同愿望的深刻把握，彰显了中国作为世界和平建设者、全球

---

① 《对外开放与我国宪法》，中国人大网，2019 年 3 月 18 日，见 http://www.npc.gov.cn/npc/c30834/201903/f9f428b3906a42aca48d86856d6da748.shtml。

发展贡献者、国际秩序维护者的进步形象；将"推动构建人类命运共同体"写入宪法序言，体现了中国将自身发展与世界发展相统一的全球视野，展现了积极参与全球治理体系改革和建设、不断贡献中国智慧和力量的大国担当。同时，宪法修正案还充实完善了我国发展历程的内容，在"革命""建设"之后增加"改革"，确认了改革开放伟大成就"是同世界人民的支持分不开的"①。

第二节　全面开放新格局的内涵

党的十九大强调，要以"一带一路"建设为重点，坚持"引进来"和"走出去"并重，遵循共商共建共享原则，加强创新能力开放合作，形成陆海内外联动、东西双向互济的开放格局。这一重大工作部署，既包括开放范围扩大、领域拓宽、层次加深，也包括开放方式创新、布局优化、质量提升，具有深远战略意义。

一、坚持主动开放，把开放作为发展的内在要求，更加积极主动地扩大对外开放

要准确把握经济全球化新趋势和我国对外开放新要求，努力在经济全球化中抢占先机。开放发展核心是解决发展内外联动问题，目标是提高对外开放质量、发展更高层次的开放型经济。以开放促改革、促发展、促创新，以对外开放的主动赢得经济发展的主动、赢得国际竞争的主动。此外，面对经济全球化条件下各国"一荣俱荣、一损俱损"的新态势，要主动处理好对外开放同维护经济安全的关系，坚持底线思维，注重风险防控和评估，在扩大开放中动态地谋求更高层次的总体安全。

---

① 《对外开放与我国宪法》，中国人大网，2019 年 3 月 18 日，见 http://www.npc.gov.cn/npc/c30834/201903/f9f428b3906a42aca48d86f56d6da748.shtml。

二、坚持双向开放，把"引进来"与"走出去"更好结合起来，拓展经济发展空间

对外开放坚持"引进来"和"走出去"并重，这是开放型经济发展到较高阶段的重要特征，也是更好统筹国际国内两个市场、两种资源、两类规则的有效途径。在"引进来"方面，适应我国加快转变经济发展方式的要求，着力提高引资质量，注重吸收国际投资搭载的技术创新能力、先进管理经验，吸引高素质人才。坚持引资和引技引智并举，提升利用外资的技术溢出效应和产业升级效应。在"走出去"方面，适应我国对外开放从贸易大国、对外投资大国迈向贸易强国、对外投资强国，以及市场、资源能源、投资"三头"对外深度融合的新局面，支持我国企业扩大对外投资，推动装备、技术、标准、服务"走出去"，提升在全球价值链中的位置。

三、坚持全面开放，推动形成陆海内外联动、东西双向互济的开放格局

追求全面开放是提高开放水平的必然。习近平总书记指出，中国将继续全面对外开放，推进同世界各国的互利合作。全面开放体现在开放空间上，就是优化区域开放布局，加大西部开放力度，改变我国对外开放东快西慢、沿海强内陆弱的区域格局，逐步形成沿海内陆沿边分工协作、互动发展的全方位开放新格局。体现在开放举措上，就是推进"一带一路"倡议，坚持自主开放与对等开放，加强"走出去"战略谋划，统筹多双边和区域开放合作，加快实施自由贸易区战略等。体现在开放内容上，就是大幅度放宽市场准入，进一步放开一般制造业，有序扩大服务业对外开放，扩大金融业双向开放，促进基础设施互联互通。推进全面开放，还要求协同推进战略互信、经贸合作、人文交流。

四、坚持公平开放，构建公平竞争的内外资发展环境

习近平总书记强调，保护外商投资合法权益，凡是在我国境内注册的企业，都要一视同仁、平等对待。公平开放要求改变过去依靠土地、税收等优惠政策招商引资的做法，通过加强法治建设，为外资企业提供公平、透明、可预期的市场环境，实现各类企业依法平等使用生产要素、公平参与市场竞争、同等受到法律保护。公平公正对待包括外商投资企业在内的所有市场主体，努力营造公开透明的法律政策环境、高效的行政环境、平等竞争的市场环境，尤其是保护好知识产权。

五、坚持共赢开放，推动经济全球化朝着普惠共赢方向发展

要坚定不移奉行互利共赢的开放战略，继续从世界汲取发展动力，也让中国发展更好惠及世界。共赢开放主张构建开放型世界经济，以开放发展为各国创造更广阔的市场和发展空间，在开放中分享机会和利益，促进形成各国增长相互促进、相得益彰的合作共赢新格局。不能一遇到风浪就退回到港湾中去，那是永远不能到达彼岸的。要坚定不移发展全球自由贸易和投资，在开放中推动贸易和投资自由化、便利化，旗帜鲜明反对保护主义。搞保护主义如同把自己关进黑屋子，看似躲过了风吹雨打，但也隔绝了阳光和空气，打贸易战的结果只能是两败俱伤。

六、坚持包容开放，探索求同存异、包容共生的国际发展合作新途径

当今世界，开放包容、多元互鉴是主基调。在21世纪人类文明的大家园中，各国虽然历史、文化、制度各异，但都应该彼此和谐相处、平等相待，都应该互尊互鉴、相互学习，摒弃一切傲慢和偏见。唯有如此，各国才能共同发展、共享繁荣。我们的开放，秉持的是共商共建共享原则，不是封闭的、排他的，而是

开放的、包容的;不是中国一家独奏,而是世界各国的合唱。我们的开放,主张要维护世界贸易规则,支持开放、透明、包容、非歧视性的多边贸易体制,鼓励各方积极参与和融入,不搞排他性安排,推动建设开放型世界经济。近年来,从"和平合作、开放包容、互学互鉴、互利共赢"的丝路精神,到"开放、包容、合作、共赢"的金砖精神,从推动构建新型国际关系到推动构建人类命运共同体,我国始终谋求开放创新、包容互惠的发展前景①。

第三节　构建全面开放新格局的路径

一、推进"一带一路"建设

推进"一带一路"建设,是我国积极扩大对外开放,互利共赢的重要举措。近年来,中国和"一带一路"沿线国家广泛开展双边和多边合作,取得了一定成果。党的十九大报告指出,遵循共商共建共享原则,积极促进"一带一路"国际合作,努力实现政策沟通、设施联通、贸易畅通、资金融通、民心相通,打造国际合作新平台,增添共同发展新动力。

因此,需要落实以下几项举措:一是将"一带一路"建成和平之路。继续深化与"一带一路"沿线国家的战略合作,尊重对方的核心利益,求同存异,深化战略互信,扩大各国互利合作。二是将"一带一路"建成繁荣之路。聚焦发展这个根本,以"六廊六路多国多港"为主体框架,加强互联互通,推进各国产业合作,深化金融合作。三是将"一带一路"建成开放之路。提高贸易和投资自由化便利化水平,加快建设现代化的物流和贸易平台,全面加强海关、检验检疫、运输物流、电子商务等各领域的合作。四是将"一带一路"建成创新之路。积极应对技术和产业变革带来的机遇,加强科技创新领域的开放合作。

---

① 参见中共中央宣传部编:《习近平新时代中国特色社会主义思想三十讲》,学习出版社2018年版。

五是将"一带一路"建成文明之路。建立多层次的人文合作机制,推动教育、科技、文化、体育、卫生、青年、媒体、智库等领域合作,搭建各国的文化桥梁,夯实民意基础。

二、加快贸易强国建设

改革开放以来,我国对外贸易规模迅速提升,但我国出口产品附加值相对较低,高质量、高技术产品出口占比相对较低。党的十九大报告指出,要加快贸易强国建设,转变外贸发展方式,调整进出口结构。具体而言,要从以货物贸易为主向货物和服务贸易协调发展转变,从依靠模仿跟随向依靠创新创造转变,从大进大出向优质优价、优进优出转变。

因此,需要落实以下几项举措:一是加快货物贸易和加工贸易的转型升级。鼓励高新技术、装备制造、品牌产品出口,加快建设贸易平台、国际营销网络。二是促进服务贸易创新,推动服务外包发展。鼓励文化、旅游、建筑、软件、研发设计等服务出口,打造服务外包产业标杆、"中国服务"国家品牌。三是坚持鼓励创新、包容审慎的原则,培育贸易新业态、新模式。推动跨境电子商务、市场采购贸易、外贸综合服务等健康发展,逐步完善监管制度、服务体系和政策框架。四是实施更加积极的进口政策,促进进出口平衡发展。促进先进技术设备、关键零部件和优质消费品等的进口,办好中国国际进口博览会,打造开放型贸易合作新平台。

三、改善外商投资环境

在吸引外资方面,虽然目前我国的劳动力低成本优势和政策优惠力度受到其他新兴市场国家的冲击和强力竞争,但一个具备综合优势的营商环境也是吸引外资的关键。我们要积极营造稳定公平透明、法治化、可预期的营商环境,培育引资竞争新优势。党的十九大报告指出,凡是在我国境内注册的企业,都要一视同仁、平等对待。中国政府将在资质许可、标准制定、政府采购、享受"中国制造 2025"政策等方面,依法给予内外资企业同等待遇。

因此,需要落实以下几项举措:一是加强利用外资法治建设。推动内外资法律法规的统一,对于不符合我国扩大开放原则的法律法规和文件,要限期废止。二是完善外商投资管理体制。全面实行准入前国民待遇加负面清单管理制度,可谓是我国对外资投资的管理体制的一个大变革。三是营造公平竞争的市场环境,保护外商投资合法权益。贯彻落实《中共中央 国务院关于完善产权保护制度依法保护产权的意见》,放宽企业市场准入条件,禁止以转让技术为必要条件,依法保护产权,对于假冒侵权等违法犯罪行为进行严厉打击。

四、优化区域开放布局

我国西部地区的开放水平相对于其他省份仍有一定差距,要坚持以开放促开发的思路,实施更加灵活的政策,优化我国区域开放布局。立足东中西协调、陆海统筹,扩大对港澳台开放合作,推动形成全方位的区域开放新格局,以区域开放的提质增效带动经济的协调发展,形成全方位开放新格局。

因此,需要落实以下几项举措:一是加大西部开放力度。完善口岸、跨境运输等开放基础设施,完善自贸试验区、国家级开发区、边境经济合作区、跨境经济合作区等开放平台建设,打造一批西部贸易投资区域枢纽城市,扶持西部特色产业开放发展。积极探索承接产业转移新路径,以内陆中心城市和城市群为依托,稳妥推进有条件的企业将整机生产、零部件、原材料配套和研发、结算等向内陆地区转移,形成产业集群,支持在内陆中心城市建立先进制造业中心。二是赋予自贸试验区更大改革自主权。对标国际先进规则,完善自贸试验区建设,稳步推进改革,形成更多制度创新成果。三是探索建设自由贸易港。探索建设中国特色的自由贸易港,打造开放层次更高、营商环境更优、辐射作用更强的开放新高地。

五、创新对外投资合作方式

在企业"走出去"方面,目前我国对外投资仍存在诸多问题:开拓国际市场和利用国内外资源的能力还较为欠缺,存在非理性投资和经营不规范等问题,部分领域的投资风险较高。在对外投资方面,还需进一步加强统筹谋划和指导,努力提高我国对外投资质量和效率,增强企业国际化经营能力,维护企业境外投资权益。

因此,需要落实以下几项举措:一是促进国际产能合作。在装备、技术、标准、服务等方面扶持优势企业积极"走出去"。鼓励有实力的企业采取多种方式开展境外基础设施投资和能源资源合作。尤其是促进高铁、核电、航空、机械、电力、电信、冶金、建材、轻工、纺织等优势行业"走出去",提升互联网信息服务等现代服务业国际化水平,推动电子商务"走出去"。二是加强对海外并购的引导。提供政策支持和投资促进,鼓励企业积极开拓国际市场、提高创新能力、强化企业特色和品牌。鼓励企业制定中长期国际化发展战略,兼顾当前和长远利益,在境外依法经营。三是规范海外经营行为。提倡良性竞争,引导企业更好地遵守东道国法律法规、保护环境、履行社会责任等。四是健全服务保障。加快同有关国家和地区商签投资协定,完善领事保护制度,加强和改善信息、法律、领事保护等服务,使我国海外人员的人身安全得到有力保障。发挥中介机构作用,培育一批国际化的设计咨询、资产评估、信用评级、法律服务等中介机构。

六、促进贸易和投资自由化便利化

党的十九大报告指出,要实施高水平的贸易和投资自由化便利化政策。不仅要不断提高自身开放水平,也要更加主动塑造开放的外部环境,以对外开放的主动赢得经济发展和国际竞争的主动,建设开放型经济强国。

因此,需要落实以下几项举措:一是提高贸易便利化水平。强化大通关协作机制,实现口岸管理相关部门信息互换、监管互认、执法互助。加快一体化通关改革,推进通关作业无纸化。加快海关特殊监管区域整合优化。加强口岸检验检疫综合能力建设,完善产品质量安全风险预警和快速反应体系。①二是健全贸易摩擦应对机制。强化中央、地方、行业协会商会、企业四体联动的综合应对机制,指导企业做好贸易摩擦预警、咨询、对话、磋商、诉讼等工作。对滥用贸易保护措施和歧视性做法,善于运用规则进行交涉和制衡。依法开展贸易救济调查,维护国内产业企业合法权益。三是逐步推进自由贸易区建设。推动区域全面经济伙伴关系协定进程,推进亚太自贸区建设,逐步构筑起立足周边、辐射"一带一路"、面向全球的高标准自由贸易区网络。四是积极拥护多边贸易体制。遵守和执行世贸组织的《贸易便利化协定》,推动世贸组织部长级会议取得积极成果,推进多哈回合剩余议题谈判,积极参与服务贸易协定、政府采购协定等谈判。继续深化多层次的国际经济合作,促进各类高水平投资协定和优惠贸易安排,提高双边开放水平。②

---

① 《中共中央　国务院关于构建开放型经济新体制的若干意见》,新华社,2015 年 9 月 17 日。

② 汪洋:《推动形成全面开放新格局》,《人民日报》2017 年 11 月 10 日。

第四章 东西双向互济的
全域协调开放

第一节 东部实现更高水平开放

我国历史悠久、幅员辽阔,东中西部地区无论在经济发展水平、地理特征等方面都差异巨大。东中西部三大地区分别占我国国土面积的 13.6%、29.3%和56.4%。由于东部地区的地理优势,使得其凭借优越的区位不断吸引金融资本、人力资源、技术资源等集聚,导致地区经济发展不平衡以及地区分配不公等区域发展问题。如图4-1所示,我国东部地区的GDP远超中西部地区。

一国各地区间的整体发展水平不仅与自身的地理环境、经济发展水平和内部资源有关,很大程度上还受国家政策的影响。改革开放以来,国家经济发展整体倾斜于东部地区尤其是沿海地区,国家给予的大量支持和优惠政策促使东部地区经济高速发展,国内外资金和人才向增长迅速的沿海地区集中,进一步加剧了东西部地区经济发展差距,导致地区经济的不平衡增长。总体来说,东部地区作为促使我国国内经济高速增长、对外经济快速发展的主力军,为我国扩大对外开放、增强综合实力、提升国际竞争力作出了重要的贡献,同时也对我国中西部地区起到了良好的示范作用,促使我国整体对外开放的程

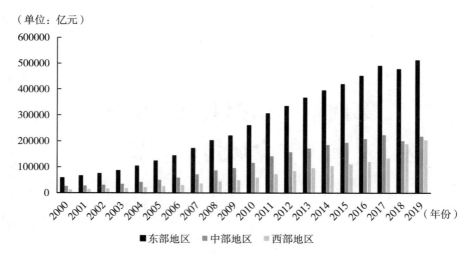

（单位：亿元）

图 4-1　东中西部地区 GDP 增长差异比较

资料来源：国家统计局地区数据。

度提升。从长远发展角度来看,我国东部地区会成为率先构建全面开放格局的重要地区,并进一步带动中西部地区实现健康的开放环境,真正实现东西互济的对外开放新格局。

一、实现对外开放的新突破

面对长期以来形成的经济优势和其固有的区位优势,东部地区应该始终站在对外开放的最前沿,严格按照全面对外开放新格局的要求,率先实现对外开放的新突破。首先,东部沿海地区应在现有基础上采取开放创新的战略,进一步推进上海、天津、福建、广东等自贸试验区的建设,努力将其打造为对内经济改革的突破口,对外与全球经济互动的新出口,以自贸区为核心的开放格局作为我国深化改革的主要推动力。其次,东部自贸区可以全面推广复制上海自贸试验区改革创新的成熟经验,结合自身环境高标准建设自贸区。例如,广东和福建自贸试验区可以凭借其区位优势,加深同港澳台地区的开放合作,并进一步发挥开放合作区(南沙、前海、横琴和平潭等)的作用。最后,东部地区可以进一步优化外商投资环境,致力于打造最富吸引力的外商投资目的地。

二、深化国际产能和装备制造合作

我国东部地区在全国范围内的对外投资中占据着绝对的优势,鉴于其进出口贸易的主导地位,东部地区除了自身持续良好的发展以外,还应该引导对外投资朝着更加健康规范的方向发展,积极带动我国的装备制造业和服务业"走出去",同时加强自身的技术创新能力,使我国的输出更多从产品转向产业。另外,可以大力输出部分产业、产品建设项目的相关设备,建立并深化与重点国家产能的合作机制,打造一批重点项目并取得实质性进展,最终形成若干境外产能合作示范基地。除引导对外投资以外,我国东部地区可以增强自身企业的创新能力和发展要求,在保证研发投入的基础上借鉴国外模式,探索创新型对外合作方式,以此促进东部地区更多的企业"走出去"。此外,在发展东部地区大批企业"走出去"的同时,还可以利用其优势和经验为中西部地区的企业对外发展形成好的榜样,更好地带动中西部企业参与国际竞争,开展对外直接投资,提升其开放程度。

三、形成若干海上合作支点

习近平总书记 2013 年提出了"一带一路"的伟大倡议,其中"一路"正是 21 世纪海上丝绸之路,足以看到发展海洋经济的重要性。依靠优越的地理环境和开放程度,东部沿海地区正在成为建设 21 世纪海上丝绸之路的绝对力量,作为重要的核心经济带,东部沿海地区要大力发展海洋经济,深入建设港口与海上环境的互通,形成若干海上合作支点;同时,应加强陆地与海上的合作,逐步形成海陆联运的综合交通枢纽,推动与内陆地区的产业对接;除此之外,还可以建设区域性和国际性的大宗产品买卖平台,加深与海上丝绸之路沿线港口国家的合作交流,促进与周边、沿线区域之间形成统一大市场,力争形成稳定的海洋经济联盟。

《中共中央关于全面深化改革若干重大问题的决定》提出的关于构建开放型经济体系的要求,为东部沿海地区继续带头深化对外开放提供了一定的方向指引,具体做法包括持续推进"一带一路"建设、加快实施自由贸易区战略等。海洋经济合作,可以提高沿海港口城市和港澳台地区的发展机遇,并可凭借其较高的经济发展和开放程度对接内陆开放型经济高地和沿边开放城市,形成新一轮海陆统筹、一体两翼的全方位对外开放新格局。

第二节 加快内陆中西部对外开放

改革开放以来,中西部地区发展明显落后于东部地区,加剧了我国地区发展的不平衡。随着建立对外开放新格局要求的提出,这一状况正在逐渐发生改变,其中,长期坚持的西部大开发战略、新提出的八省份共建"陆海新通道"战略、西部内陆自贸试验区的建立以及中欧班列的开通等都使西部地区的开放程度向东部靠近,我国西部地区也正在逐渐打造对外开放新高地。

一、西部大开发战略成效显著

自西部大开发战略制定实施以来,国家从"十五"到"十三五"共实施了四个五年规划(计划),制定实施了一系列重要政策措施。经过近二十年的努力,西部地区的发展条件和环境不断改善。从国内生产总值来看,2000年开始我国西部地区的 GDP 含量呈现出稳定快速的发展趋势。如图 4-2 所示,2000 年,西部地区生产总值为 13203 亿元;此后,随着西部大开发战略的深入推进,各项投资的不断增加,西部地区的经济总量逐年增加,到 2017 年,西部地区生产总值增长到 133942 亿元,相较于 2000 年增加了近 9 倍。

实施西部大开发战略以来,中央财政加大对西部地区建设的持续支持力度,不仅投入大量财政资金支援基础设施的建设,包括生态环境、水利、交通、信息等,还加强在公共服务领域的投入,大力提升西部地区的教育质量和医疗

（单位：亿元）

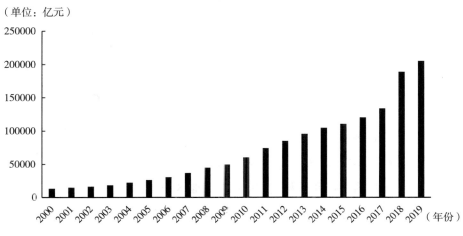

图 4-2　2000—2019 年西部地区 GDP 变化

资料来源：国家统计局年度数据。

卫生服务。同时，还设立了东西合作帮扶机制，经济发展富裕的省份对口支援西部贫困省份，为西部地区的经济发展建设提供了良好的支撑。总体来说，西部大开发战略使西部地区的发展环境和经济水平得到了很好的改善。

二、八省份共建"陆海新通道"

"陆海新通道"是八省份为实现多重经济效应而打造的战略性通道，包含重庆、广西、贵州、甘肃、青海、新疆、云南、宁夏八个西部省份，依托中新互联互通项目三级合作机制，利用重庆的天然区位优势打造营运中心，实现同"一带一路"沿线国家的区域合作。"陆海新通道"借助海陆空等多种运输方式，陆路路线以重庆为中心，向南经贵州等省份，依靠广西沿海沿边口岸通向东盟国家，该通道相较于以往从东部沿海城市出发，可以节省近 10 天的时间。相关数据显示，截至 2018 年年底，"陆海新通道"的海陆空通道均已实现常态化运营，其中，铁海联运班列共发运 805 班，国际铁路联运（重庆—越南河内）班列共开 55 班，重庆—东盟跨境公路班车共开 661 班。"陆海新通道"的建立，实现了西部地区直接参与对外贸易的构想，并且形成了我国与中西亚、欧洲与东南亚地区之间连接的贸易通道,使得西部地区的开放程度大大提升。目前,"陆海新通道"目的地已覆盖新加坡、日本、澳大利亚、德国等全球六大洲71个国家和地区的155个港口。

三、西部自贸区逐步发展

构建西部自贸区是我国自贸区发展的必然趋势。西部自贸区的建设对推进"一带一路"建设具有重大意义,为西部发展带来新的契机。2017年4月,四川、陕西、重庆自贸区正式挂牌,成为西部地区的首批内陆自贸试验区。从地理环境来看,四川、陕西、重庆三地虽两两接壤,但基于长江经济带、西部大开发和"一带一路"倡议三大战略的重心差异,三地自贸区存在着一定的差异化定位,如图4-3所示。其中,仅重庆自贸区总体方案对"一带一路"倡议、长江经济带发展、西部大开发战略全覆盖;四川自贸区覆盖西部大开发、长江经济带战略;陕西自贸区覆盖"一带一路"倡议和西部大开发战略。各自贸区个性化举措进一步显示了川陕渝三地未来发展方式的差异性。

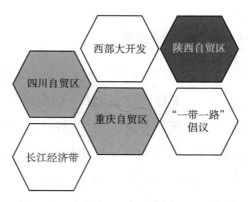

图4-3 川陕渝三地自贸区的差异化定位

资料来源:中国(四川、陕西、重庆)自由贸易试验区官网。

(1)四川自贸区:以大通道大口岸综合物流联通世界。首先,在自贸区内构建航空、铁路、公路、水路联运的综合交通枢纽,这是内陆开放必备的通道体系;其次,通过构建航空、铁路、公路、水路的开放通道多式联运,形成连通"一带一路"、长江经济带的综合性运输服务体系。

（2）重庆自贸区：新规则探索与区域协调发展。首先，发展重点是"渝新欧"，在此基础上建立对应"一带一路"倡议的政策支撑，同时探索陆上贸易规则的制定；其次，开展长江经济带和成都、重庆及周边区域之间的协同发展，利用各区域的产业优势促进区域联动，同时优化产业转型升级，增强口岸服务辐射功能。

（3）陕西自贸区：人文交流。这一概念的提出是陕西自贸区与四川、重庆自贸区相比最大的特色。陕西自贸区的战略定位中提出，陕西要成为"一带一路"建设中重要的人文交流支点。同样，发展目标中也提到，要以人文交流为基础，深入发展成为高水平高标准的自由贸易园区。

川陕渝三地自贸区的设立，使得西部地区走到了对外开放的前沿地带，有利于降低贸易门槛，促进对外贸易交流，推动三地产业与贸易转型升级，带动区域内优势产业向周边辐射，实现地区共同发展。通过借鉴前两批自贸区的实践政策与制度经验，并结合自身区位特点进行政策与制度创新，西部自贸区可以更加积极推进投资贸易便利化，吸引更多外商进入西部开展投资贸易，形成西部开放高地的"金三角"。

四、中欧班列持续发力

改革开放以来，内陆地区与东部沿海地区的开放差距一直较大，主要原因之一就是参与国际贸易所需的物流禀赋的差异。在东部沿海地区，有一套运行完整的海上物流体系，包括众多的巷口和发达的航线、流程化的海运规则、协作化的物流机制以及国家给予的优惠政策，这些都节省了开展国际贸易海上运输的成本。而内陆地区由于地理环境的影响，虽有一些可以直航的空运，但成本很高，除此之外没有可以直接开展海上运输的通道，只能通过铁路、公路或水路运输至沿海港口，同样需要花费巨大的时间和金钱成本。随着中欧班列的开通，这一情况发生了改变。中欧班列的开通大大提升了内陆城市参与国际物流的机会,虽然铁路班列与集装箱班轮在运输空间和运输成本方面不如海洋运输,但铁路班列可以凭借其速度优势节省时间成本,相较于海洋运输,中欧班列通往欧洲主要城市的运输时间可节省一半以上。

四川、重庆、陕西三地作为内陆地区在国际上享有一定的知名度,"中欧班列"的开通,正在逐渐缩小与沿海城市对外贸易的差距。为了进一步缩小差距,三地都将中欧班列列为重点发展对象,并在自贸区的总体方案中重点探讨关于中欧班列的建设。具体来看,四川自贸区在总体方案中提出,"支持成都国际铁路港建设并创建国家对外开放口岸,依托中欧班列(成都)等打造国际铁路运输重要枢纽,推进与泛欧泛亚国家(地区)枢纽城市的互联互通"。而陕西自贸区在总体方案中也提到,要努力提升中欧班列在西安的运输路线,并推动中欧班列纳入中欧"安智贸"试点计划。重庆自贸区更是将中欧班列纳入自身的个性化举措,在总体方案中提出要借助中欧班列,利用"渝新欧"来进一步探索中欧陆上的贸易新规则。

综上所述,新时代推动形成全面开放新格局,离不开东西部的协调发展,加快内陆中西部对外开放,是我国推动形成"东西双向互济的开放格局"的必然选择。

第三节　东西双向互济的全域
产业链及价值链布局

东部沿海地区始终是带动我国经济快速增长的重要力量,这除了依靠其天然的区位优势外,还与发达国家和我国港澳台地区面临的产业转移有关。然而,经过多年的发展,单纯依靠东部地区就可保持经济高速增长的局面已经不复存在。首先,长期的经济高速增长使得沿海地区的资本呈现饱和状态,企业所需的资源、土地、劳动力等要素供给的不足,造成成本提升、产业升级压力增大的情况,更为严峻的是随之而来的环境污染问题。其次,在党的第十九次全国代表大会上,习近平总书记提出"东西双向互济"的全面开放新格局要求,我国中西部地区正在努力打造对外新高地。全域协调开放的新要求就是要形成全域合作产业链,产业链的布局不再是区域内的聚集,而是需要优化全国范围内的产业布局,建设高效的分工体系。

一、形成全域产业链的高效分工体系

改革开放四十多年来,我国与中西部地区在区域经济发展形成了各自的优势与特点。具体而言,东部沿海地区往往高级人力资本丰裕,研发与营销的能力较强,而中西部地区则自然资源丰富,劳动力成本相对较低,制造业体系完善。由此,完全可以基于地区不同的分工体系,打造全国性的全产业链。然而,由于全国较为统一的产业政策导向,地区间的产业布局逐渐趋于同质化竞争,地区间为了争夺产业中心,引起局部的恶性竞争,导致了资源的误配置。因此,为了形成在全国范围内更加协调的产业布局,建设高效的分工体系,应基于东中西部地区自身的比较优势,全域性地进行产业规划与布局,形成完整的产业链与价值链,发挥各地区的比较优势,避免地区间同质竞争,实现高效率的资源配置,形成合理的价值链布局。

二、加强中西部地区产业链的构建与优化

除了形成全域产业链的高效分工体系,中西部地区自身产业链的构建与优化也是至关重要的。西部地区虽有不少规模巨大、实力雄厚的大企业,但是长期存在缺乏可配套产业,未形成有效产业链的问题,制约着区域经济的发展。以重庆为例,重庆素来享有"汽车名城"的美誉,拥有红岩、长安等为大众所知的品牌,但是整车生产企业平均零部件本地配套率只有 60%。这表明,西部地区的优势产业如果没有形成一定的产业链,是无法发挥出其本身真正的市场竞争力的,也就是说他们的潜力是巨大的。一方面,这些中西部地区的政府应该有意识地为具有较强竞争优势的企业培育形成配套产业链;另一方

面,还应该将沿海的内迁企业吸纳入这些优势产业中,形成西部地区自身产业链,提升西部地区的市场竞争力,促进西部地区的经济发展。

西部地区除了需要持续引进沿海内迁的企业以外,还需要这些企业能真正的扎根于西部,实实在在地为西部地区的经济发展作出贡献。因此,西部地区应该积极解决沿海内迁企业在西部扎根所面临的一切问题,加速优化产业的结构升级,形成沿海企业与西部地区产业链的融合。

三、积极建立承接产业转移示范区

沿海大多数企业为了优化升级自身产业结构,解决资本饱和、环境污染等问题,开始大面积的产业转移,转向土地、人力及政策更有优势的中西部地区。为更好地实现东部产业转移,促进沿海企业与中西部地区产业链更好地融合,在国家发展和改革委员会的推动下,承接产业转移示范区应运而生。随着中西部投资环境的改善和政府政策的偏移,中西部地区的各个省份为提升自身经济发展,开始积极建设承接产业转移基地,承接东部沿海和国际产业转移,提升当地企业的整体实力,增强中西部地区产业发展的动力,大力推动特色优势产业和新兴产业的快速发展。

以 2018 年年底获批的湘南湘西承接产业转移示范区为例,湖南是中部内陆省份,既不靠边也不沿海,开放是湖南发展的必然要求。湘南湘西承接产业转移示范区涉及湖南省 6 个市州,总面积达到 12.1 万平方公里,地区生产总值突破 1.1 万亿元。相比沿海,该块区域存在一定的发展差距,较之西部更广阔的地区,示范区又是西部腹地的前沿。未来一个时期,我国要实现东中西部协调发展,湘南湘西承接产业转移示范区是一个必须借助的桥梁。另外,新修订的中西部地区外商投资优势产业目录也显示出对中西部地区承接外资产业转移的大力支持,扩张了中西部地区外商产业投资的范围。

当前,国际产业转移深入发展,我国东部产业加速向中西部转移,这符合经济规律,体现了平衡发展和协调发展的趋势。立足新的历史方位,示范区建设就是要坚持质量第一、效率优先,积极探索产业合理布局、要素优化配置、资源节约集约利用的承接产业转移的新模式,努力在发展中承接、在承接中提升。当然,承接是有方向、有重点、有选择的承接。我们需要瞄准前沿领域、聚焦重点行业,积极承接发展先进制造业和加工贸易产业,培育自己的竞争优势,形成一批优秀的龙头制造企业引领全国先进制造业的发展,从而更好地参与国际竞争。通过招大引强,深化与沿海地区的人才、技术、设备等创新要素对接,进一步优化产业布局,推进产业转型升级。

第四节　"一带一路"引领东西互济的全域协调开放格局

党的十九大报告指出:"要以'一带一路'建设为重点,坚持引进来和走出去并重,遵循共商共建共享原则,加强创新能力开放合作,形成陆海内外联动、东西双向互济的开放格局。""一带一路"建设是我国实施对外开放的重大战略举措,也成为打开"东西双向互济"的通道,为沿海地区与中西部地区更为协调的区域发展提供重大机遇。

"一带一路"倡议以加强与周边沿线国家的合作为发展重点,连通我国与周边沿线国家的同时,也为中西部与沿边地区参与国际竞争提供了更多的物质和政策条件,为建设中西部与沿海地区全域协调格局提供了重大机遇。在"一带一路"倡议的引领下,西部地区逐步形成后发优势,逐渐走向开放前沿。为了更好地推进"一带一路"倡议,"东西双向互济"是一条必经之路,这对贯通东西双向的陆上运输通道提出了较高的要求。以中欧班列为例,目前已基本形成常态化运行,国内有 32 座城市参与,运输产品至欧洲 12 个国家共 32 座城市。其中,重庆、成都、西安、郑州、武汉等中西部地区重要城市都成为中欧班列的核心节点,而成都和重庆已成为开行中欧班列最多的城市。随着交通条件的改善,大大降低了东西双向贯通物流的运输成本,增加了更多的物流运输可能性,加上中西部地区对对外开放的加速突进,使得我国东中西部地区双向开放发展成为可能。

总体上看,我国逐步形成了东西互济的对外开放新格局。就当前而言,"东西双向互济"有利于我国由现在的东西不平衡发展逐步走向平衡,东中西部经济、资源互补共享,使我国全区域战略定位明确,各自取长补短,发挥地区优势,形成优势战略布署。我国应长期坚持参与国际竞争,同时加强全域的协调合作,保证经济发展高速稳定的同时,努力打造东中西部三地区有序发展的对外开放新局面,力争全面建成小康社会的目标早日实现。具体来说,东中西部地区应根据自己的实际需求确定发展方向:东部沿海地区除保证现有贸易规模外,可以借鉴国内外成功的经验,通过加强自主创新和产业升级来重点发展高新技术,提升我国在国际分工中的地位;中部地区主要承接东部地区的产业转移,不断提升自身的产业基础,利用已打开的陆上通道,加强与贸易国家的经济往来,不断优化陆上物流运输平台;西部地区基础设施和工业发展较东中部地区有一定的差距,但是沿边地区可依托"一带一路"的天然区位优势,积极参与"一带一路"建设,同时加强基础设施建设,避免出现低水平、重复性的高耗能建设。实践证明,形成全域协调的对外开放新格局,不仅可以缩小国内东中西部地区的经济水平差异,还有利于扩大我国的对外合作和经贸往来,创造更多的贸易投资机会,实现区域对外开放的合理分配,形成产业集群效应与规模优势。

第五章 陆海内外联动的外部 空间全方位开放

自 1979 年经济特区建立,中国通过开放型经济逐渐融入全球经济。过去如此,未来开放也是中国经济增长的动力。改革开放始于东部沿海,其深厚的开放经验值得借鉴。随着改革开放的深入,我国广袤的内陆地区也逐步纳入了开放体系,国内沿江经济带、内陆开放城市的建设不断推动我国改革开放进入陆海内外联动的时代,陆海内外联动和"一带一路"建设,坚持"引进来"和"走出去"并重,遵循共商共建共享原则,加强创新能力开放合作背景下的外部空间开放,共同构成了我国新时代陆海内外联动全方位开放的新格局。

第一节 陆海开放格局的现状

一、陆海开放格局的概念

中国幅员辽阔,有着广袤的内陆纵深,同时也有着 1.8 万公里的海岸线。陆上接壤的国家主要有朝鲜、俄罗斯、蒙古国、哈萨克斯坦、吉尔吉斯斯坦、塔吉克斯坦、阿富汗、巴基斯坦、印度、尼泊尔、不丹、缅甸、老挝、越南;海上接壤的国家有韩国、日本、菲律宾、马来西亚、文莱、印度尼西亚。我国东部沿海,西部靠陆,由于早期的对外贸易多为海上贸易,因而对外开放始于东部沿海地区。由于历史与现实的原因,东西部、沿海与内陆差距逐渐扩大,为了缓解东西部发展不平衡问题,我国提出陆海开放策略,以期通过提高内陆开放水平促进内陆地区乃至全国的经济增长。

我国对外开放之路从深圳、珠海、厦门、汕头四个经济特区建设开始,1984年进一步开放14个沿海港口城市。作为"摸着石头过河"策略的承接,沿海经济特区起到了良好的示范作用,诞生了"广深""闽南"等经济发展与对外贸易的窗口。这些散布在中国海岸线上的开放窗口推动了中国加速融入世界产业链,加快了中国开放改革的脚步。内陆地区的开放,不仅时间晚于沿海地区,从体量到政策支持的层面上也都远远落后于沿海地区。1935年,我国著名地理学家胡焕庸绘制了从黑龙江瑷珲到云南腾冲的一条线,这就是"胡焕庸线"。"胡焕庸线"把中国分成了东西两部分,线以东地区以43%的国土面积养育了94%的人口。迄今为止,"胡焕庸线"仍旧是一条巨大的沟壑,分开了发达区域与发展中区域。

中央政府一直试图通过西部大开发、财政转移支付等各种手段消除这种差异。随着内陆地区的基础设施建设逐步完善,政策学习经验的逐步积累,以内陆地区进一步开放促进内陆地区经济发展,乃至全国经济增长成为新时期的重要议题。东西部发展的不平衡已然成为我国面临的一大问题,要解决这个问题,就要靠深化改革,靠西部的对外开放。将对外开放策略实施到内陆地区,使得内陆地区获得更多对外贸易自主权,通过内陆交通直接参与对外贸易,并以此获取更多的贸易红利。传统的政策视野下,实施海陆开放前,内陆货物的运输途径必定将经过沿海开放城市,而实施内陆开放后,内陆货物的运输途径逐渐变成内陆交通联运直达海外,其路径的变化如图5-1所示。

陆海开放新格局是我国改革开放国策的重要一环,在多年对外开放实践的基础上,不断总结经验和完善政策,我国的对外开放由南到北、由东到西层层推进,逐渐摸索总结出了一条由东部向西部,由沿海向内陆的开放路径,如图5-2所示。

图 5-1　内陆开放前后货物运输途径

资料来源:作者归纳整理。

图 5-2　我国逐步对外开放的路径示意图

资料来源:作者归纳整理。

1979 年 7 月,为了推进改革开放和加速社会主义现代化建设,我国在深圳、珠海、汕头和厦门分别试办出口特区。四个经济特区也为我国进一步推动沿海和内陆开放城市的探索提供了基础和经验。

1984 年 5 月,我国把秦皇岛、福州、上海、大连、青岛、烟台、温州、湛江、天津、连云港、北海、南通、宁波、广州定为沿海开放城市,此批沿海开放城市的地理位置、自然资源、经济基础以及技术管理等,都具有良好的条件和优势,我国希望通过对沿海港口城市给予外商若干优惠政策,以鼓励对外经济合作和技术交流。

此后 1985 年 1 月,在沿海开放城市落地后,中共中央、国务院在北京召开长江三角洲、珠江三角洲和闽南金三角座谈会,提出进一步深化开放,把长江三角洲、珠江三角洲和闽南厦漳泉三角地区以及辽东半岛、胶东半岛开辟为沿海经济开放区。按批示,开放区意在逐步发展“贸—工—农”的生产结构,这种生产结构的主要生产模式为,按出口贸易的需要来发展加工业,按加工的需要来发展农业和其他原材料行业。

20 世纪 90 年代以来,我国的对外开放范围逐步由沿海向沿江城市、内陆以及沿边城市延伸。1992 年,长江沿岸的芜湖、九江、岳阳、武汉和重庆实现对外开放。同年,合肥、南昌、长沙、成都、郑州、太原、西安、兰州、银川、西宁、乌鲁木齐、贵阳、昆明、南宁、哈尔滨、长春、呼和浩特共 17 个省会城市作为内陆开放城市也实现了对外开放。此外,我国还逐步开放内陆边境的沿边城市,从东北、西北到西南地区,有黑河、绥芬河、满洲里、河口、二连浩特、瑞丽、塔城、樟木、畹町、东兴等。至此,我国逐步形成了一个宽领域、多层次、有重点、点线面结合的全方位陆海开放空间格局。

二、陆海开放格局的建设现状

(一) 自由贸易试验区与逐步成型的陆海开放格局

自上海自由贸易试验区建立以来,自由贸易试验区就承担着试验、创新等功能于一身,截至 2016 年年底,我国总共有三批次 11 个自贸区。2016 年获批的第三批自贸区,与之前两批最大的区别就在于,出现了陕西、四川、重庆、河南、湖北等内陆自贸区,这标志着新的开放空间,向着内陆不断延伸。

中国内陆地区自古以来非常倚赖长江黄河两条内陆河道连接外部,虽然长江自古以来就是开放之江,但我国沿江沿海沿边开发比较差的就是沿江开发。中部有多个省属于长江中下游,但中部地区的开放水平几乎是全国最低。武汉被称为九省通衢,作为特大城市,其开放度也并不高。

通过对长江沿江港口的建设,部署长江经济带、重庆内陆开放区等一系列举措,并对中部开放程度较低的地区设立高规格的自由贸易试验区,使得中国逐渐形成了以沿海"一区三角"(环渤海地区,长三角、闽三角、珠三角),内陆一江一河(长江、黄河)流域开放城市的多层次、全方位、大纵深的新开放格局,大大促进了内陆地区的对外开放与经济发展。

(二) 陆海新通道建设

陆海新通道即原来战略规划中的南向通道,2018 年 11 月正式称为陆海新通道。南向通道是在中新互联互通项目框架下，中国西部省份与新加坡合作，打造以重庆为运营中心，以广西、贵州、青海、甘肃、新疆各西部省份作为关键节点，利用公路、铁路、海运等运输方式，向南方经由广西北部湾通达新加坡等东盟国家的新型陆海贸易通道。西部陆海新通道作为内陆地区腹地连接"一带"与"一路"之间的重要纽带，其向北与丝绸之路经济带相连，向南则与海上丝绸之路相接，协同长江经济带形成跨南北全域的大通道，深化陆海双向开放，推动区域经济高质量发展，在区域协调发展格局中具有重要战略地位。

通过中国与柬埔寨、越南、新加坡等国家共同合作，推动内陆地区对接东盟的高规格开放计划，可以很好地解决传统的内陆省份离东部沿海较远的难题。可以通过陆海通道的建设推动与东盟的合作，深化与东盟区域国家的互联互通，通过中国在基础设施建设方面的领先能力，帮助东盟相关发展中国家推动其国内基础设施建设。表5-1中列出了自2017年2月以来中央和地方政府对陆海贸易新通道建设的政策支持。可见无论从中央层面还是地方层面，都对南向通道寄予厚望并大力支持。

表5-1　中国中央部委和地方政府对陆海贸易新通道建设的政策支持

时间	政策支持
2017年8月31日	重庆、广西、贵州、甘肃四省区市签署《关于合作共建中新互联互通示范项目南向通道的框架协议》，重庆、南宁、贵阳、兰州四地海关、检验检疫局有关负责人签署《关于支持推进中新互联互通项目南向通道建设合作备忘录》
2018年1月11日	广西政府印发《广西加快推进中新互联互通南向通道建设工作方案（2018—2020年）》
2018年2月	国家发展改革委将南向通道建设纳入国家"一带一路"项目库予以重点支持，商务部同意将其纳入中新（重庆）互联互通示范项目框架下与新加坡合作推进
2018年4月20日	中新互联互通项目南向通道2018年中方联席会议在重庆召开，并联合发出了邀请中国西部其他省区市参与南向通道建设的重庆倡议
2018年6月2日	重庆、广西、贵州、甘肃四省区市与青海省签署《青海省加入共建中新互联互通项目南向通道工作机制备忘录》，标志着青海省加入共建"南向通道"工作机制

续表

时间	政策支持
2018 年 6 月 7 日	重庆与四川省共同签署《深化川渝合作深入推动长江经济带发展行动计划（2018—2022 年）》,明确双方将加强南向通道建设合作,共同推进南向通道区域合作机制
2018 年 6 月 8 日	中新互联互通南向通道渝黔桂陇四地合作会议在遵义召开,四省区市南向通道平台运营公司共同商议,对成立二级平台公司有关合作内容达成共识
2018 年 6 月 19 日	中国铁路总公司对南向通道铁海联运班列双向铁路运价也给予了下浮 30% 的优惠支持
2018 年 8 月 30 日	在新疆召开的"一带一路"国际物流合作论坛期间,新疆签署《关于新疆维吾尔自治区加入共建互联互通项目南向通道工作机制的备忘录》
2018 年 9 月	重庆市政府代表团访问新加坡、越南,并赴香港特别行政区,围绕南向通道召开会议论坛、项目推介、会谈会见、考察园区企业等公务活动数十场
2018 年 12 月	四川成都市与新加坡就协同深化打造"南向通道"达成合作意愿
2019 年 8 月	国家发展改革委正式公布了《西部陆海新通道总体规划》,明确提出到 2035 年全面建成西部陆海新通道

资料来源:根据重庆、四川、新疆、甘肃、广西、青海等省区市政府网站围绕南向通道建设工作的相关报道整理。

　　到 2018 年年底,陆海新通道的三种物流组织形式均已实现常态化运营,并与中欧班列保持有效衔接,目的地已覆盖全球六大洲 71 个国家和地区的 155 个港口。2019 年,我国八个西部省份在重庆签署陆海新通道框架协议,将继续合作推进我国加快形成"陆海内外联动、东西双向互济"的对外开放格局。2019 年 8 月,国家发展改革委正式公布了《西部陆海新通道总体规划》,明确提出到 2035 年全面建成西部陆海新通道。在成都建设一条经泸州（宜宾）、百色至北部湾出海口的西部陆海新通道,与重庆的另外两条通道共同形成西部陆海新通道的主通道。《西部陆海新通道总体规划》明确了新通道的四个战略定位:推进西部大开发形成新格局的战略通道、连接"一带"和"一路"的陆海联动通道、支撑西部地区参与国际经济合作的陆海贸易通道、促进交通物流经济深度融合的综合运输通道。

第二节　内外联动开放的现状

一、内外联动开放的概念

自 1978 年改革开放以来,我国对外开放的程度不断加深,在许多领域都取得了巨大成就。从 2009 年开始,我国已连续 10 年保持全球货物贸易第一大出口国和第二大进口国的地位。由《世界投资报告》的数据可知,2017 年我国已成为世界第二大外资流入国。然而,我国的开放型经济仍然是不平衡不协调发展的,各个地区之间也存在着较大的经济发展差距。东北地区和中西部地区占对外贸易和吸收外资的比重较小,东部地区仍占绝大部分比重。借助外资引进和对外贸易,我国东部地区经济发展的势头迅猛,中西部地区的经济水平仍相对落后。

实行陆海内外联动,就是把对外开放和国内区域开发结合起来,在开放中推进西部大开发、东北振兴、中部崛起,在开放中促进京津冀协同发展、长江经济带保护发展。中国经济已进入新时代,为了协调我国各地区经济的发展、促进经济的高质量发展,就需要构建更为开放的经济地理空间布局,促进形成陆海内外联动、东西双向互济、区域协调发展的开放型全方位的经济地理空间新布局。

二、内外联动的发展现状

党的十八大以来的一个重大举措,是提出并稳步推进"一带一路"建设。把"一带一路"建设作为重点,以共商共建共享为原则,坚持"引进来"与"走出去"并重,形成"陆海内外联动、东西双向互济"的对外开放格局。"一带一路"倡议通过统筹东西两大方位、陆海两大区域、内外两大市场,并拓展中国在亚欧非三大洲、印太两大洋乃至全球范围的发展空间,助推中国与周边、中国与世界关系的深入发展。"一带一路"倡议是我国对外开放的重大战略举措,也是进行经济外交的顶层设计。我国经济发展进入新常态,为了保持经济健康持续发展,就必须树立全球视野,统筹国内国际两个大局,推动形成全面对外开放的新格局,以扩大开放带动创新、推动改革、促进发展。对于当今的中国,更为重要的问题是提高对外开放的质量和经济发展的内外联动性。推进"一带一路"建设,就是以习近平同志为核心的党中央主动谋划的推进全方位对外开放的一项重大战略。

党的十八届三中全会明确指出,为适应经济全球化新形势,必须把"引进来"和"走出去"更好地结合起来,推动资源的高效配置、促进国际国内要素自由流动、加快培育国际经济合作竞争新优势,以开放促进改革。党的十八届三中全会以后,我国不断扩大市场和投资准入,自上海自贸试验区成立以来,我国就进入了构建全面开放格局的新的历史阶段。上海要在综合保税区建立的基础之上,探究如何开展试点的问题。探索建立自贸试验区是我国对外开放新机制建立的标志之一。2018 年,中央决定在原有自贸区的基础之上建立海南自由贸易港区。中国特色社会主义进入了新时代,中国的对外开放也迈向了新时代。在达沃斯世界经济论坛 2017 年年会开幕式上,习近平主席承诺,"中国的大门对世界始终是打开的",中国人民张开双臂欢迎各国人民搭乘中国发展的"快车"。在博鳌亚洲论坛 2018 年年会上,习近平主席明确宣布中国将进一步扩大对外开放,为此将大幅放开市场准入,创造更加有吸引力的投资环境,加强知识产权保护,主动扩大进口。

在中国进一步深化改革、扩大开放的整体版图下,2019 年 8 月,上海自贸区临港新片区、深圳"建设中国特色社会主义先行示范区"横空出世。上海与深圳这两座被视为中国改革开放先锋的城市再次被委以重任,作为自贸区"领头雁"的上海自贸区临港新片区不仅仅是地理距离上的扩囧,更是投资贸易"便利化"向"自由化"的跨越过渡,对标全球最高标准,打造更具国际竞争力与影响力的特殊经济功能区。对于深圳而言,《中共中央 国务院关于支持深圳建设中国特色社会主义先行示范区的意见》对其提出了明确的目标:

到 2035 年,成为我国建设社会主义现代化强国的城市范例;到本世纪中叶,成为竞争力、创新力、影响力卓著的全球标杆城市。

第三节 实现陆海联动开放的方向

坚持追求陆海联动的全面开放,是提高开放水平的必然。从区域整体协调发展目标来看,陆海联动就是要将内陆地区与沿海地区的发展紧密结合在一起,在发展中优化区域整体开放水平。在进一步巩固沿海地区深度开放的同时,推动内陆和沿边沿江地区从开放的洼地变为开放的高地,形成陆海内外联动的开放格局,打造区域协调发展新格局。从具体政策实施方向来看,就是要以开放来刺激国内制造业结构改善,使国内制造业标准与国际一流水平接轨,使制造业、服务业等多个领域的开放全面结合。要实现陆海的联动开放,涉及区域协调发展、分工合作的问题,就要从区域层面来探讨陆海内外联动未来的发展方向,从而不断加大对外开放新格局的推进力度。

一、区域层面经济地理缘由

自然历史的存在是我国经济发展中一个非常典型的影响因素。对于我国这样一个地域辽阔、历史悠久且文化传承连贯的国家来说,经济区域性发展的趋势已经形成。其一是由于我国多民族的大杂居、小聚居性,不同民族的文化分割十分严重,也导致经济发展的地区分割性,不同民族聚集地区经济文化发展水平都有着十分显著的差异。其二是由于我国特殊的地理环境,广阔的国土面积使我国同时拥有多种自然地貌,大量的河流、山脉对人类集聚区产生了天然的隔离效果。因此,在我国现代发展过程中,应全面考虑这些地理分割所导致的发展水平的差异。据此我国应推动建设一个既能涵盖集聚理论的一般规律,又能体现出中国特色的开放型经济的空间布局。

在国家层面,经济集聚发展的重点地区依然是东部沿海地区。要以东部沿海发达地区带动中西部地区的发展,以北上广深等沿海一线城市为核心进行区域集聚发展。在地区层面,将中西部地区的新一线城市作为发展核心,通过郑州、成都、西安、长沙、大连等区域重点城市的发展进行区域整体联动。

我国中部地区与东部沿海地区相连,是东部地区发展的延长线,能充分弥补东部地区在发展过程中的不足,也可以借由与东部地区的合作来刺激中部地区的经济发展。而西部地区之前一直处于发展较为薄弱的水平,由于其自然环境复杂,其经济发展难度也较高,但在我国推出了"一带一路"倡议后,西部地区的地理位置又可以看作得天独厚的发展优势,可以充分利用其距西亚、中东欧等地区的有利地理位置来发展"一带一路"经贸关系。同时,成都、重庆地区发展的"中欧班列"国际货运铁路线对我国内陆地区的国际贸易运输起到了有力的支持,形成了沿海城市海运线路、内陆城市铁路线路双线并行的贸易运输方式。东北地区作为我国老重工业聚集区,不仅受到了国企改革的冲击,也在信息技术发展后受到了新兴技术产业革命的巨大冲击,但由于其经济有着多年的发展基础,应在新形势下调整产业结构,瞄准国际国内市场,重振东北老工业区的辉煌。

在区域形成陆海联动的基础上使我国对外贸易更具有竞争力。从"引进来"到"走出去"的发展方针要求我国产品能达到国际一流的水平,这要求我们的制造业要从追求量转变为追求质,提高产品质量、调整产品结构是我们"走出去"的必经之路。例如,同时发展国际服务贸易与国际货物贸易,促进国内产业结构均衡发展;积极与国际水平接轨,以此倒逼国内产业升级;发展国内优势产业,提升我国在全球价值链中的地位。充分发挥各地区的区域性优势,促进区域开放的协调发展,使我国不断地从"引进来"向"走出去"过渡,同时也使我国陆海联动的经济地理发展模式更加成熟。

二、区域间经济合作分工与协调发展

要明确各地区发展优势从而充分发挥各地区发展潜力。在发展相对成熟的东部地区,首先要保持其发展的质量,使其成为带动周边区域集聚区发展的核心动力,发展成为国内外优秀人才、资本的集聚区,成为拥有独特创新能力带动中西部经济发展的创新经济引领区。对于中西部地区来说,大量的土地资源是其天然优势,应充分发挥价格优势来协调东部的发展不平衡。陆海联动开放不是简单的产业转移,中西部地区应避免重复东部地区的发展模式,应发展自身的特色产业来与东部地区进行优势互补,并结合国家宏观政策进一步对本地区发展方向进行探索。

我国现存的区域发展失衡问题是我国经济不平衡发展的重要体现。中西部地区发展的落后主要是由于其特殊的地理环境以及开放程度的限制,想要促进中西部地区发展,使之与东部地区进行联动必须进一步提高开放水平。中西部地区的开放是我国全面开放的重要一步,也是进一步深化开放的必经之路。通过全面开放加深东中西地区的经济合作,促进各种要素资源在不同地区之间流动,从而深层次提高各地区发展潜力,使中西部地区经济得到全面发展。

三、海陆联动未来发展优势方向的探索

改革开放以来,我国将发展重点优先放在沿海开放城市,在经过四十多年的开放发展后,东部地区的经济水平已经领先于全国其他地区,部分城市的发展水平也已经与中等发达国家持平,目前所拥有的技术处于全国领先水平,所积累的物质资本与人力资本也大大超过中西部地区。中西部地区则与东部地区相反,其所拥有的大量低价格劳动、土地资源是其发展的优势。同时借助于我国"一带一路"倡议,中西部地区有着重要的地理优势,可以发展与中东欧、西亚等地区的经贸关系,扩展我国西部地区的边境贸易。总的来看,各地区都拥有其独特的比较优势,在海陆联动中应充分发挥自己的区域优势,提高其地区的发展独特性,使我国在全球价值链中占据不可替代的位置。

第一,提升东部地区的发展质量。在打造海陆联动的同时首先使沿海地区得到充分联动,加深我国主要经济集聚区之间的联动性,形成东部沿海地区

对外开放高地。通过这些地区的合作将我国对外开放水平进一步拉升到一个全新的水平,对沿线地区的经济发展质量也起到拉动作用。有了东部的发展动力与核心就能带领其他地区持续向国际一流标准靠近,进而打造我国在国际贸易中的独特竞争力。

第二,推动中部地区对外开放进程。充分发挥郑州、长沙、武汉等新一线核心城市的作用,以核心城市为支点,连点成线、交汇联动。首先将东部地区一些高劳动力投入、高土地资源投入等行业向中西部地区转移,充分发挥中西部要素资源价格优势,同时缓解东部地区资源压力,使其资源可以转向高质量行业。进一步通过中西部地区的深度开放以提高制造业标准,整体拉动中西部地区原有制造业的平均水平,提升我国在对外贸易中的综合竞争力。

第三,进一步提升西部地区对外开放水平。以西部地区新一线核心城市成都、重庆、西安、乌鲁木齐等为支点,其建设目标不仅在于对东中部地区发展的辅助,还应将"一带一路"作为对外开放发展的重点,积极开展与沿线国家的经贸活动。作为沿边发展地区有着不亚于东部沿海地区的发展前景,推动边境贸易创新发展,使我国西部地区成为对外开放的新门户。

第四节　实现内外联动开放的方向

立足国内、放眼全球是内外联动的核心内容。这意味着我们不仅需要在国内进行自我联动,还需要将自身放进世界,实现与世界上其他国家的联动,充分把握我国社会主义市场经济体制与国际上其他经济体制之间的联系,合理调节国内国外资源分配利用效率,创造出世界各国平等互利、合作共赢的局面。我国多年的发展经验告诉我们,闭关锁国的路是走不通的,想要实现 21 世纪和平、发展的两大主题,我们更要主动融入世界,加强与世界的联系。习近平总书记指出,中国开放的大门是不会关闭的,只会越开越大。把改革和开放有机结合起来,坚持二者的相互促进,是我们在四十多年的改革开放过程中得出的基本经验。

一、加强对内改革

打铁必须自身硬,针对如何通过优化内外联动的质量和水平破解开放发展的难题,从对内改革角度可从以下几个方面入手。

(一)转变政府职能

对内改革,首先考虑政府职能转变、"放管服"改革等。要转变政府职能,以适应全面开放新格局。开放型经济的特征决定了在全面开放新格局建设中政府必须要转变其职能。政府需要处理好经济调节、市场监管、社会管理和公共服务四种职能的综合平衡问题。政府与市场的关系是需要首先把握的问题,只有合理处理二者之间的关系,划分二者在经济发展中的不同作用才能使经济高效率地发展。

1.明确改革理念,落实改革目标

开放型经济建设需要开放型政府来配合,因此政府职能的转变是首要。明确政府对经济的宏观调控职能,将市场归还于市场,减少政府对市场的干预,打造服务型政府。明确政府与市场之间的界限,推进"放管服"改革,以服务市场为标准推动政府职能改革。同时要完善政府为市场所提供的公共服务体系,建设完整有效的社会基本安全网,提升政府的基本社会治理能力,提高政府的社会服务能力,使政府为市场更好地自由发展提供基本的制度支持。

"放管服"改革是我国政府职能转变的重要目标,力图使政府更好地服务市场,增强市场活力,提高国内经济实力。"放管服"包括多个基础方面的改革,大大提高了企业的行政办事效率。通过减税降费使企业在办事过程中的成本降低,通过财政金融改革使市场信用机制日趋完善。"放管服"改革的目的,一是要将企业申办制度与国际接轨,使政府对企业申办的审批流程达到国际领先水平,鼓励"大众创业,万众创新"就是要使企业申办的速度提高,成本降低,通过多证合一、一章制等手段进行深度改革。二是要将企业申报投资制度与国际接轨,提高企业投资效率,扩大企业投资领域。逐步使负面清单制度更加成熟完善,精简申报流程,增强政府对企业投资的服务支持。三是要将办税纳税制度与国际接轨,减少企业纳税中不必要的成本。要对各地区纳税制度进行统一,优化纳税流程,普及纳税知识,减少企业税负,完善税收审查,使国家税收制度成为便民利民的服务性制度。四是要提高国民信用水平,使我国信用体系达到国际水平。中小企业借款难问题一直是我国的重大难题,其中的关键就是不健全的市场信用体系,政府改革应力图创建一个完善的信用体系,提供服务性金融制度,设立中小企业信贷融资基金,解决中小企业信贷融资问题。

总之,"放管服"改革是我国政府转型的强有力措施。只有深度落实"放管服"改革,持续推进政府职能转变,才能为内外联动开放和建立全面开放新格局奠定稳健的基础。

2. 优化审批模式,激发市场活力

合理的行政制度可以最大化激发市场自身的活力。西方发达国家政府的行政审批模式十分精简,在保证了效率的同时还拥有严格的事后审查模式,这是需要我们学习的地方。如何精简我国的审批模式,以及如何提高政府办事效率是政府职能转变过程中的重要内容。依法行政是我国政府行政的根本依据,优化行政审批模式必须要建立法治政府,只有提高政府行政透明度,规范政府行政流程,才能从根本上改变我国行政制度中的复杂问题。对于我国的行政制度改革,依然还有一条很长的路要走,只有使行政制度适应开放型经济体制的发展,才能激发市场自身的活力。

3. 改善市场环境,合理配置资源

市场在资源配置中发挥其决定性作用,这是我们实现开放型经济的必然要求。健康的市场环境是实现市场自身调节能力的关键。在使市场自身的资源配置能力不断增强的同时,也使政府在开放型经济建设中拥有更优良的宏

观调控及监管能力。

政府的政策性支持是建设开放型经济的首要条件。通过政策的导向打开市场自我调节的大门，逐步形成一套反映市场真实情况的价格形成机制，为市场主体提供一个健康稳定的市场环境。其次还应为市场打通要素流动渠道，在市场拥有对要素自由调整的能力时不应让行政界限割裂这种流动性，应推动多种要素在不同地区、不同省份之间的自由流动，为各地区企业平等获取生产要素提供条件。最后应在全社会提高全面开放意识，形成开放型社会文化，使更多人接受与国际接轨的标准与市场规则。

（二）加大创新驱动力度

创新是引领发展的第一动力。在国际新形势下，谁拥有持续的自主创新能力，谁就获得了强大的发展动力。政府的职责之一即是服务于创新型国家建设，加速创新驱动能力建设。对于创新型国家来说，完善的产权保护制度是促进创新驱动的重要推动力。保护知识产权即是对创新人才的保护，是促进创新活动的根本所在。通过将知识产权保护与国际标准接轨，让国内的优秀创新人才享受国际一流的产权保护机制。在保护国内知识产权的同时，扩大知识产权对外开放水平，引入国外先进技术，通过国内外的创新技术交流来促进国内创新活动的发展，进而优化国内产权保护体制。同时在促进我国创新活动发展的过程中，也要保护知识技术产权不受国外的侵害。近年来，我国的创新驱动建设已经取得了非常卓越的成效，出现了一批掌握国内外先进技术的企业，但随着我国创新能力的增强，企业在开辟国际市场的时候容易受到国外的压制和打击，因此我国政府应加大对知识产权的保护力度，加大与发达国家的知识产权交易合作，这不仅有利于我国产权保护制度的不断完善，也有助于创新人才在国内外进行流动，对建设创新型国家将起到十分重要的作用。

加强知识产权保护，加大执法力度，提高违约成本，保护所有企业和工商个体的合法权益，鼓励企业间的正常知识技术往来交流合作。要在产权保护的道路上发挥我国的大国影响力,承担大国责任,维护国际社会贸易环境,促进国际社会的交流与合作,使之向着合作共赢的方向发展。

(三) 围绕"一带一路"进行国内深化改革

推动国内多地区协同发展、协同开放,从东部沿海地区向中西部内陆地区延伸,通过连接国内多个经济片区进行全方位战略整合,推动全面开放的新格局的形成,是"一带一路"建设的目标之一。"一带一路"建设不仅有助于国内深化改革,也有助于我国边境地区的现代化建设。通过"一带一路"项目建设缩小西部边疆地区与东部地区的发展差距,开辟了西部地区全新发展的动力源泉。围绕"一带一路"建设,加大中西部地区与沿线国家之间的互联互通、经贸往来,增进人文交流。通过"一带一路"倡议带来的外部刺激促进我国深化改革、产业调整。这不仅是对国内经济发展的促进,也对沿线国家的内部需求有着促进作用。在全球经济环境日益复杂的今天,加强国际合作无疑是带动区域经济发展的重要举措,将会为我国企业"走出去"营造有利的外部发展环境和空间,为外国企业和外国资本"引进来"营造良好的国内环境。

在"一带一路"背景下,深化对内改革,应将着力点放在转变产业结构、促进产业结构优化升级上。通过全方位对外开放,有利于国内产业的跨境转移,促进要素资源流向高附加值产业。同时欢迎国外资金流入,以外部刺激推动国内产业升级。我国现已开放多个自由贸易试验区,对食品、制造、医疗、建筑、金融等多个行业进行设点试验。由于我国幅员辽阔,以及全方位开放所蕴含的风险,在全国范围扩大开放领域是十分困难的。因此,我们以"一带一路"为中心,在全国不同区域设立自贸试验区,逐步探索适合我国的开放模式,对于推动我国国内深化改革有着重要的意义。

(四) 搭建自由贸易试验区平台

国内改革开放是相辅相成、相互促进的。在推进自贸区建设中,练好内功,完善机制建设,加强能力建设 把目己的事情做好做扎实,是重要的基础和保障。

逐步提高我国自身实力,适应国际贸易投资新规则,打造有利于国内外企业投资发展的健康市场环境是我们深化改革,全方位开放的目标。自由贸易区的建立就是为了寻找一种适合自身的全方位开放模式,为适应自贸区建设需要,中国重点在提高货物贸易于放水平、扩大服务业对外开放、放宽投资准入、推进规则谈判、提高贸易便利化水平、推进规制合作、加强经济技术合作等方面深化改革,完善体制机制,健全政策体系,为建设高水平自由贸易区优化基础和环境。

2013 年 9 月,为逐步推进国内深化改革,促进全面开放,我国第一个自贸试验区在上海成立,建立了首个对接国际高标准贸易和投资规则体系。随后在短短几年时间内,自贸试验区制度逐渐向全国推进。2015 年 4 月,天津、广东、福建自由贸易区成立,2017 年我国又相继在辽宁、河南、四川等七个省市设立了自贸试验区。2018 年,习近平总书记宣布设立中国(海南)自由贸易试验区,实施范围为海南岛全岛。至此,我国设立的自贸试验区已涵盖全国大多数地区,在试验区内率先全面对接国际规则与标准,通过这些试验点的范围开放来总结经验,创造出一套可复制,可向全国推广的经验,为全面扩大开放进行压力测试。建设自贸试验区发挥了对外开放先行一步的改革创新作用和试验田作用。

二、深化对外开放

"一带一路"倡议是我国基于对提高开放质量,扩大开放领域的全面开放理念所作出的决定。努力实现政策沟通,打造沿线地区道路畅通,实现贸易往来中的资金融通,促进与沿线国家之间的民心相通,最终实现"一带一路"中的贸易畅通,实现各国的互利共赢。借由此,要破解开放发展的难题,创建中国全面开放新格局,要在"一带一路"的政策环境背景下,顺应时代潮流,贯彻党和国家的指导方针,积极与国际接轨,对标国际经贸规则,加强国际组织间的交流协商合作,以推动中国对外开放的进程稳步前行。

(一) 优化营商环境,吸引外资投入

适应我国经济进入高质量发展阶段的要求,为吸引外资进入以及营造国际一流的营商环境而推进"放管服"改革。通过"放管服"改革来优化企业营商环境,提高外资进入的便利化程度,促进外资来华投资。打造国际一流的营商环境,对接国际标准,提升政府办事效率,加强法律法规建设。以确实提高企业注册、生产经营便利化为目标,努力提升我国营商环境。

优化营商环境的几个重要标准是安全的法治保障、高效的行政服务、自由的市场环境、深度的开放水平。一是要打造安全的法治保障。习近平总书记说"法治是最好的营商环境"。依法治国、依法行政,只有一套完整公正的法律体系才是提升营商环境的根本保障,建立完整的审查、执法、监督流程,推进司法改革,完善司法流程,划清各个部门的职责所在,打造公平效率的法治政府。同时推进企业权益保障体系,保障中小企业投资者的利益,建设权益保护机制。二是要打造高效的行政服务。提升政府办事效率,规范政府办事流程。通过减少审批环节,统一审批部门,采用"多证合一""一单制"模式,以及多种业务办理模式,例如自助办理、代理办理等。在企业办理业务之前通过事前告知的办法来减少办理审查时间,在企业办理后采取严格抽查模式来减少违规行为。三是要打造自由开放的市场环境。要在全国推广实施负面清单制度,加快社会信用体系的建设,加大对外开放力度;在保证金融安全的同时促进金融业的逐步开放;加快国际贸易标准、行政规则在我国的引入,推进贸易便利化。

(二) 加快自贸试验区建设,实施负面清单管理制度

健全对外开放的体制保障和法制政策。中国应加快自贸试验区的建设,打造更加开放的外资进入环境,增进与其他国家及地区的经贸沟通,形成一个

使货物贸易、服务贸易都能自由发展的国际贸易网络。应继续加强同国际规则的衔接，积极与世界贸易组织协商政策制定。对外方面，应积极承担大国责任，支持国际组织决定，维护国际环境稳定，反对跨国垄断集团。对内方面，坚持高标准的改革目标，建立透明高效的政府行政体系，完善外资投资管理体系，持续推进服务业、金融业的对外开放程度，从而在吸引外资的基础之上来确保国内环境稳定。

2018年6月28日，国家发展改革委和商务部发出第18号令，发布了《外商投资准入特别管理措施（负面清单）（2018年版）》。仅隔一日，国家发展改革委和商务部又发出第19号令，发布了《自由贸易试验区外商投资准入特别管理措施（负面清单）（2018年版）》。这两张负面清单的发布，是中国扩大对外开放的实际举措，也是中国以国际通行规则进一步融入国际经济体的最新进展。这两张负面清单出台的时机，是在国内和国际的市场形势与投资环境已经处于或正处于深刻变化和转折的阶段。因此，上述第18、19号令发布的负面清单的意义，就在于优化外商投资环境，促进产业升级，并为此相应扩大吸引外来投资的范围，进一步提振中国经济。

（三）　加快推动商品和要素流动型开放向规则等制度型开放转变

习近平总书记在2014年12月中央政治局集体学习时指出，要善于在国际规则制定中发出更多中国声音、注入更多中国元素。2018年中央经济工作会议明确，推动由商品和要素流动型开放向规则等制度型开放转变。2019年2月中央全面依法治国委员会第二次会议强调，改革开放越深入越要强调法治。这一系列重要论断，是以习近平同志为核心的党中央适应经济全球化新趋势、准确判断国际形势新变化作出的战略部署，是深刻把握国内改革发展新要求、构建全面开放新格局的定纲之策。

制度型开放是新时代扩大高水平开放的必由之路。改革开放四十多年来,中国抓住了全球要素分工发展带来的战略机遇,实现了外向型、开放型经济的高速增长,已经成为世界第二大经济体、第一大工业国、第一大货物贸易国、第一大外汇储备国。开放使中华民族迎来了从站起来、富起来到强起来的伟大飞跃。中国第一阶段对外开放是利用经济全球化机遇参与国际分工,重在参与别国创造的机会;在新一轮对外开放中,中国要主动为自己和别国创造经济发展和开放的机会。制度型开放是全面深化改革的根本要求。纵观我国改革开放历程,开放是倒逼改革的"先手棋",改革是推进开放的"催化剂"。我国正处在转变发展方式、优化经济结构、转换增长动力的"经济新常态"阶段,经济下行压力持续加大,深层次结构性矛盾日益凸显,劳动力成本持续攀升,资源约束日益趋紧,政府职能转变不到位,环境承载能力接近上限,开放型经济传统竞争优势受到削弱,传统发展模式遭遇瓶颈。推动流动型开放向制度型开放转变,既坚持问题导向主动对标国际经贸最高标准、补齐开放制度短板,又把握大势在全球经济治理体系变革中求得更大发展空间。

三、对内改革与对外开放相结合

作为一项基本国策,改革开放只有进行时没有完成时,将会一直贯彻落实下去。未来仍要不断深化内外联动发展,坚持以开放促进改革、以改革推动对外开放再创新高,积极统筹利用好国际国内两个市场、两种资源,推动进出口、内外需协同扩大,在实现东、中、西部整体协调开放的同时实现"引进来"和"走出去"共同增长。

在"一带一路"倡议的引领下,目前已初步形成全面对外开放新格局。当今一个关键性的改变,就是中国在贸易、投资、金融等方面从以"引进来"为主转变为"引进来"和"走出去"并重,从单向利用外资到双向投资共同发展。这也是开放型经济转型升级的必经之路。整合全球资源,在全球范围内布局,积极参与全球经济治理,承担国际责任,履行国际义务。从"一带一路"倡议,到亚投行、丝路基金成立,再到构建"人类命运共同体",为全球治理体系的改革发展提供新的药方、思路和方向,是中国智慧的中国方案。

第五节　形成陆海内外联动开放的新格局

改革开放以来,中国经济与世界经济联系进一步紧密,中国经济发展走向与世界经济息息相关,举世瞩目。党的十九大报告庄严宣誓"中国坚持对外开放的基本国策,坚持打开国门搞建设","中国开放的大门不会关闭,只会越开越大",并且明确了"推动形成全面开放新格局"重大战略部署,为新时代中国开放发展确定了总体方向和重点任务。

稳健的经济体系是一个国家繁荣昌盛的基础。构建彰显优势、协调联动的陆海内外联动的外部空间全方位开放格局,是建设现代化经济体系的突破口。未来的外部开放格局走向将呈现出三个方面的特征,也是今后陆海内外联动发展工作应集中关注的重点:一是中国在世界经济中所处的举足轻重的带头作用,其经济措施将会对周边国家、发展中国家乃至世界带来不同程度的涟漪效应;二是制定宽松的、有序的对外经济政策,构建示范的、间接的对内引导体制;三是包容性、差异性的区域发展即将成为主流。

随着"一带一路"倡议的持续推进,不仅为西北、东北和东部沿海等地区的发展带来进一步的机遇,也为中原、长江中游、川渝、关中四大城市群的内陆地区提供了强劲的助力,"一带一路"建设推动我国开放空间从沿海、沿江向内陆、沿边延伸,同京津冀协同发展、长江经济带发展、粤港澳大湾区建设等国家战略对接,进而有利于形成陆海联动、内外联动、全面开放的区域开放的新格局。这应是我国开放型经济空间布局的总体思路以及未来走向。

进一步实施自由贸易区战略。国际金融危机后,世界经济进入新一轮的调整期。国际力量对比发生深刻变化,大国博弈加剧,发展竞争日益激烈。全球多边贸易谈判缺乏动力、进展缓慢,区域贸易投资安排成为全球贸易投资自由化、便利化的重心,特别是大国带动区域经济一体化发展的特点凸显,美欧等主导的双边或区域自贸协定及诸边协定谈判加速推进,围绕国际经贸规则主导权的争夺日益加剧。面对国际经贸规则重构和中国经济发展进入新常态的客观形势,以习近平同志为核心的党中央顺应大势、结合国情,从战略思维和全球视野审视中国与世界的发展,坚定不移地扩大对外开放,制定和实施了一系列重大规划和政策举措。通过加强各项工作的协调性,让加快实施自贸区战略的主张转化为各方共识,形成一致行动。

回顾中国对外开放四十多年历程,可谓在曲折中艰难前行。以"一带一路"建设为契机,中国的对外开放站在新的历史起点上。中国经济竞争力会通过扩大开放得到明显提升,社会主义市场经济将会持续健康发展,现代产业体系建设加快推进,市场环境大大改善,知识产权将得到有力保护,全方位对外开放新格局最终将形成。未来中国将继续与各国一道致力于维护全球经济一体化发展,共同打造人类命运共同体;改革完善现有国际经贸规则,稳步推进国际经济金融体系改革,完善全球治理机制,为世界经济健康稳定增长提供保证。各国应摒弃不合时宜的旧观念,冲破制约发展的旧框框,中国将与各国积极推进"一带一路"建设,中国愿同各国分享中国发展红利,欢迎各国来搭乘中国改革开放的"便车""快车"。中国愿同各国一起携手前进,谱写新的世界历史篇章!

第六章　自由贸易试验区建设

　　当前世界经济波谲云诡,贸易保护主义阴云密布,以美国为首的西方资本主义国家开始逐步摆脱WTO,试图通过建设高标准的贸易规则来将中国等新兴经济体排除在国际贸易主流之外。改革开放四十多年来,我国长期侧重于推动商品、要素进出口,这不利于我国经济结构转型,也不利于构建全面开放新格局。有学者指出,21世纪国际贸易的根本在于规则竞争。尽管逆全球化思潮不断涌动,但以习近平同志为核心的党中央坚持打开国门搞建设,坚持全面对外开放。为探索制度创新,对接国际高标准贸易规则,从2013年到2017年,我国先后建设三批共11个自贸试验区,来推动构建对外开放新格局。在党的十九大报告中,习近平总书记指出,赋予自由贸易试验区更大改革自主权,探索建设自由贸易港。2018年党中央决定海南岛全岛探索建设具有中国特色的自由贸易港,同年中央经济工作会议指出要推动由商品和要素流动型开放向规则等制度型开放的转变,创新制度体系建设时要更加注重向市场化、法治化的转变,以适应新形势、把握新特点。自贸试验区是中国制度创新的试验田,其设立的意义在于为国家全面深化改革和对外开放起到先行先试的重大作用,有利于中国更好地对标国际规则,是中国深度融入全球化、参与国际竞争的需要,也意味着中国对外开放将进入一个全新的、更高的阶段。目前三批自贸试验区建设已取得丰硕成果,但也存在部分不足,未来应继续下大力气啃"硬骨头",去探索更高水平、更深层次的制度创新,形成更多可复制推广的经验来服务全国改革开放大局。

第一节　自由贸易试验区概述

一、自由贸易试验区

（一）相关概念

一般而言,自由贸易区(Free Trade Area,FTA)通常区分为广义和狭义两种。广义自由贸易区指两个或两个以上的国家(地区)在签署相关协定之后,基于世界贸易组织的最惠国待遇,更进一步地相互开放市场,并逐步取消绝大部分货物的各种贸易壁垒,以改善服务和投资等相关市场准入条件,从而促进贸易和投资的便利化和自由化的特殊区域。狭义自由贸易区也称为自由贸易园区(Free Trade Zone,FTZ),是设立在单个主权国家或者是单独关税区以内的特殊经济区域,用一定隔离物将其加以区分并置于海关管辖之外。区内对境外货物实施免税或保税措施,取消对进口货物的配额管制,同时允许自由进出外国船舶。目前,巴拿马科隆港、德国汉堡港、美国纽约港等地的自由贸易区都属于这一类型。

中国自由贸易试验区(Pilot Free Trade Zone,PFTZ)是由国家划出的,对标国际最高投资贸易规则,以制度创新为纵坐标,以投资、贸易、金融、产业、通道以及区域合作为横坐标,进行全方位、综合性的探索试验,为全面深化改革和扩大开放探索新路径、积累新经验的特定区域。

（二）与其他海关特殊监管区的区别与联系

自贸区是改革开放以来继保税区、出口加工区、保税物流园区、保税港区之后我国实行的又一海关特殊监管区,在各项税收、准入方面具有中国大陆目前最高的自由度许可。与前四种海关特殊监管区域乃一脉相承,但其对于我国经济发展的重大意义远远超过以前设立的海关特殊监管区。在国际背景与国内环境的双重影响下设立的自由贸易试验区,是我国通过对外开放"升级版"倒逼改革"升级版",通过改革"升级版"推动打造中国经济"升级版"的重大举措。与其他海关特殊监管区域不同的是,自贸区强调的不仅仅是各种便利营商的政策优惠,而是要进一步实施对外开放,变革政府行政管理体制。从功能上看,自贸区具有保税区、出口加工区、保税物流园区、保税港区所具有的全部功能;从政策上看,其突破了固有的法律条文;从管理上看,它打破了传统的行政管理框架。因此,自贸区的设立不仅具有经济意义,更具有政治意义,这对于新时期下我国加快转变政府职能,开拓创新管理体系,推动贸易、投资的自由化和便利化,探索全面深化改革和扩大开放的新路径、积累全面深化改革和扩大开放的新经验具有重要意义。

(三) 自由贸易港

自由贸易港是设立在海关管辖之外,一国(地区)之内的港口区域,港区内允许来自境外的服务、货物和资金自由进出,同时也是目前全球开放水平最高的特殊经济功能区。出入港区的货物不仅可以享受免征关税的优惠待遇,还可以在区内进行产品拆分、组装、存储等各项活动。其功能主要依据港口区位条件和进出口贸易目录确定,并随国内外经济形势而调整(见表6-1)。

表6-1　FTA、FTZ和自由贸易港之间的异同

对比要素		FTA	FTZ	自由贸易港
不同点	设立主体	多个主权国家或地区	单个主权国家或地区	单个主权国家或地区
	地区范围	两个或多个关税地区	一个关税区内的小范围区域	境内关外港口区
	核心政策	成员之间达成贸易自由化、投资便利化的相关协定	自主性开放措施,国家内部的制度安排	自由贸易试验区的升级版,享受更多优惠政策
	法律依据	双边或多边协议	国内立法	国内立法
相同点		促进对外开放和经济发展		

资料来源:中研网。

　　纵观世界主要自由贸易港的发展历程可以发现,自由贸易港的建设均向着专业化、集装箱化、工业化等多功能方向发展,且国际物流、国际贸易、国际中转和出口加工等已逐渐成为各国自由贸易港发展的重点功能。目前排名世界集装箱港口中转量第一、第二位的分别是新加坡港、中国香港港。新加坡自由港是世界上规模最大的中转港,实施公私合作的管理体制,行政体系尤为高效,企业注册和报关都十分简便,其主要特点在于吸引外资的力度较大:设立经济发展局,利用"总部优惠"等超国民待遇吸引全球知名企业在新加坡设立总部,尤其侧重引入高精尖制造业,其亚洲科创中心已初具规模。中国香港自由港最早从转口港发展而来,以贸易为支点,逐步支撑起金融、航运两大板块。实施典型的零关税政策,同时外资可以投资并100%控股大部分行业,在税收上也实行较大的优惠政策,是世界上税率最低的地区之一。其主要特点在于港市合一,港内要素齐全,商品、服务、资金、信息、人员流动较为自由,货物进来后给予企业"国民待遇",是国际最高标准的自由港(见表6-2)。

表6-2　世界主要自由贸易港地区分布

国别	自由港数(个)	自由港名称
丹麦	4	哥本哈根自由港、贝尔法斯特自由港、伯明翰自由港、加的夫自由港
中国	2	香港自由港、澳门自由港
德国	2	不来梅自由港、汉堡自由港
荷兰	2	斯希普霍尔自由港、鹿特丹自由港
以色列	2	埃拉特自由港、海法自由港
新加坡	1	新加坡自由港
法国	1	马赛自由港
芬兰	1	汉科自由港
比利时	1	安特尔普自由港

资料来源:张祥建、涂永前主编:《"一带一路":中国大战略与全球新未来》,格致出版社、上海人民出版社2017年版。

2018 年 4 月 13 日,习近平总书记宣布党中央决定支持海南全岛建设自由贸易试验区和展开中国特色自由贸易港建设的尝试和探索。这是党中央着眼于内外部复杂环境、深入探索、统筹全局、科学规划作出的重大决策,同时也是中国进一步深入推进对外开放、促进经济全球化的重要措施。根据中央的整体规划,海南要加快建设成为新时期中国持续推动改革,扩大对外开放的新路标,重点进行供给侧结构性改革,着力打造中国"国家生态文明试验区"和"国际旅游消费中心"。

构建具有中国特色的自由贸易港区,即要在社会主义制度的范畴之内,以国家重要战略作为服务目标,以探索开放、创新制度作为核心,在服务贸易的主导下,以城乡、陆海一体化和绿色发展为突出特点,不断改进和提升党的管理能力和水平,继续深入推进改革开放,构建全球范围内最具开放水平、国际竞争力最强,同时极富中国特色的全方位开放交流平台,积极构建人类命运共同体,为其他国家提供示范。

二、实施范围、战略定位与总体目标

中国自由贸易试验区(简称"自贸试验区"或"自贸区")的建设进程:2013 年 9 月,上海自贸试验区经批准成立;2015 年 4 月,设立广东、天津、福建 3 个自贸试验区,同年上海自贸试验区进一步扩大范围;2017 年 4 月,辽宁、浙江、河南、湖北、重庆、四川、陕西 7 个自贸试验区相继挂牌;2018 年 4 月,海南全岛建设自由贸易试验区和展开中国特色自由贸易港建设的试验和探索;2019 年 8 月,第五批自由贸易试验区名单正式公布,山东、江苏、广西、河北、云南、黑龙江 6 省区设立自贸试验区。由此形成"1+3+7+1+6"的基本格局,形成了东西南北中,陆海统筹、协调的开放态势,推动形成了我国新一轮对外开放(见表 6-3—表 6-7)。

表 6-3　第一批自由贸易试验区

自贸试验区	片区范围	战略目标
上海	上海外高桥保税区、上海外高桥保税物流园区、洋山保税港区、上海浦东机场综合保税区	在转变政府职能的基础上探索推进新型贸易业态,创新贸易监管方式,稳步推动资本项目可兑换和金融服务业对外开放范围的扩大,努力营造适宜投资的国际化、法治化营商环境,为我国深入改革和对外开放探索新方法、积累新经验

表 6-4　第二批自由贸易试验区

自贸试验区	片区范围	战略目标
广东	广州南沙新区片区、深圳前海蛇口片区、珠海横琴新区片区	针对粤港澳地区的经济合作展开探索,在投资、贸易、法治环境方面进行创新,努力增强本区域经济的竞争优势,以辐射带动其他自由贸易试验区,积极打造"粤港澳深度合作示范区"和"21 世纪海上丝绸之路重要枢纽和全国新一轮改革开放先行地"
天津	天津港片区、天津机场片区、滨海新区中心商务片区	主要以"京津冀协同发展高水平对外开放平台"和"面向世界的高水平自由贸易园区"为战略目标,力争在三年至五年内建设为"高端产业集聚、金融服务完善、法治环境规范、监管高效便捷"的国际一流自由贸易试验区,引领促进京津冀地区和我国整体经济转型的发展
福建	平潭片区、厦门片区、福州片区	立足两岸,充分利用区位优势,推进同台湾地区的经济往来便利化进程,建设"深化两岸经济合作示范区"和"21 世纪海上丝绸之路核心区",在未来不仅要创新与国际标准和规则接轨的经济体制,持续增强闽台地区经贸合作关联度,同时还要推进与海上丝绸之路沿线国家的交流与合作

表 6-5　第三批自由贸易试验区

自贸试验区	片区范围	战略目标
四川	成都天府新区片区、成都青白江铁路港片区、川南临港片区	把握内陆地区的经济发展的区位优势,积极构建"内陆开放型经济高地",促进西部地区的持续开发和长江经济带的协同发展。努力建设成为"西部门户城市开发开放引领区""内陆开放战略支撑带先导区""国际开放通道枢纽区""内陆开放型经济新高地""内陆与沿海沿边沿江协同开放示范区"

续表

自贸试验区	片区范围	战略目标
重庆	两江片区、西永片区、果园港片区	作为西部地区重要的门户城市之一,配合中央关于促进西部地区持续开放的部署,努力建设"'一带一路'和长江经济带互联互通重要枢纽"和"西部大开发战略重要支点"。在未来建设成高标准高水平的国际物流枢纽和口岸高地,服务于"一带一路"和长江经济带的协同发展,推动西部大开发计划的深入实施
河南	郑州片区、开封片区、洛阳片区	其地处贯通南北、连接东西的核心位置,因此将着力打造现代化的综合交通枢纽和物流体系,通过高水平的自由贸易园区建设辐射带动东西部地区、南北方的经济发展,推动全方位开放新格局的形成
陕西	中心片区、西安国际港务区片区、杨凌示范区片区	配合中央要求建设成一个投资环境开放、贸易便捷、监管有效、法治完善的高水平、国际化自由贸易园区,加强与"一带一路"沿线国家和地区的经济交流与合作,持续推进西部大开发计划
辽宁	大连片区、沈阳片区、营口片区	构建产业集聚、监管有力、创新高效的高水平自贸园区,积极推动东北地区的经济结构调整和转型,促进东北老工业基地整体竞争力和对外开放水平的提升
浙江	舟山离岛片区、舟山岛北部片区、舟山岛南部片区	在自贸试验区探索创新规则体制,努力提高以油品为核心的大宗商品的全球配置能力,积极构建"东部地区重要海上开放门户示范区""国际大宗商品贸易自由化先导区""具有国际影响力的资源配置基地"
湖北	武汉片区、襄阳片区、宜昌片区	在未来要建立成为与国际投资贸易规则体系相对接、高端产业集聚、创新创业活跃的自由贸易园区,服务于中部地区崛起战略和长江经济带的发展,打造"中部有序承接产业转移示范区"和"战略性新兴产业和高技术产业集聚区"

表6-6　第四批自由贸易试验区

自贸试验区	片区范围	战略目标
海南	海南全岛	以建设"全面深化改革开放试验区""国家生态文明试验区""国际旅游消费中心""国家重大战略服务保障区"为战略目标,构建开放型经济新体制和开放型生态型服务型产业体系,打造"面向太平洋和印度洋的重要对外开放门户"

表6-7 第五批自由贸易试验区

自贸试验区	片区范围	战略目标
山东	济南片区、青岛片区、烟台片区	配合中央增强经济社会发展创新力、转变经济发展方式、建设海洋强国的战略部署,推进新旧发展动能接续转换,高质量发展海洋经济,探索中日韩三国地方经济合作,形成"对外开放新高地"
江苏	南京片区、苏州片区、连云港片区	把握"一带一路"交汇点的区位优势,推动全方位高水平对外开放,深化产业结构调整,实施创新驱动发展战略,构建"开放型经济发展先行区""实体经济创新发展和产业转型升级示范区"
广西	南宁片区、钦州港片区、崇左片区	发挥与东盟国家陆海相邻的区位优势,构建"西南中南西北出海口、面向东盟的国际陆海贸易新通道",形成"'一带一路'有机衔接的重要门户",打造"西南中南地区开放发展新的战略支点",推动新时代西部大开发新格局的形成
河北	雄安片区、正定片区、曹妃甸片区、大兴机场片区	以"服务京津冀协同发展"和"高质量建设雄安新区"为战略目标,积极承接北京非首都功能疏解和京津科技成果转化,构建"国际商贸物流重要枢纽""新型工业化基地""全球创新高地""开放发展先行区"
云南	昆明片区、红河片区、德宏片区	立足沿边和跨境的区位优势,创新沿边经济发展新模式,打造"'一带一路'和长江经济带互联互通的重要通道",建设"连接南亚东南亚大通道的重要节点",形成"我国面向南亚东南亚辐射中心、开放前沿"
黑龙江	哈尔滨片区、黑河片区、绥芬河片区	建设营商环境优良、产业聚集、监管有力的高标准自贸区,推动东北全面振兴全方位振兴,建成"向北开放重要窗口"。深化产业结构调整,打造"对俄及东北亚区域合作的中心枢纽"

第二节 自由贸易试验区的建设成效

以改革促开放,以开放强创新。各自贸区自创建以来,即以改革和创新的步伐立足国家战略、聚焦特色发展,全面推进试点任务的落实。按照"继续积极大胆闯、大胆试、自主改","探索不停步、深耕试验区"的要求,经过几年的实践,各自贸试验区的创新改革实践已初见成果。

一、简政放权推动政府职能转变

在政府职能转变方面,各自贸试验区纷纷实行"放管服"改革,将事前审批转变为事中事后监管,在下放各项监管、行政职权的同时强化对整个自贸区内各项经济社会事务的统筹管理,以增强自贸试验区服务于经济发展的自主能力。另外,实行"证照分离"改革,后置各项商事审批登记事项,同时对审批流程实行创新分类管理,进一步减少企业在准入、准营方面的阻碍,提升自贸区的服务能力和水平。此外,"国际贸易单一窗口"建设进程加快,创新改革商事登记制度和各项审批流程,极大程度降低了企业办理行政业务的成本,为企业创造更为高效便捷的营商服务环境。

以广东广州南沙新区片区自贸试验区为例,其以信用监管为核心,实现了对企业生命周期信用监管的全覆盖,同时还利用云计算、大数据等现代化科学技术,逐步建立起基于信用体系、自律与他律相融合的多元共治管理体制,同时也为其他自贸试验区的建设改进提供了新思路和新方向。

二、优化营商环境推进贸易便利化

在贸易便利化方面,各自贸区建设坚持以制度创新为核心,不断完善贸易监管制度,建立起高标准、便利化的监管服务模式,提高贸易自由度和货物清关效率,构建高效的货物进出管理机制,进一步提升口岸国际竞争力。目前各自贸试验区在货物通关方面创新了一系列举措,大大提升了货物通关速度。上海自贸区通过一次性申报、一次性处理标准化的数据元等相关创新措施,率先展开了"国际贸易单一窗口"建设并取得了良好的实施效果,成为在全国复制推广的经典案例。福建自贸试验区的进出口申报时间相较之前显著缩短,通关无纸化率更是达到了95%以上,而辽宁自贸试验区在通关成本上平均降低了10%,在通关时间上缩短了近1/3。这些举措使得企业的办事效率得到了显著的提升,极大提升了贸易便利化程度,制度成本进一步降低。

三、"负面清单"管理有效统筹双向投资

负面清单管理制度和逐渐精简的商事登记制度是探索自贸试验区的建设中最具特点和价值的创新制度。各自贸区实行"外商投资准入前国民待遇+负面清单"的管理模式,对境外投资实行以备案制为主的管理方式,建立对外投资合作"一站式"服务平台,构建起准入环节自由开放、注册环节便捷高效、建设环节透明优化的投资管理创新体系。从2013年至今,负面清单的覆盖范围不断扩大,至今已囊括了目前所有自贸区,同时清单内容的精练度和透明度也在不断提升。对于负面清单之外的项目则实行备案制。对于商事登记制度,各自贸试验区大力推进电子政务,同时实行"多证合一""先照后证,证照分离"等举措,极大地缩短了企业的开办时间,极大地放宽了市场准入限制,为促进投资贸易便利化、提高开放度创造了有利条件,这对于我国进一步扩大对外开放具有积极的影响和意义。

四、金融供给侧结构性改革深化金融创新发展

近年来,自贸区在创新金融体制和防控风险方面作出了重大的尝试和贡献,在可控风险的条件下积极进行对外开放金融市场、促进利率市场化的纵深发展、推动人民币的国际化等重要领域的创新实践,分步骤地搭建起了以资本项目可兑换和金融服务业开放为导向的金融体系。作为对外开放进程中的关键点和困难点,上海自贸区在中国人民银行等金融监管机构的支持下,在人民币跨境使用、利率市场化、外汇管理便利化、资本项目可兑换等领域取得了显著的改革成效。值得注意的是,自贸区内具有资质的企业在自贸区账户(即FT账户)推出之后,在全球范围内开展借贷投融资活动更加方便快捷,因此极

大地提升了企业进行资源配置的效率。2017 年,上海自贸区共开设了 7.02
万个自贸区账户,全年累计收支 7.65 万亿元;跨境双向人民币资金池 768 个,
总收入 9761.5 亿元;公司外汇资金集中经营管理企业达 95 家。此外,上海自
贸区还建立了自由贸易账户体系和"一线审慎监管、二线有限渗透"的资金跨
境流动管理基础性制度,以期在更加适应开放环境的同时能够有效地进行金
融风险的防范。目前,自由贸易区试点地区的自由贸易账户业务涉及 110 多个
国家(地区)的 2.7 万家企业。在旨在开放金融服务业的金融创新体系下,自贸
区内新兴的金融机构已达到 4630 个,共有 769 个跨境双向人民币资金池。

五、制度创新的试验田作用不断彰显

作为新时代和新条件下改革开放的试验田,自贸试验区在各领域首先进
行试验的主要目的是要把成功的经验复制推广到其他地区,因此其创新政策
在全国的推广情况决定了自贸试验区的改革是否产生了制度红利。作为自贸
试验区建设中的前锋,上海自贸试验区搭建了与国际经济贸易通行规则相衔
接的体制,率先探索并总结成功经验,给其他自贸试验区起到了表率的作用。
而其他自贸试验区在复制先进经验与推广方面的建设成效也十分显著,浙江、
四川、天津、河南等省市自贸试验区的改革任务完成量高,改革经验的复制率
也高。如天津自贸试验区已完成改革任务总量的 89%,自主制度创新举措完
成率高达 96%;四川自贸试验区在改革经验复制方面实现高达 88%的完成率;
河南自贸试验区在此过程中下放 400 多项省级经济社会管理权限。在经验复制
和自主创新方面各自贸试验区也各有侧重,天津自贸试验区以推动京津冀联动
发展为目标,积极在融资租赁业务方面进行探索创新;福建自贸试验区以增强
大陆与台湾地区的交流合作为方向;广东自贸试验区则要重点推进粤港澳地区
的协同发展。目前已形成各自贸区积极创新实践,相互之间有针对性借鉴经验
的良性互动局面。

第三节 自由贸易试验区建设存在的不足

一、中央和地方的协调不充分

自贸试验区建设是由上而下施行的改革举措,需要自下而上的改革实践相配合,然而在实践中却出现了部分政策难以对接的问题。主要表现为:第一,地方政府对于创新改革的探索和实践缺乏一定的自主性;第二,需要由中央部委进行审批决策的部分试验举措往往批复时间过长,而不需要上报的部分又只能在本区域内展开,无法达到服务国家层面的战略规划的目的。因此,将相关中央部门的审批、决议纳入到自贸试验区的实践领域中来十分必要,而各自贸试验区的试验制度和体系创新等都需要由中央部委规划顶层设计和出台相关政策。

部门协调上的困难主要体现在以下几个方面:中央层面,由于中央各部门之间存在着政策和主观认识等方面的差异,导致自贸试验区在落实相关政策上的效果不甚理想;地方层面,一方面是政府与自贸试验区管理机构之间缺乏协调,另一方面是各自贸区之间缺乏对于本区发展和全国各区联动发展的整体认识,结果导致自贸区的各种创新成果和经验普遍"碎片化",难以具有较高的复制推广价值。突出体现在政府部门尚未实现信息和监管上的统一,存在信息阻塞的问题,而自贸试验区各部门之间对于各项改革试验措施的协调联动性差,难以形成能够复制推广的创新经验。

二、自贸试验区尚未建立完备的法制体系

我国在《中华人民共和国立法法》中明确规定涉及外贸、财税等方面的相关法律只能由国家制定,然而到目前为止我国尚未建立统一的自贸试验区法律体系,这意味着自贸试验区的各项政策和创新举措没有明确的法律地位和法律支撑,因此其政策的权威性被进一步削弱,不利于相关各项创新试验的开

展。此外,尽管目前各自贸试验区已经推行了诸如"负面清单"等一系列的创新改革措施,但是我国在外商投资管理方面的法律仍然存在一定的滞后性,相关的法律法规还不够完备。以目前的外资法律难以系统性地解决自贸试验区建设和发展进程中在体制机制方面所存在的难点,也难以形成覆盖整个外商投资活动周期的管理体制。为了进一步推进我国的自贸试验区建设进程,相关的法制体系的建设和完善是下一步亟须展开的工作,而相关法律条文和法律体系可以借鉴国外的经验,如内容翔实的欧盟海关法典等。

三、贸易便利化程度与国际标准的差距较大

在协同监管方面,由于国际贸易活动涉及了多个部门,因此对国际贸易活动的监管也牵涉诸多部门,而贸易便利化程度的提升需要各部门之间展开沟通与协调,这进一步要求各部门之间、各自贸区之间要具有与国际标准相衔接的、统一兼容的数据标准和相配套的基础设施。目前,各自贸试验区尚难以达到这个要求,各种创新成果存在碎片化、区域化的问题,难以实现全面复制和推广。

与主要发达国家相比,自贸试验区在工作机制和流程方面仍然存在较大差距。例如单一窗口的建设,现在仍然存在着功能较少、覆盖不全面、与国际数据标准不兼容、缺乏法律制度保障等问题。同样,负面清单的实施也存在着经济产业分类国内和国际标准不一致等问题。

四、自贸试验区创新成果碎片化

自贸试验区所探索的诸多创新举措在全国得到了复制推广,但是由于各自贸试验区在地理位置、资源禀赋、开放政策和条件等方面相差甚远,某地区的创新经验并不一定能在别的地区取得良好的效益,因此这些改革经验仍然存在着碎片化、区域化的问题,缺乏真正具有深度和推广性的创新制度措施。

自贸试验区中还存在着建设强度和建设进度不够的问题。一些部门在推行各项创新的制度和举措时畏手畏脚,怕得罪既得利益集团,因此对本区的制

度、体系创新缺乏探索性和积极性,对于区域协调发展和国家战略的关注也不够,导致其往往难以推出适合本区域发展的、具有特色的创新改革措施,也难以取得显著的创新改革成效。总的来说,这仍然表明部分自贸试验区管理部门在创新改革实践的思想上还未解放,在方向和目标上还不清晰。

第四节　推进自贸试验区建设的路径选择及政策建议

一、推进自贸试验区建设的思路

自贸试验区的设立初衷即"改革开放的试验田",其所展开的一切改革创新实践和相关的体制机制建设都必须服务于深化改革和扩大对外开放这两个目标,在探索实践中形成的创新经验要具有可复制性和可推广性,以方便运用到其他地区,以此带动中国经济的全局性发展。目前,各自贸试验区在贸易、投资、金融服务、法治和监管上已展开了一系列的创新活动,而在当前中国面临着复杂的国际环境和亟须发展的国内需求的情况下,自贸试验区还需进一步探索经济发展和对外开放的路径,增强自身的辐射带动作用,推动中国形成更高水平的对外开放。

首先,自贸试验区改革要立足整体,统揽全局。目前,各自贸试验区虽然已经有不少创新举措,也相继得到了复制和推广,但是这些经验成果"碎片化"的问题依然存在,解决的关键在于各自贸区在进行探索创新和改革实践的过程中,要始终以服务全国实现更高开放型经济为导向,不仅本区的改革要向实现国际化、法治化的标准靠拢,更要时刻树立大局观,引领带动全国向更高水平的开放型经济转变。

其次,自贸试验区的改革要向实现国际化和法治化的标准靠拢。要建立高水平的开放型经济体制,需要在行政审批、贸易监管、数据口径等各方面统一标准和简化流程。通过搭建公开的信息交流平台、将贸易监管和相关数据与国际接轨等方式,不断优化营商环境,才能促进经济的持续发展,发挥自贸区的引领作用。

最后,自贸试验区改革实践要为中国经济持续健康发展寻求新的增长动力和潜力。自贸区要积极支持和培育朝阳产业,出台相关的创新创业举措和政策,吸引高端人才和产业的集聚,以创新推动本区的发展,为全国改革开放提供新的借鉴和参考。

二、推进自贸试验区建设的路径

自贸试验区的建设仍然要始终坚持以制度创新为核心,在探索实践中抓好主要矛盾和矛盾的主要方面,持续深化改革,稳步扩大开放。以自身的改革实践经验带动全国其他地区的发展,充分发挥"改革开放试验田"的作用。具体来看,应在以下方面进行建设和发展。

(一) 加快推进自贸试验区相关法律的建设和完善

目前,各自贸试验区的相关法律法规尚不完善,不利于各项创新制度和举措的实践和展开,因此,加强自由贸易试验区法律法规的建设格外重要。从当前的情况来看,中国关于外商投资的相关法律主要有《中华人民共和国中外合资经营企业法》《中华人民共和国外资企业法》《中华人民共和国中外合作经营企业法》,可以在现有的法律基础上进行修订和整合,同时还需要结合各自贸试验区条例和不同地区的具体实践情况以及形势发展的最新要求将相关内容加以调整和扩充,充分贯彻党的十八届三中全会"在推进现有试点基础上,选择若干具有条件的地方发展自由贸易园(港)区"和党的十九大报告"赋予自由贸易试验区更大改革自主权,探索建设自由贸易港"的文件精神和要求。

此外,由于自由贸易试验区在相关法律地位和法律保障上的缺失并非一朝一夕就能解决的问题,在一段时间以内都将面临这种法律困境,而相关的法律建设需要较长的时间,因此,中央层面可以出台一些过渡性的举措,通过下放一定的权限,授权自贸试验区开展各项创新试验和改革,给予各地区在创新改革中的法律保障。

(二) 加强创新经验总结和改革的协调性

首先,对自贸试验区的改革要坚持以"深化改革"和"扩大开放"为导向,各自贸试验区所创新的成功案例和经验要进行总结和深入研究,明确其特点以及可复制性,针对不同的举措采取不同的应用和推广措施,区别不同地区和差异化的条件,做到具体问题具体分析,避免自贸试验区创新经验"碎片化"问题所带来的负面影响。

其次,自贸试验区建设和区域规划上仍然存在着各种不协调性,因此,有必要尽快完善相关的体制机制设计,建立统一的流程和与国际接轨的标准,促进自贸试验区建设的规范化和体系化。

(三) 促进不同自贸试验区联动协调发展

自贸试验区的设立是服务于国家发展整体战略的,目前我国设立的 11 个自贸试验区范围从东部沿海一直覆盖到了中西部和东北地区,构成了"1+3+7"的整体辐射格局,要想真正实现不同区域之间的联动协调发展,就必须要加强不同自贸试验区之间的互联互通,将政府管理部门之间的数据信息加以集成,实现信息互换和监管互认,为各自贸试验区构建统一的信息交流平台、坚实的法律保障基础、标准化的工作流程和机制,以解决自贸试验区建设中出现的"信息孤岛"问题,促进不同区域之间协同发展,以点带面,最终实现促成系统性、全局性的创新改革局面。

(四) 加快自贸试验区的人才培养

自贸试验区的建设离不开各行业各领域的高层次人才,因此各自贸试验区要在不同行业和不同领域积极出台相关的人才培养计划和政策。首先,对于各领域的高端人才,要积极为其创造兼具稳定和发展的就业和生活环境,同时鼓励各行各业的优秀人才积极参与国家发展、政策试点各大以及重大项目建设,促进自贸试验区高端人才的集聚和培养。其次,各自贸试验区要深入研究本区域发展的人才需求,建设和完善各种人力资源的统计体系,搭建包含各领域人才信息的数据库,并对其实施动态的管理,定期编制、发布人才流动和发展报告,对各自贸试验区高端人才资源池实现全覆盖的动态协调管理。最后,自贸试验区在区内外人员流动的管理上还应进一步简化出入手续,探索建立更为精简便捷的外来务工人员的就业机制,实施更加灵活的人员流动政策和机制。

三、自贸试验区建设的展望

(一) 以自贸试验区为平台,构建更高标准开放格局

经济全球化的趋势在不断加深,但同时全球经贸规则也遭遇了部分国家的严重挑战,面临着巨大的崩溃压力。作为世界第二大经济体,中国要想进一步实现国家经济的发展和中华民族的伟大复兴,只有提高对外开放水平,深入改革深水区,攻克改革进程中的各种难点。在这一过程中要充分发挥自贸试验区的独特优势,利用自贸式验区的各项创新体制和改革举措推动中国改革的全面协调性发展。同时,积极支持自贸试验区参与国际经贸规则、各项国际标准的制定,以其作为支点提升中国在全球的政治、经济、环境等各领域的话语权,进一步提升中国的对外开放水平和在全球价值链中的地位,通过高标准、高水平的自贸试验区建设来推动中国实现更高标准的开放格局。

(二) 积极构建"一带一路"沿线国家自由贸易网络

随着"一带一路"建设的展开和深入,未来中国与"一带一路"沿线国家在

经济贸易上会有越来越多的往来,而"一带一路"沿线国家与中国自贸试验区之间也将出现更为频繁的互动和更为紧密的联结。因此,继续加强与"一带一路"沿线国家之间的经济合作,逐步搭建形成覆盖"一带一路"沿线国家的自由贸易网络,可以推动区域协同发展,实现互利共赢。

(三) 自贸试验区改革持续深入,改革自主权进一步放大

我国自贸试验区建设在多个领域取得了显著的成绩和重大的成果,按照党中央的部署,未来自贸试验区的改革将持续推进,各自贸试验区的改革自主权将进一步放大。要更加注重创新改革的质量,重点解决当下自贸试验区在建设过程中所面临的一系列问题,如政府部门与自贸试验区在信息与监管方面所存在的协调困难问题,国内的工作流程、机制以及相关数据与国际标准差异大的问题等,推动自贸试验区建设向国际化标准靠拢,提升自贸试验区创新改革的成果和水平,进一步发挥自贸试验区的试验田作用。

(四) 自由贸易港将成为未来自贸试验区建设的着力点

上海、浙江两个自贸试验区已明确提出建立本区域的自由贸易港,而天津、广东、福建也纷纷提出要建设凸显产业竞争优势、融汇地方发展特色的自由贸易港。而海南全岛自由贸易港建设,更是被提到了一个新的高度,韩正表示,建设海南自贸港,是习近平总书记亲自谋划、亲自部署、亲自推动的重大国家战略。要站在党和国家大局上想问题、办事情,对标世界最高水平的开放形态,努力在政策和制度体系上实现重大突破,充分展现我国推进更高水平对外开放的信心和决心。要赋予海南更大改革自主权,打破体制机制束缚和障碍,对接国际经贸新规则,加快建立开放型经济新体制,推动形成全面开放新格局。可以预见,自由贸易港的创建将会是未来各大自贸区持续推动改革深入、提高对外开放水平的新方向。

第七章　沿边内陆的开发区建设

第一节　开发区的概念与发展特征

一、概念

开发区(Development Zone)是指由国务院和地方政府批准在城市规划区内设立的经济技术开发区、保税区、高新技术产业开发区等实行国家特定优惠政策的各类开发区。同时,开发区也可以指尚未开发的地方,即具有经济或人文环境发展潜力的地方。开发区作为招商引资的重要载体、对外开放的重要平台以及地区经济发展的重要增长极,不仅是创新驱动的重要先行区,还是体制机制改革的重要试验区(焦贝贝等,2018)。

我国开发区的设立始于20世纪80年代早期,第一次高峰期出现在1992年,当时共设立了144个省级开发区和70个国家级开发区;第二次高峰期为2000年以后,其中2006年新批准设立了661个开发区,约占2004—2006年设立的开发区总数的95%(李力行等,2015)。截至2018年年底,我国开发区总数已达2674个。① 历经三十多年的发展,中国开发区体系已具备改革阵

---

① 资料来源:中国开发区网,见 www.cadz.org.cn。

地、开放窗口、产业载体等多重功能,成为中国经济的"排头兵",在促进区域经济发展方面发挥了巨大作用。

二、发展特征

(一) 开发区的发展阶段

开发区建设的"鼻祖"是 16 世纪意大利的自由港,20 世纪 70 年代末期受第三次科学技术革命席卷全球的影响,发达国家相继建立科学工业园区,一些新兴国家和地区也开始效仿,鼓励发展知识和技术密集型产业。通过文献资料整理,中国开发区的发展大致可分四个阶段(见表 7-1)。

表 7-1 我国开发区的发展阶段

时期	发展特点
起步发展阶段 (1984—1991 年)	这一时期各类开发区处于建设的摸索阶段,特征是总体布局较少,经济总量较小,主要是通过对外资的引进和技术的吸收积累经验。经济技术开发区、高新技术产业开发区和保税区的起步发展,构建了中国开发区体系的雏形,为开发区建设奠定了良好基础
快速发展阶段 (1992—2002 年)	这一时期开发区设立数量明显增多,总体布局呈现协调发展的趋势。引进外资数量大幅增加,新设立边境经济合作区、国家旅游度假区、台商台资区等类型的开发区,使得中国开发区建设体系更加完善
规范发展阶段 (2003—2012 年)	这一时期开发区建设发展进入了规范调整阶段。受区域协调发展政策的影响,在考量中国开发区设立的区域布局方面,更加注重东、中、西部地区的均衡发展
创新发展阶段 (2013 年至今)	这一时期新旧动能转换、实现创新发展等成为中国开发区的主要发展方式,实现了东、中、西部地区的全面均衡协调,开发区空间布局也更加合理和完善。在国家大力实施创新战略的背景下,开发区发展成为中国经济进入新常态的重要平台

资料来源:作者通过文献资料整理。

(二) 开发区的发展类型

随着开发区在全国各地不断涌现,开发区的类型也逐渐变得丰富。按照开发区的功能分类,可划分为经济技术开发区、高新技术产业开发区、出口加工区、保税区、边境经济合作区等;按照开发区的级别分类,有国家级、省级、地市级、区县级、乡镇级等。

第二节　沿边内陆开发区的状况

中国的开发区按照行政审批部门的不同,主要分为国家级开发区和省级开发区,市县级开发区因规模较小而较少在宏观层面上单独分析。而国家级开发区又包含6种不同的类型。因此,中国开发区一般划分成6种国家级开发区,即国家级经济技术开发区;国家级高新技术产业开发区;国家级保税区;国家级边境经济合作区;国家级出口加工区;其他国家级开发区(见图7-1)。

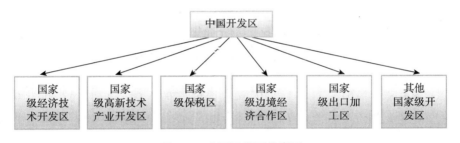

图7-1　中国开发区的类型

资料来源:作者整理。

在后续的开发区建设发展中,我国又创设了很多新的开发区种类,主要是综合保税区、国家综合配套改革试验区以及各类特色试验区。2015年8月,国务院办公厅发布《加快海关特殊监管区域整合优化方案》,规定逐步将出口加工区、保税物流园区、跨境工业区、保税港区及符合条件的保税区整合为综合保税区,并且将新设立的海关特殊监管区域统一命名为综合保税区。中国各类型开发区在改革开放之后取得了巨大发展,对经济增长、对外开放、吸引与利用外资、贸易发展等作出了重要贡献。目前,中国开发区的主要类型和分布状况呈现以下特征。

　　一是从东中西部区域分布①来看,开发区主要集中于东部地区,中部地区的开发区数量其次,西部较少。

　　以国家级和省级开发区的总数为例,东部地区积聚了 1099 个开发区,中部地区有 869 个,而西部地区只有 568 个,他们分别占开发区总数的 43.3%、34.3% 和 22.4%(见表 7-2)。对于具体类型的开发区,大多数都是东部数量大于中部,而中部多于西部;仅有国家级边境经济合作区例外,这种类型的开发区中,西部的数量是最多的(见图 7-2),原因是西部集中了主要的边境线。无论对国家级开发区、省级开发区数量还是开发区总数,中部的开发区数量大约是西部的 1.5 倍,而东部的国家级开发区数量又大约是西部的 2 倍(见图 7-3)。

表 7-2　中国各类型开发区在各省份的数量分布情况(2018 年数据)

(单位:个)

类型＼省份	北京	上海	天津	江苏	浙江	广东	山东	河北	辽宁	福建	广西	海南
国家级经开区	1	6	6	26	21	6	15	6	9	10	4	1
国家级高新区	1	2	1	17	8	14	13	5	8	7	4	1
国家级保税区	0	1	1	0	1	6	0	0	1	2	0	0
国家级边经区	0	0	0	0	0	0	0	0	1	0	2	0
国家级出口加工区	0	6	1	9	4	2	3	2	1	2	1	0
其他国家级	0	2	0	3	1	0	1	0	3	6	1	1
省级开发区	16	39	21	129	82	102	135	138	62	67	50	2
国家级开发区合计	2	17	9	55	35	28	32	13	23	27	12	3
总计	18	56	30	184	117	130	167	151	85	94	62	5
类型＼省份	山西	内蒙古	吉林	黑龙江	安徽	江西	河南	湖北	湖南	四川	重庆	贵州
国家级经开区	4	3	5	8	12	10	9	7	8	8	3	2
国家级高新区	2	3	5	3	6	9	7	12	8	8	4	2
国家级保税区	0	0	0	0	0	0	0	0	0	0	0	0

---

　　① 对于东中西部包含省份的划分目前没有统一的标准,本书所有数据和分析对于东部地区的划分包括有北京、天津、河北、辽宁、上海、江苏、浙江、福建、山东、广东、广西、海南 12 个省、自治区和直辖市;中部地区的划分包括有山西、内蒙古、吉林、黑龙江、安徽、江西、河南、湖北、湖南 9 个省、自治区;西部地区的划分包括有四川、重庆、贵州、云南、西藏、陕西、甘肃、宁夏、青海、新疆 10 个省、自治区和直辖市。

续表

类型 ＼ 省份	山西	内蒙古	吉林	黑龙江	安徽	江西	河南	湖北	湖南	四川	重庆	贵州
国家级边经区	0	2	2	2	0	0	0	0	0	0	0	0
国家级出口加工区	0	1	1	0	2	4	1	1	1	1	0	0
其他国家级	0	1	0	1	0	0	0	0	0	0	0	0
省级开发区	41	69	48	74	96	78	131	84	109	119	41	57
国家级开发区合计	6	10	13	14	20	23	17	19	17	17	8	4
总计	47	79	61	88	116	101	148	103	126	136	49	61

类型 ＼ 省份	云南	新疆	陕西	甘肃	宁夏	青海	西藏	东部	中部	西部	全国
国家级经开区	5	9	5	5	2	2	1	111	66	42	219
国家级高新区	3	3	7	2	2	1	0	81	55	32	168
国家级保税区	0	0	0	0	0	0	0	12	0	0	12
国家级边经区	4	4	0	0	0	0	0	3	6	8	17
国家级出口加工区	1	1	1	0	0	0	0	31	11	4	46
其他国家级	1	2	0	0	0	0	0	18	2	3	23
省级开发区	63	61	40	69	12	12	4	843	730	478	2051
国家级开发区合计	14	19	13	7	4	3	1	256	140	89	485
总计	77	80	53	76	16	15	5	1099	869	568	2536

资料来源:作者根据中国开发区网(www.cadz.org.cn)和全国保税区出口加工区协会(www.cfea.org.cn)数据计算整理。

二是从各省份分布看,东部地区的开发区主要分布在江苏、山东、河北、广东和浙江,中部地区的开发区主要分布在河南、湖南和安徽,西部地区的开发区主要分布在四川、新疆、云南和甘肃。

以国家级和省级开发区总数为列,东部地区的江苏、山东、河北、广东和浙江分别拥有184个、167个、151个、130个和117个,分别占东部开发区总数的16.7%、15.2%、13.7%、11.9%和10.6%。中部地区的河南、湖南和安徽分别有148个、126个和116个,分别占中部开发区总数的17.0%、14.5%和13.3%。西部地区的四川、新疆、云南和甘肃分别有136个、80个、77个和76个,分别占西部地区开发区总数的23.9%、14.1%、13.6%和13.4%(见图7-4)。

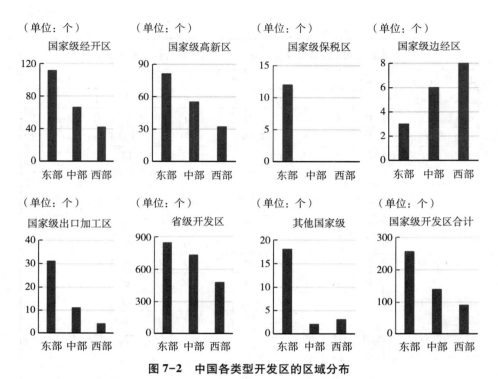

图7-2 中国各类型开发区的区域分布

资料来源:作者根据中国开发区网(www.cadz.org.cn)和全国保税区出口加工区协会(www.cfea.org.cn)数据计算整理。

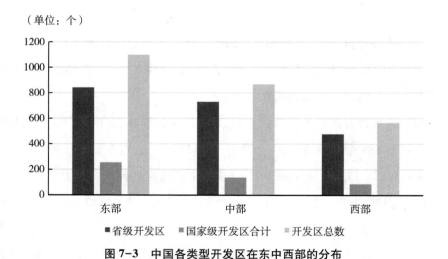

图7-3 中国各类型开发区在东中西部的分布

资料来源:作者根据中国开发区网(www.cadz.org.cn)和全国保税区出口加工区协会(www.cfea.org.cn)数据计算整理。

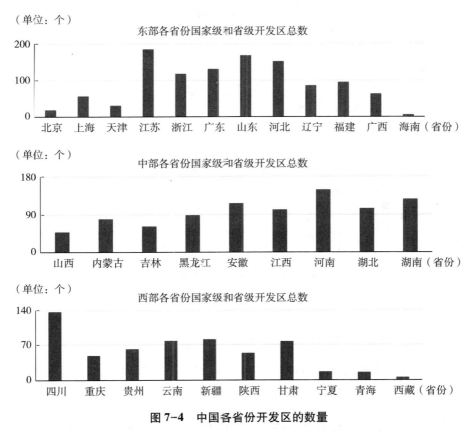

图7-4　中国各省份开发区的数量

资料来源:作者根据中国开发区网(www.ca-dz.org.cn)和全国保税区出口加工区协会(www.cfea.org.cn)数据计算整理。

　　三是从各类型开发区的数量对比看,省级开发区最多,在国家级开发区中,国家级经济技术开发区、国家级高新技术产业开发区以及国家级出口加工区的数量依次位列前三。

　　以各类型开发区的总数为例。目前省级开发区总数有 2051 个,占开发区总数的 80.9%。国家级开发区中,国家级经济技术开发区共有 219 个、国家级高新技术产业开发区 168 个、国家级出口加工区 46 个,分别占国家级开发区总数的 8.6%、6.6% 和 1.8%(见图 7-5)。

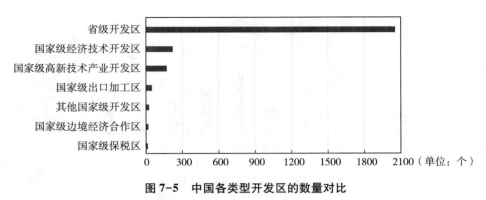

图 7-5　中国各类型开发区的数量对比

资料来源:作者根据中国开发区网(www.cadz.org.cn)和全国保税区出口加工区协会(www.cfea.org.cn)数据计算整理。

第三节　沿边内陆开发区的类型及分布

一、国家级经济技术开发区

经济技术开发区(Economic and Technological Development Zone)是中国对外开放区域的组成部分,特点是通过吸收利用外资,形成以高新技术产业为主的现代工业结构。截至 2019 年年底,经国务院批准的经济技术开发区有 219 个。随着我国经济发展进入新常态,同时全球新一轮科技革命和产业革命快速兴起,我国经济技术开发区进入转型升级发展区,开始出现投资与管理主体多元化、产业结构从工业化向服务化演进、园区建设模式多样化、产域融合一体化发展的趋向。

国家级经济技术开发区在各省、自治区和直辖市的分布情况大致是:第一,从全国整体上来看,江苏、浙江、山东和福建拥有最多的国家级经济技术开发区,分别有 26 个、21 个、15 个和 10 个。第二,在东部地区,依然是江苏、浙江、山东和福建有最多的国家级经济技术开发区。第三,在中部地区,安徽、江西、河南、黑龙江和湖南有相对较多的国家级经济技术开发区。第四,在西部地区,新疆、四川、云南、陕西和甘肃的国家级经济技术开发区数量相对较多(见图7-6)。

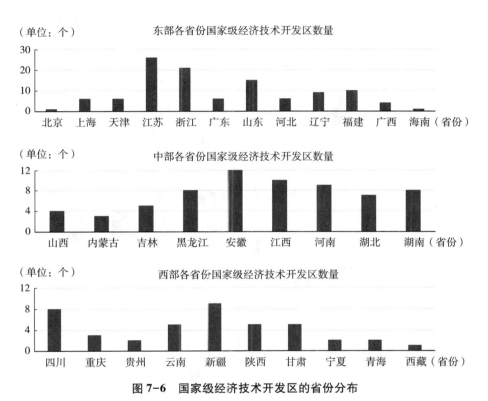

图7-6　国家级经济技术开发区的省份分布

资料来源:作者根据中国开发区网(www.cadz.org.cn)数据资料计算整理。

二、国家级高新技术产业开发区

高新技术产业开发区(High-tech Industrial Development Zone)的设立目的是为了营造良好的高新技术产业环境,创建产业聚集优势,促进科研、教育和生产结合。目前,国家设立的高新技术产业开发区共168个。

国家级高新技术产业开发区在各省份的分布特点如下:第一,从全国整体上来看,江苏、广东、山东和湖北的国家级高新技术产业开发区数量依次最多,分别有17个、14个、13个和12个。第二,在东部地区,江苏、广东和山东的国家级高新技术产业开发区数量依次最多。第三,在中部地区,湖北、江西和湖南的国家级高新技术产业开发区数量稍多一些,而河南、安徽和吉林的国家级高新技术产业开发区数量也只略少一些。第四,在西部地区,四川和陕西的国家级高新技术产业开发区数量较多,分别有8个和7个(见图7-7)。

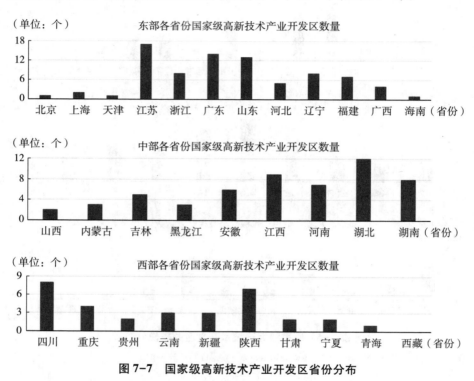

图7-7 国家级高新技术产业开发区省份分布

资料来源:作者根据中国开发区网(www.cadz.org.cn)数据资料计算整理。

三、国家级保税区

保税区(Duty-free Zone)是指经主权国家海关批准,在其海港、机场或其他地点设立的允许外国货物不办理进出口手续即可连续长期储存的区域。目前全国15个保税区已全部启动运营,成为中国经济与世界经济融合的新型连接点。

国家级保税区在各省、自治区和直辖市的分布特点是:第一,所有的保税区都分布在东部沿海区域,中部和西部没有保税区;这和东部地区贸易运输便利等因素有关。第二,在有保税区的省份中,广东有6个国家级保税区,是最多的;福建有2个;辽宁、浙江、天津和上海江苏、山东、海南分别有1个国家级保税区(见表7-3和图7-8)。

表7-3 中国国家级保税区分布

地区	省份	省份	省份
东部 (15个)	北京(0个)	天津(1个)	上海(1个)
	—	天津港保税区	上海外高桥保税区
	江苏(1个)	浙江(1个)	广东(6个)
	张家港保税区	宁波保税区	汕头保税区 广州保税区 珠海保税区 深圳盐田保税区 深圳福田保税区 深圳沙头角保税区
	河北(0个)	辽宁(1个)	福建(2个)
	—	大连保税区	厦门保税区 福州保税区
	山东(1个)	广西(0个)	海南(1个)
	青岛保税区	—	海口保税区
中部 (0个)	山西(0个)	内蒙古(0个)	吉林(0个)
	黑龙江(0个)	安徽(0个)	江西(0个)
	河南(0个)	湖北(0个)	湖南(0个)
西部 (0个)	重庆(0个)	四川(0个)	贵州(0个)
	云南(0个)	陕西(0个)	甘肃(0个)
	宁夏(0个)	青海(0个)	新疆(0个)
	西藏(0个)	—	—

资料来源:作者根据全国保税区出口加工区协会(www.cfea.org.cn)资料整理。

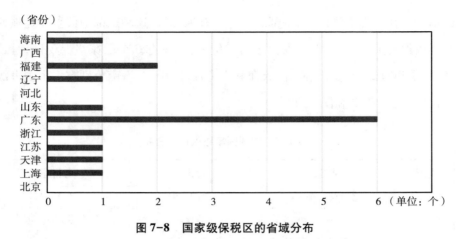

图7-8 国家级保税区的省域分布

资料来源:作者根据全国保税区出口加工区协会(www.cfea.org.cn)数据资料计算整理。

四、国家级边境经济合作区

边境经济合作区(Border Economic Cooperation Zone)是中国沿边开放城市发展边境贸易和加工出口的区域。截至2019年年底,经国务院批准的边境经济合作区已有17个,对我国与周边国家(地区)的经济贸易和睦邻关系的发展起到了促进作用。

国家级边境经济合作区在各省份分布的特点有:第一,国家级边境经济合作区主要设立在与他国存在边界的省份,如广西、辽宁、新疆、云南、黑龙江、内蒙古、吉林。第二,各省份中,新疆和云南的国家级边境经济合作区数量较多,分别有4个(见表7-4和图7-9)。

表7-4 中国国家级边境经济合作区分布

地区	省份	省份	省份
东部 (3个)	北京(0个)	天津(0个)	上海(0个)
	江苏(0个)	浙江(0个)	广东(0个)
	河北(0个)	海南(0个)	福建(0个)
	山东(0个)	广西(2个)	辽宁(1个)
	—	凭祥边境经济合作区 东兴边境经济合作区	丹东边境经济合作区

续表

地区	省份	省份	省份
中部 (6个)	黑龙江(2个)	内蒙古(2个)	吉林(2个)
	黑河边境经济合作区 绥芬河边境经济合作区	满洲里边境经济合作区 二连浩特边境经济合作区	珲春边境经济合作区和 龙边境经济合作区
	山西(0个)	安徽(0个)	江西(0个)
	河南(0个)	湖北(0个)	湖南(0个)
西部 (8个)	重庆(0个)	四川(0个)	贵州(0个)
	云南(4个)	陕西(0个)	新疆(4个)
	瑞丽边境经济合作区 畹町边境经济合作区 河口边境经济合作区 临沧边境经济合作区	—	伊宁边境经济合作区 博乐边境经济合作区 吉木乃边境经济合作区 中哈霍尔果斯国际 边境合作中心
	宁夏(0个)	青海(0个)	甘肃(0个)
	西藏(0个)	—	—

资料来源:作者根据中国开发区网(www.cadz.org.cn)资料整理。

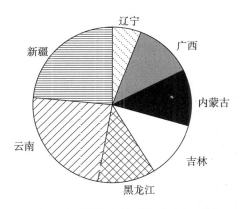

图7-9　国家级边境经济合作区省域分布(单位:个)

资料来源:作者根据中国开发区网(www.cadz.org.cn)资料整理。

五、国家级出口加工区

出口加工区(Export Processing Zone)是指一个国家或地区为利用外资、发展出口导向工业、扩大对外贸易而设立的特殊区域。2000年4月27日,国务

中国全面开放新格局战略研究

院正式批准设立由海关监管的出口加工区,截至 2019 年年底,我国出口加工区的数量已达 46 个。

国家级出口加工区在各省份的分布特征如下:第一,大多数的出口加工区分布在东部地区,共有 31 个,占所有出口加工区总数的 67.4%。第二,从全国整体来看,江苏、上海、浙江、江西和山东的出口加工区数量依次位列前5,分别有 9 个、6 个、4 个、4 个和 3 个。第三,中部地区,国家级出口加工区主要分布在江西和安徽;西部地区,主要分布在四川和云南等(见表 7-5 和图7-10)。

表 7-5　中国国家级出口加工区列表

地区	省份	省份	省份
东部 (31 个)	北京(0 个)	天津(1 个)	上海(6 个)
	—	天津出口加工区	松江出口加工区 嘉定出口加工区 金桥出口加工区 青浦出口加工区 漕河泾出口加工区 闵行出口加工区
	江苏(9 个)	浙江(4 个)	广东(2 个)
	镇江出口加工区 连云港出口加工区 常州出口加工区 吴中出口加工区 吴江出口加工区 扬州出口加工区 常熟出口加工区 武进出口加工区 泰州出口加工区	杭州出口加工区 宁波出口加工区 嘉兴出口加工区 慈溪出口加工区	广州出口加工区 深圳出口加工区
	山东(3 个)	辽宁(1 个)	福建(2 个)
	威海出口加工区 青岛出口加工区 青岛西海岸出口加工区	大连出口加工区	福州出口加工区 泉州出口加工区
	河北(2 个)	广西(1 个)	海南(0 个)
	秦皇岛出口加工区 廊坊出口加工区	北海出口加工区	—

续表

地区	省份	省份	省份
中部 （11个）	山西（0个）	内蒙古（1个）	吉林（1个）
	—	呼和浩特出口加工区	珲春出口加工区
	黑龙江（0个）	安徽（2个）	江西（4个）
	—	芜湖出口加工区 合肥出口加工区	九江出口加工区 赣州出口加工区 南昌出口加工区 井冈山出口加工区
	河南（1个）	湖北（1个）	湖南（1个）
	郑州出口加工区	武汉出口加工区	郴州出口加工区
西部 （4个）	重庆（0个）	四川（1个）	贵州（0个）
	—	绵阳出口加工区	—
	云南（1个）	陕西（1个）	新疆（1个）
	昆明出口加工区	西安出口加工区	乌鲁木齐出口加工区
	宁夏（0个）	青海（0个）	甘肃（0个）
	西藏（0个）	—	—

资料来源：作者根据全国保税区出口加工区协会（www.cfea.org.cn）资料整理。

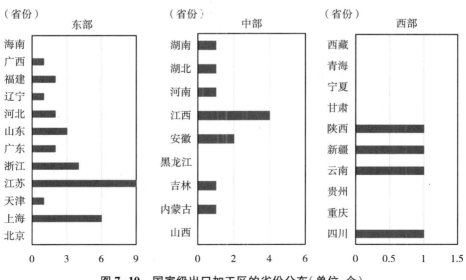

图7-10　国家级出口加工区的省份分布（单位：个）

资料来源：作者根据全国保税区出口加工区协会（www.cfea.org.cn）数据资料计算整理。

六、其他类型的开发区

（一）其他国家级开发区

其他国家级开发区是指国家级开发区中,除上述开发区外的其他开发区,主要包括有:旅游度假区、物流园区、投资区等。目前,其他国家级开发区共有23个。

其他国家级开发区主要分布在东部沿海地区,东部的其他国家级开发区数量为18个,占总数的78.3%。在东部地区,福建、辽宁和江苏的其他国家级开发区数量较多,分别是6个、3个、3个(见表7-6和图7-11)。

表7-6 中国其他国家级开发区分布

地区	省份	省份	省份
东部 (18个)	北京(0个)	天津(0个)	上海(2个)
	—	—	上海佘山国家旅游度假区 上海陆家嘴金融贸易区
	江苏(3个)	浙江(1个)	广东(0个)
	南京海峡两岸科技工业园 苏州太湖国家旅游度假区 无锡太湖国家旅游度假区	杭州之江国际旅游度假区	—
	河北(0个)	辽宁(3个)	福建(6个)
	—	沈阳海峡两岸科技工业园 中德(沈阳)高端装备制造产业园 大连金石滩国家旅游度假区	集美台商投资区 武夷山国家旅游度假区 湄洲岛国家旅游度假区 福州元洪投资区 厦门杏林台商投资开发区 福州台商投资区
	山东(1个)	广西(1个)	海南(1个)
	青岛石老人国家旅游度假区	北海银滩国家旅游度假区	三亚亚龙湾国家旅游度假区

续表

地区	省份	省份	省份
中部 (2个)	山西(0个)	内蒙古(1个)	吉林(0个)
	—	满洲里中俄互市贸易区	—
	黑龙江(1个)	安徽(0个)	江西(0个)
	中俄东宁—波尔塔夫 互市贸易区	—	—
	河南(0个)	湖北(0个)	湖南(0个)
西部 (3个)	重庆(0个)	四川(0个)	贵州(0个)
	云南(1个)	陕西(0个)	甘肃(0个)
	昆明滇池国家 旅游度假区	—	—
	宁夏(0个)	青海(0个)	新疆(2个)
	西藏(0个)	—	霍尔果斯经济开发区 (含新疆生产建设 兵团片区) 喀什经济开发区 (含新疆生产建设 兵团片区)

资料来源:作者根据中国开发区网(www.cadz.org.cn)资料整理。

（单位：个）

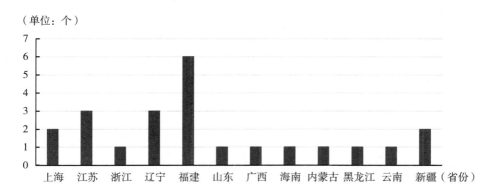

图7-11　各省份其他国家级开发区数量

资料来源:作者根据中国开发区网(www.cadz.org.cn)数据资料计算整理。

（二）省级开发区

省级开发区是指由省级政府批准和设立的开发区,有关管理和资金投入主要由省级政府提供和筹措。省级开发区按照功能划分,也包括经济技术开发区等类型,但由于省级政府的审批权限限制,省级开发区的类型要比国家级少。在这里,我们不再对其进行细致的分类,将其作为省级开发区的整体进行讨论和研究。

从数量上看,河北、山东和河南位列前三位,分别有省级开发区 138 个、135 个和 131 个,占全国省级开发区总数的 6.7%、6.6% 和 6.4%（见表 7-7 和图 7-12）。

东部地区,省级开发区较多的省份即河北、山东和江苏;中部地区,省级开发区较多的省份是河南、湖南和安徽;西部地区,四川、甘肃和云南的省级开发区较多。另外,与国家级开发区相比,省级开发区数量较多。

表 7-7　中国各省份省级开发区的数量　　　　　（单位:个）

省份	北京	上海	天津	江苏	浙江	广东	山东	河北
数量	16	39	21	129	82	102	135	138
省份	辽宁	福建	广西	海南	山西	内蒙古	吉林	黑龙江
数量	62	67	50	2	41	69	48	74
省份	安徽	江西	河南	湖北	湖南	四川	重庆	贵州
数量	96	78	131	84	109	119	41	57
省份	云南	新疆	陕西	甘肃	宁夏	青海	西藏	全国
数量	63	61	40	69	12	12	4	2051

资料来源:作者根据中国开发区网(www.cadz.org.cn)数据资料计算整理。

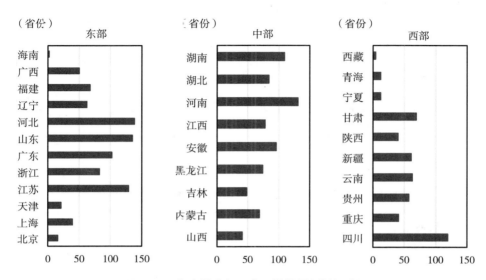

图 7-12　各省份省级开发区的数量（单位：个）

资料来源：作者根据中国开发区网（www.cadz.org.cn）数据资料计算整理。

第四节　沿边内陆开发区的发展沿革

经笔者搜集资料整理，中国沿边内陆各类开发区的发展沿革如表 7-8 —
表 7-12 所示。

表 7-8　经济技术开发区的发展沿革

时期	内容
1981 年	经国务院批准在沿海开放城市建立经济技术开发区
1984 年 5 月	中国正式决定开放大连、秦皇岛、天津、烟台、青岛、连云港、南通、上海、宁波、温州、福州、广州、湛江、北海 14 个沿海港口城市，并在这些城市先后建立了 17 个经济技术开发区
1986—1988 年	先后批准将上海市的闵行、虹桥和漕河泾开发区列为经济技术开发区
1993 年年初	中国已有 13 个开放城市建立了经济技术开发区，即沈阳、大连、秦皇岛、天津、烟台、青岛、连云港、南通、宁波、福州、广州、湛江、上海

续表

时期	内容
2010 年 3 月	国务院批准 34 个省级经济开发区晋升为国家级经济技术开发区。同年 12 月,又新升级 9 个国家级开发区
截至 2019 年	我国国家级经济技术开发已达到 219 个,从地域分布来看,东部地区、中部地区和西部地区国家级经开区数量分别为 107 个、63 个和 49 个

资料来源:作者搜集整理。

表 7-9　高新技术开发区的发展沿革

时期	内容
1988 年 8 月	中国国家高新技术产业化发展计划——火炬计划开始实施,创办高新技术产业开发区和高新技术创业服务中心被明确列入火炬计划的重要内容,正式拉开了我国发展高新技术产业的帷幕
1991 年	国务院批准建立一批国家级高新区,第一批共确立 26 个
1992 年	国务院又批准在苏州等 25 个城市建立国家级高新技术产业开发区,至此包括北京市高新技术产业试验区在内,共有 52 个国家级高新区成立,我国的高新区发展开始大规模、全方位推进
1997 年 7 月	为解决中国干旱半干旱地区农业发展和 21 世纪中国粮食问题,国务院特别批准增立杨凌农业高新技术产业示范区,这也是我国唯一的国家级农业高新技术产业示范区
2010 年	6 月,国务院批准上海紫竹园区、江苏江阴、湖南益阳、四川自贡和山东临沂 5 个省级高新区升级成为国家级高新区。11 月,国务院批准将 14 个省级高新区升级为国家级高新
截至 2019 年	经国务院批复建设的国家级高新区数量已达 168+1 个(其中"1"是指苏州工业园区),在区域分布方面,我国国家级高新区区域布局呈现出"东部沿海集中,华北华西地区稀疏"的格局

资料来源:作者搜集整理。

表 7-10　保税区的发展沿革

时期	内容
1990 年	国务院批准建立了第一个保税区,即上海外高桥保税区,专门提供出口加工、国际转口贸易、仓储物流和商品展示等贸易服务
1992 年	继邓小平同志南方谈话后,保税区基本建设进程发展迅速,国务院又陆续批准设立了 14 个保税区和 1 个享有保税区优惠政策的经济开发区

续表

时期	内容
2003 年	国务院批准上海外高桥保税区作为第一个区港联动试点,专门进行货物采购与分拨等保税物流服务
2004 年	国务院又批准青岛、宁波、大连、张家港、厦门象屿、深圳盐田港、天津港保税区及其邻近港区作为第二批区港联动试点,开始探索保税物流园区发展新模式
2005 年	国务院新批准设立国内首个保税港区,即上海洋山保税港区,实现了港口物流功能和保税区特殊政策的结合
2007 年	苏州工业园综合保税区顺利通过海关总署等国家九部委联合验收,标志着全国首个综合保税区正式建成
截至 2019 年	国务院共批准设立了 15 个保税区、9 个保税物流园区、14 个保税港区和 16 个综合保税区

资料来源:作者搜集整理。

表 7-11　边境经济合作区的发展沿革

时期	内容
1992 年	我国成立了首批 14 个边境经济合作区,分别为:东兴边境经济合作区、凭祥边境经济合作区、丹东边境经济合作区、黑河边境经济合作区、绥芬河边境经济合作区、二连浩特边境经济合作区、满洲里边境经济合作区、珲春边境经济合作区、河口边境经济合作区、畹町边境经济合作区、瑞丽边境经济合作区、博乐边境经济合作区、塔城边境经济合作区和伊宁边境经济合作区
2011 年	国务院批准设立了吉木乃边境经济合作区
2013 年 9 月	国务院正式批准设立临沧边境经济合作区,这是我国第 16 个边境经济合作区
2015 年 3 月	国务院正式批准在吉林省和龙市设立边境经济合作区,命名为和龙边境经济合作区,这是我国第 17 个边境经济合作区

资料来源:作者搜集整理。

表 7-12　出口加工区的发展沿革

时期	内容
2000 年	中国开始设立出口加工区,主要是为了顺应改革开放的新潮流,同时进一步规范加工贸易管理。4 月,国务院批准设立首批 15 个国家级出口加工区

时期	内容
2002 年	国务院首次批准设立的 15 个出口加工区,经过验收开始投入运营
2005 年	国务院批准在江苏、上海、浙江、福建、广东等 11 个城市新设立 18 个出口加工区
2010 年	国务院又批准设立 2 个出口加工区,分别是江苏泰州出口加工区和安徽合肥出口加工区
2015 年	国务院办公厅印发《加快海关特殊监管区域整合优化方案》,逐步将现有出口加工区、保税物流园区、跨境工业区、保税港区及符合条件的保税区整合为综合保税区,并且将新设立的海关特殊监管区域统一命名为综合保税区
截至 2019 年	全国共批准设立了 57 个出口加工区,其中通过验收并封关运作的出口加工区有 37 个,形成了以长江三角洲地区为主,珠江三角洲和环渤海地区为辅,兼顾东北地区和中西部地区中心城市的格局

资料来源:作者搜集整理。

第五节　未来的发展方向和政策思路

改革开放以来,我国各类开发区发展迅速。虽然开发区在开放发展等方面发挥了窗口、桥梁作用,为国民经济增添了活力,但是由于开发区新建、扩区、调区、升级以及整合(撤销)较多,也出现了数量过多、布局不合理、低水平重复建设等问题。鉴于此,为了适应全面深化改革、扩大开放的新形势,同时为开发区转型升级的新方向和新路径提供清晰的思路,本章节提出以下政策建议。

一、明确开发区的战略地位,分清开发区的发展方向

明确开发区的定位在做好开发区工作中起到十分关键的作用。首先,要以产业发展为导向,将开发区作为本地区制造业和生产性服务业集聚发展平台;其次,要合理规划开发区功能布局,统筹生活区、商务区等城市功能建设,同时要突出生产功能,促进新型城镇化发展;最后,要加强为企业经营者提供

优质的服务、齐全的设施和有效的资源。从开发区发展方向的角度来说，国家级开发区应充分发挥示范引领作用，突出地方产业特色，打造具有国际影响力的园区品牌；省级开发区应利用本土资源优势，推动区域经济结构优化升级。

二、加快产业转型升级，提升经济发展质量

开发区应加快推进传统产业与互联网、物联网、大数据、云计算、人工智能等新一代信息技术充分融合，率先推动"互联网+中国制造"取得实质性突破，引导"开发区制造"向"开发区智造"提升；要把握产业变革方向，注重技术创新与商业模式创新紧密结合，灵活运用新技术应用和市场培育，在中高端消费、绿色低碳、共享经济、现代供应链、人力资本服务等领域挖掘新契机，开发新动能。

三、促进开发区整合优化，推进开发区建设和运营模式创新

各级政府要尽量避免开发区的同质化现象和低水平的恶性竞争，积极构建开发区统一协调机制。同时鼓励将发展水平高的国家级开发区或省级开发区作为主体，整合区位相邻、相近的开发区，清理、整合、撤销各类小而散的开发区，并建立统一的管理机构便于统一管理。此外，对开发区公共服务、基础设施类项目建设尝试实施PPP模式，支持符合条件的开发区开放运营企业在境内外上市、发行债券融资。

四、坚持绿色发展，率先构建循环经济体系

将循环化理念充分融入开发区规划建设，以项目为载体，构建原料互供、资源共享的"企业小循环、产业中循环、开发区大循环"的循环经济共生体系；要积极开展节能降耗工作，提高清洁能源比重，实现优质、清洁、高效能源的供给和消费多元化；坚持环境监察和环境执法双管齐下，不断提升绿色发展水平。

第八章 扩大市场开放和 削减准入壁垒

第一节 对外贸易：主动扩大进口战略

一、扩大进口战略：背景与意义

党的十八大报告指出，"适应经济全球化新形势,必须实行更加积极主动的开放战略",要"推动贸易平衡发展,全面提高开放型经济水平"。党的十九大报告进一步指出,要"实行高水平的贸易和投资自由化便利化政策","推进贸易强国建设",推动形成全面开放新格局。在提高开放型经济水平,构建全面开放新格局中,扩大进口贸易是一项重要的内容和内在需求,同时也是开放的必然结果。与此同时,金融危机之后的单边主义、贸易保护主义和"逆全球化"风起云涌,中国面临的国际贸易摩擦形势日趋严峻,美国主动挑起了对中国的贸易争端,保护主义的主要借口之一就是贸易的不平衡。故而,平衡对外贸易亦成为中国主动扩大进口的外在动力。

在扩大开放和平衡对外贸易的双重背景下,2018年7月,国务院办公厅转发了《商务部等部门关于扩大进口促进对外贸易平衡发展意见的通知》,提出要"主动扩大进口,促进国内供给体系质量提升,满足人民群众消费升级需求,实现优进优出,促进对外贸易平衡发展",从进口结构优化、国际市场布局、贸易自由化和便利化等方面提出了全面的扩大进口政策选择。中国制定和实施主动扩大进口战略,目的主要有三个方面:一是提升消费,调整结构,扩大对外开放水平;二是平衡对外贸易,减少贸易争端;三是促进全球贸易自由化,推动世界经济的增长。

主动扩大进口对中国存在正反两方面的效应,一方面增加竞争而挤占国内相关产品的市场,不利于国内的产业发展和就业;另一方面提高消费质量,平衡贸易并促进产业升级,进而有利于经济发展。而对世界其他经济体来说,中国的进口开放带来更大的市场需求和机遇,体现的主要是积极效应。对中国来说,主动扩大进口的目标是在"利他"的同时能够"利己";但是否能够"利己",从短期的经济利益来说是不确定的,这就需要一个系统的量化评估分析,以度量中国主动扩大进口战略的经济效应。

二、扩大进口战略:事实与措施

中国海关统计数据显示,2018 年中国外贸进出口总值 4.62 万亿美元,增长 12.6%。其中,出口 2.48 万亿美元,增长 9.9%;进口 2.14 万亿美元,增长 15.8%;进口增速明显高于出口,贸易顺差 3517.6 亿美元,收窄 16.2%。①2019 年中国外贸进出口总值 31.54 万亿元,增长 3.4%。其中,出口 17.23 万亿元,增长 5%;进口 14.31 万亿元,增长 1.6%。② 虽然 2019 年进口增速低于出口,但是总的来说,近年来中国进口增速都处于较高的水平(见图 8-1),其中扩大进口的政策措施功不可没。

中国主动扩大进口,推动进口贸易自由化的发展进程由来已久。2001 年加入 WTO 之后,积极推动进口贸易自由化,取消了进口配额和许可证制度。2006 年外贸政策调整,明确提出"积极扩大进口",取消了部分商品的进口关

---

① 资料来源于中国海关统计。
② 资料来源于中国海关统计。

税,提高了进口便利化水平,扩大从最不发达国家的进口。2012 年商务部《对
外贸易发展"十二五"规划》提出要"实施积极主动的进口战略",扩大进口规
模和完善进口促进体系。同时,2012 年商务部会同国家发展改革委、财政部
等部门出台了《国务院关于加强进口促进对外贸易平衡发展的指导意见》,指
出要"更加重视进口,适当扩大进口规模,促进对外贸易基本平衡",并将促进
对外贸易平衡发展作为一项重要的政策目标。2017 年商务部《对外贸易发展
"十三五"规划》提出积极的进口政策是外贸工作的八大任务之一,要鼓励先
进技术设备进口,稳定资源性产品进口,增加一般消费品进口。

图 8-1 2010—2019 年中国进口贸易额及其增长率

资料来源:WTO 贸易统计。

2018 年以来,中国扩大进口的战略定位和政策呈现加快推进的趋势。
3 月 5 日,李克强总理在《政府工作报告》中明确指出要"积极扩大进口,办好
首届中国国际进口博览会,下调汽车和部分日用消费品的进口关税",以促进
产业升级和贸易平衡发展。4 月 10 日,习近平主席在亚洲博鳌论坛 2018 年

年会的演讲中明确提出了中国将"进一步扩大开放",其中"主动扩大进口"是
四大重要内容之一。7月9日,商务部等20部门联合发布《关于扩大进口促
进对外贸易平衡发展的意见》(以下简称《意见》),内容包括优化进口结构促
进生产消费升级,优化国际市场布局,积极发挥多渠道促进作用,改善贸易自
由化便利化条件(见表8-1)。2019年1月,商务部和海关总署在新闻发布会
上重申积极扩大进口,指出将在扩大进口上继续迈出更大步伐,办好第二届中
国国际进口博览会。表8-2整理了2018—2019年中国扩大进口的重要报
告、讲话和文件的相关内容。

表8-1 《意见》中的扩大进口具体措施

措施	具体内容
优化进口结构促进生产消费升级	(1)支持关系民生的产品进口;(2)落实降低部分商品进口税率措施;(3)完善免税店政策,扩大免税品进口;(4)大力发展新兴服务贸易;(5)增加有助于转型发展的技术装备进口,增加农产品、资源性产品进口
优化国际市场布局	(1)将"一带一路"沿线国家作为重点开拓的进口来源地;(2)构建面向全球的高标准自贸区网络,扩大进口;(3)落实从最不发达国家进口货物及服务优惠安排
积极发挥多渠道促进作用	(1)办好中国国际进口博览会;(2)推动对外贸易与对外投资有效互动;(3)创新进口贸易方式,复制推广跨境电子商务综合试验区经验,加快推进汽车平行进口试点
改善贸易自由化便利化条件	(1)培育进口促进平台;(2)优化进口通关流程;(3)降低进口环节制度性成本;(4)加快改善国内营商环境,加强外贸诚信体系建设和知识产权保护

资料来源:作者搜集整理。

表8-2 2018—2019年中国扩大进口的重要报告、讲话和文件

时间	名称	内容
2018年3月5日	李克强总理《政府工作报告》	积极扩大进口,办好首届中国国际进口博览会,下调汽车、部分日用消费品等进口关税。要以更大力度的市场开放,促进产业升级和贸易平衡发展,为消费者提供更多选择

续表

时间	名称	内容
2018 年 4 月 10 日	习近平主席在亚洲博鳌论坛 2018 年年会的演讲	进一步扩大开放:(1)大幅度放宽市场准入;(2)创造更有吸引力的投资环境;(3)加强知识产权保护;(4)主动扩大进口
2018 年 7 月 9 日	商务部等 20 个部门联合发布《关于扩大进口促进对外贸易平衡发展的意见》	内容:(1)优化进口结构促进生产消费升级;(2)优化国际市场布局;(3)积极发挥多渠道促进作用;(4)改善贸易自由化便利化条件
2019 年 1 月	商务部和海关总署在新闻发布会上指出要积极扩大进口	从贸易平衡、支持国内经济发展,进口关键零部件,以及消费品等方面看,2019 年扩大进口会继续迈出更大步伐,全力办好第二届中国国际进口博览会
2019 年 12 月	商务部在国新办新闻发布会上指出要从四个方面扩大进口	(1)持续降低关税;(2)常态化举办进口博览会,筹备第三届进博会;(3)高标准提升贸易便利化水平,推动 WTO《贸易便利化协定》全面实施;(4)培育一批进口贸易促进创新示范区

资料来源:作者搜集整理。

实际扩大进口的政策措施从 2018 年以来不断推进。7 月 1 日开始,下调了汽车进口关税和日用消费品的进口关税,将税率为 25%、20%的汽车整车关税降到 15%,税率为 8%、10%、15%、20% 和 25%的汽车零部件关税降到 6%,食品、服装鞋帽、家具用品、日杂百货、文体娱乐、家用电子、日化用品、医药健康 8 类消费品平均税率由 15.7%下降为 6.9%。11 月 1 日,开始降低部分商品进口关税和加快推进通关便利化,中国关税总水平将由 2017 年的 9.8%降至 7.5%,贸易加权平均关税税率降至 4.4%。11 月 5—10 日在上海国家会展中心举办了首届进口贸易博览会,多渠道扩大进口。2019 年 1 月 1 日开始,对 700 余项商品实施进口暂定税率;对化肥、磷灰石、铁矿砂、矿渣、煤焦油等 94 项商品不再征收出口关税。2019 年 7 月 1 日开始,对 298 项信息技术产品的最惠国税率实施第四步降税,同时对部分信息技术产品的暂定税率做相应调整。

三、实施的效果和效应评估

中国主动扩大进口战略的措施主要可以归纳为两类,一类是削减关税的政策措施,另一类是削减非关税壁垒的政策措施。故而以下模拟分析划分为四个情景:一是关税减让的扩大进口措施效应;二是非关税壁垒减让的扩大进口措施效应;三是关税和非关税壁垒同时减让的扩大进口措施效应;四是三种情形的效应对比。

对于每种情景,我们分别关注对中国经济的影响,对美国、其他国家和世界经济的影响,以及对整个模型中所有国家的经济影响。对于每一种壁垒的削减,又分别设定关税和非关税下降10%、30%和50%三种情形进行分析。对扩大进口战略的经济影响的测度是通过比较"反事实"情形下的模型均衡和基准年份的均衡得到,度量单位是百分比变化(%);效应的关注指标有社会福利、GDP、制造业就业、贸易、出口、进口和贸易不平衡。

(一) 关税减让的扩大进口战略效应

首先是对中国的经济影响。整体上不利于中国GDP增长和社会福利水平提高,但对贸易、制造业就业和改善贸易不平衡具有正向积极效应。具体而言,在关税分别削减10%、30%和50%的情形下,中国的GDP相应变动-0.06%、-0.18%和-0.30%;总贸易相应变动0.64%、1.95%和3.32%;贸易不平衡相应变动-5.64%、-17.28%和-29.43%;社会福利水平相应变动-0.04%、-0.14%和-0.26%;制造业就业相应变动0.04%、0.12%和0.19%(见图8-2)。

进口关税下降引起中国GDP下降的可能机制有两个方面:一是挤出效应,即进口扩大挤占了国内产品的消费,进而国内需求减少而经济规模下降。二是价格效应,即进口关税下降引起进口品价格以及整体价格水平下降,进而名义GDP减少。进口关税下降带来中国社会福利减少的可能机制是:进口关

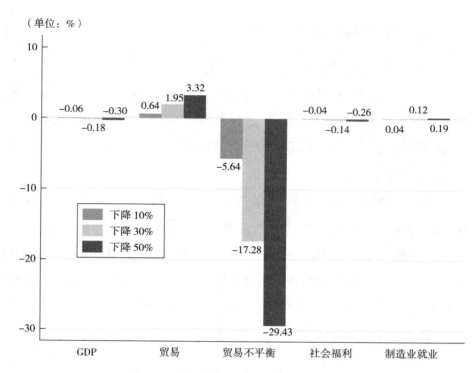

图 8-2 进口关税减让对中国经济的影响

资料来源：根据模拟结果整理。

税削减带来税收收入下降,以及贸易条件恶化(进口大国是可以通过关税迫使国外出口企业降价的),进而不利于消费和社会福利。

其次是对美国、其他国家(ROW)以及世界总体的经济影响。整体上中国进口关税下降有利于促进美国、ROW 以及世界总体的国内生产总值(GDP)、制造业就业和进出口贸易。但中国进口关税的削减对美国和世界整体的社会福利没有产生正向效应,反而下降了。具体来说,在中国进口关税分别下降10%、30%和50%的三种情形下,美国社会福利分别变动-0.001%、-0.004%和-0.006%,世界总体福利分别变动-0.0001%、-0.002%和-0.005%;美国的GDP 分别变动 0.014%、0.042% 和 0.071%,世界总体的 GDP 分别变动0.026%、0.081% 和 0.139%;其他国家的社会福利分别变动了 0.033%、

0.101%和0.172%,GDP分别变动了0.079%、0.243%和0.413%(见表8-3)。可见,中国降低进口关税有利于世界整体的GDP、制造业就业和贸易,对中国而言削减进口关税的政策措施在短期内主要是"利他"的。

表8-3　中国进口关税减让的政策效应

(单位:%)

国家＼变量	社会福利	GDP	制造业就业	贸易	贸易不平衡	出口	进口
进口关税下降10%							
中国	-0.044	-0.059	0.038	0.639	-5.642	0.096	1.295
美国	-0.001	0.014	0.044	0.044	-0.318	0.118	-0.009
其他国家	0.033	0.079	0.179	0.168	4.492	0.293	0.035
世界	-0.0001	0.026	0.064	0.172	0.000	0.172	0.172
进口关税下降30%							
中国	-0.145	-0.178	0.115	1.954	-17.284	0.291	3.964
美国	-0.004	0.042	0.134	0.134	-0.974	0.36	-0.026
其他国家	0.101	0.243	0.548	0.514	13.764	0.897	0.107
世界	-0.002	0.081	0.196	0.526	0.000	0.526	0.526
进口关税下降50%							
中国	-0.264	-0.297	0.192	3.321	-29.428	0.491	6.743
美国	-0.006	0.071	0.228	0.228	-1.660	0.613	-0.046
其他国家	0.172	0.413	0.931	0.875	23.436	1.527	0.182
世界	-0.005	0.139	0.332	0.895	0.000	0.895	0.895

资料来源:根据GAMS软件模拟结果整理。

进一步以中国进口关税下降30%的情形为例,分析对模型中各个国家(地区)的经济影响。具体而言,中国、美国和欧盟等9个国家(地区)的社会福利水平都有所下降,其中中国的社会福利损失最大(-0.145%),美国的社会福利损失最小(-0.004%);其余包括其他国家在内的20个国家(地区)的社会福利水平都有所提高,其中马来西亚受益最大(0.246%),墨西哥受益最小(0.002%)。中国降低进口关税率对澳大利亚的制造业就业的正向影响最大(0.402%),但对巴林、文莱和智利则产生了负面的影响(分别为-0.002%、-0.004%和-0.031%)。中国进口关税削减对所有国家的出口贸易均产生了正向影响(见表8-4)。

表 8-4 进口关税下降30%对各个国家(地区)的具体影响

(单位:%)

国家(地区)	社会福利	GDP	制造业就业	贸易	贸易不平衡	出口	进口
中国	-0.145	-0.178	0.115	1.954	-17.284	0.291	3.964
美国	-0.004	0.042	0.134	0.134	-0.974	0.360	-0.026
欧盟	-0.007	0.060	0.112	0.175	5.500	0.382	-0.050
日本	0.007	0.136	0.350	0.422	-7.468	0.880	0.012
加拿大	0.008	0.073	0.150	0.098	-2.985	0.188	0.013
墨西哥	0.002	0.068	0.084	0.038	-1.359	0.079	-0.001
印度	-0.021	0.083	0.146	0.058	-0.818	0.211	-0.055
俄罗斯	0.005	0.091	0.117	0.170	0.693	0.269	0.011
阿联酋	0.065	0.199	0.066	0.054	-0.202	0.147	0.000
沙特阿拉伯	0.062	0.229	0.122	0.295	0.727	0.405	0.072
澳大利亚	0.030	0.203	0.402	0.656	43.744	1.211	0.086
巴林	-0.073	0.048	-0.002	0.034	-0.287	0.137	-0.028
巴西	0.004	0.105	0.252	0.389	-27.926	0.775	0.013
文莱	-0.021	0.019	-0.004	0.244	0.731	0.369	-0.010
智利	-0.029	0.000	-0.031	0.508	55.760	1.058	-0.054
几内亚	-0.061	0.064	0.001	0.035	-0.196	0.217	-0.031
印度尼西亚	0.019	0.154	0.080	0.260	-4.028	0.528	0.021
韩国	0.144	0.424	0.512	0.690	9.307	1.150	0.176
科威特	0.093	0.270	0.054	0.108	0.187	0.129	0.062
马来西亚	0.246	0.375	0.064	0.274	-5.220	0.524	0.044
新西兰	0.062	0.253	0.184	0.218	-0.408	0.520	0.062

续表

国家（地区）	社会福利	GDP	制造业就业	贸易	贸易不平衡	出口	进口
阿曼	-0.056	0.059	0.004	0.711	-90.427	1.451	-0.021
秘鲁	0.077	0.233	0.101	0.205	-0.303	0.454	0.079
菲律宾	0.063	0.235	0.159	0.291	-0.672	0.721	0.063
卡塔尔	0.074	0.247	0.066	0.097	0.123	0.106	0.071
新加坡	0.017	0.168	0.183	0.154	25.152	0.300	0.006
泰国	0.115	0.317	0.160	0.257	-1.834	0.510	0.053
越南	0.241	0.337	0.028	0.149	-0.665	0.326	0.026
ROW	0.101	0.243	0.548	0.514	13.764	0.897	0.107
世界	-0.002	0.081	0.196	0.526	0.000	0.526	0.526

资料来源：根据 GAMS 软件模拟结果整理。

（二）非关税减让的扩大进口战略效应

对中国经济的影响上,进口非关税壁垒下降对中国 GDP 具有负向的影响,对提高中国的社会福利水平、制造业就业和贸易总量以及改善贸易不平衡具有正向的积极影响,并且这些效应都随着非关税壁垒下降幅度的增大而增加。具体而言,在非关税壁垒分别下降 10%、30% 和 50% 的情形下,中国的 GDP 变动分别为-0.34%、-1.07% 和-1.85%,社会福利的变动分别为 0.53%、1.65% 和 2.88%,制造业就业的变动分别为 0.40%、1.27% 和 2.23%,贸易总额的变动分别为 1.04%、3.24% 和 5.62%,贸易不平衡的变动分别为-7.14%、-22.21% 和-38.45%(见图 8-3)。

非关税壁垒下降引起中国 GDP 下降的机制同样存在两个可能的方面:一是挤出效应,即进口扩大挤占了国内产品的消费,进而国内需求减少而经济规模下降。二是价格效应,即进口关税下降引起进口品价格以及整体价格水平下降,进而名义 GDP 减少。

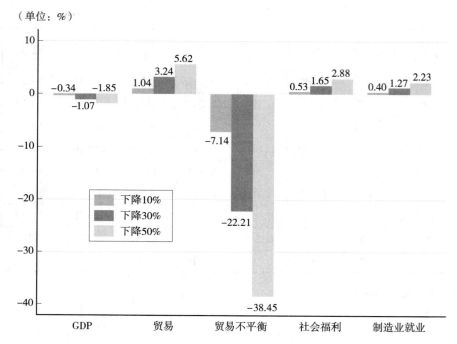

（单位：%）

图8-3　进口非关税壁垒下降对中国经济的效应
资料来源：根据模拟结果整理。

　　对其他主要经济体的影响上，模拟发现中国进口非关税壁垒削减对中国、美国、其他国家以及世界的社会福利水平均具有正向效应，其中对中国的社会福利水平的正向效应最大，对美国的社会福利正向效应最小。但中国进口非关税壁垒的下降对中国和世界的GDP增长具有负面冲击，但有助于改善中国的贸易不平衡状况。以进口非关税壁垒下降10%的情形为例，美国、ROW和世界的社会福利分别变动0.010%、0.054%和0.076%，GDP分别变动0.003%、0.057%和-0.031%，制造业就业分别变动0.041%、0.166%和0.090%，贸易分别变动0.102%、0.182%和0.280%，贸易不平衡分别变动-0.207%、3.829%和0，出口分别变动0.165%、0.288%和0.280%，进口分别变动0.057%、0.071%和0.280%（见表8-5）。

表8-5 中国进口非关税壁垒减让的政策效应

（单位:%）

国家\变量	社会福利	GDP	制造业就业	贸易	贸易不平衡	出口	进口
进口非关税壁垒下降10%							
中国	0.526	−0.343	0.402	1.039	−7.137	0.333	1.893
美国	0.010	0.003	0.041	0.102	−0.207	0.165	0.057
其他国家	0.054	0.057	0.166	0.182	3.829	0.288	0.071
世界	0.076	−0.031	0.090	0.280	0.000	0.280	0.280
进口非关税壁垒下降30%							
中国	1.648	−1.069	1.270	3.240	−22.207	1.041	5.898
美国	0.031	0.009	0.127	0.317	−0.631	0.511	0.180
其他国家	0.167	0.171	0.502	0.557	11.603	0.876	0.218
世界	0.239	−0.099	0.282	0.874	0.000	0.874	0.874
进口非关税壁垒下降50%							
中国	2.876	−1.853	2.235	5.621	−38.453	1.812	10.226
美国	0.054	0.014	0.216	0.549	−1.067	0.879	0.315
其他国家	0.286	0.285	0.845	0.943	19.510	1.480	0.373
世界	0.417	−0.174	0.488	1.517	0.000	1.517	1.517

资料来源:根据 GAMS 软件模拟结果整理。

对模型中所有经济体的影响上,以中国进口非关税壁垒下降30%的情形为例。多数国家或地区都会从中国的非关税壁垒下降上获益,比较而言贸易增加效应最突出,制造业就业的效应较突出,而社会福利和GDP增加的效应略小。以社会福利效应为例,墨西哥、阿联酋、科威特、马来西亚、新西兰、秘鲁、菲律宾、卡塔尔、新加坡、泰国和越南的效应为负,其他国家都将受益。另外,墨西哥、阿联酋、科威特、马来西亚、新西兰、秘鲁、菲律宾、卡塔尔、新加坡、泰国、越南等11个国家在GDP和制造业就业方面均呈现负面效应。比较而言,经济规模小国以及与中国贸易关系紧密的国家受益更多（见表8-6）。

表 8-6 进口非关税壁垒下降 30%对各个国家(地区)的具体影响

(单位:%)

国家 (地区)	社会福利	GDP	制造业 就业	贸易	贸易 不平衡	出口	进口
中国	1.648	-1.069	1.270	3.240	-22.207	1.041	5.898
美国	0.031	0.009	0.127	0.317	-0.631	0.511	0.180
欧盟	0.025	0.047	0.140	0.382	6.026	0.602	0.143
日本	0.055	0.078	0.311	0.680	-7.882	1.178	0.235
加拿大	0.016	-0.005	0.014	0.303	-9.399	0.586	0.036
墨西哥	-0.003	-0.065	-0.087	0.211	-7.719	0.443	-0.008
印度	0.016	-0.038	-0.059	0.285	-1.625	0.618	0.038
俄罗斯	0.040	0.062	0.115	0.589	2.062	0.868	0.141
阿联酋	-0.236	-0.274	-0.133	0.155	-0.772	0.495	-0.041
沙特 阿拉伯	0.119	0.157	0.107	0.917	2.375	1.287	0.164
澳大利亚	0.085	0.184	0.450	1.535	91.828	2.698	0.341
巴林	0.072	0.045	-0.002	0.089	-0.463	0.265	-0.019
巴西	0.039	0.129	0.374	1.409	-88.245	2.631	0.220
文莱	0.142	-0.139	-0.009	0.975	2.665	1.407	0.090
智利	0.047	0.000	0.047	1.548	145.615	2.982	0.084
几内亚	0.042	-0.057	-0.021	0.447	-0.985	1.670	0.000
印度 尼西亚	0.101	0.071	0.060	1.211	-16.099	2.294	0.248
韩国	0.030	-0.151	-0.113	0.075	0.724	0.110	0.037
科威特	-0.217	-0.459	-0.101	1.194	3.531	1.824	-0.174
马来西亚	-0.157	-0.446	-0.063	0.176	-4.407	0.384	-0.016
新西兰	-0.184	-0.496	-0.393	1.133	-4.448	3.848	-0.244
阿曼	0.054	-0.054	-0.001	1.883	-229.831	3.768	0.025
秘鲁	-0.156	-0.418	-0.187	1.311	-4.709	4.266	-0.180
菲律宾	-0.030	-0.247	-0.155	1.458	-4.712	4.225	-0.001
卡塔尔	-0.188	-0.447	-0.130	0.923	2.030	1.295	-0.204
新加坡	-0.031	-0.188	-0.213	0.051	11.542	0.118	-0.017
泰国	-0.080	-0.267	-0.127	0.265	-2.798	0.636	-0.034
越南	-0.212	-0.696	-0.046	0.339	-1.966	0.840	-0.010
ROW	0.167	0.171	0.502	0.557	11.603	0.876	0.218
世界	0.239	-0.099	0.282	0.874	0.000	0.874	0.874

资料来源:根据 GAMS 软件模拟结果整理。

（三）关税和非关税同时减止的扩大进口战略效应

首先是对中国经济的影响,中国的社会福利、制造业就业和对外贸易都将增加,贸易不平衡状况将改善,但名义 GDP 将下降,原因可能是关税和非关税壁垒下降后导致名义价格下降。具体而言,关税和非关税壁垒同时降低10%、30% 和 50% 的情形下,中国的 GDP 分别变动 -0.41%、-1.28% 和 -2.24%,社会福利分别变动 0.48%、1.52% 和 2.67%,制造业就业分别变动 0.44%、1.43% 和 2.57%,贸易总额分别变动 1.70%、5.38% 和 9.49%,贸易不平衡分别变动 -12.93%、-40.95% 和 -72.28%(见图 8-4)。

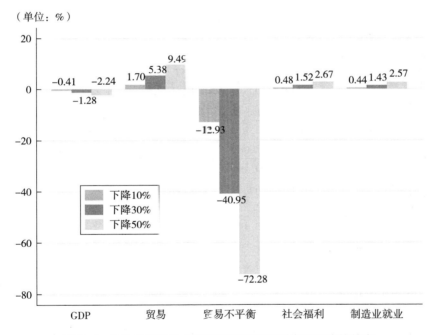

图 8-4　进口关税和非关税壁垒同时下降对中国经济的效应

资料来源:根据模拟结果整理。

其次是对主要经济体的影响,除了中国和世界的名义 GDP 有所减少外,所有主要经济体在社会福利、制造业就业和进出口贸易上都将获益。比较而言,进出口贸易效应强度大于其他指标的效应。中国的效应大于其他经济体。以关税和非关税壁垒同时下降50%的情形为例,美国、其他国家和世界的社会福利分别变动0.050%、0.482%和0.423%,GDP分别变动0.092%、0.736%和-0.033%,制造业就业分别变动0.475%、1.863%和0.869%,贸易分别变动0.830%、1.916%和2.561%,贸易不平衡分别变动-2.935、45.316%和0,出口贸易分别变动1.599%、3.171%和2.561%,进口贸易分别变动0.284%、0.584%和2.561%(见表8-7)。

表8-7　中国进口关税和非关税同时减让的政策效应　　（单位:%）

国家 ＼ 变量	社会福利	GDP	制造业就业	贸易	贸易不平衡	出口	进口
进口关税和非关税壁垒同时下降10%							
中国	0.484	-0.406	0.445	1.697	-12.929	0.433	3.225
美国	0.009	0.017	0.086	0.147	-0.532	0.286	0.049
其他国家	0.088	0.137	0.348	0.354	8.408	0.587	0.107
世界	0.076	-0.005	0.156	0.457	0.000	0.457	0.457
进口关税和非关税壁垒同时下降30%							
中国	1.521	-1.279	1.433	5.376	-40.954	1.372	10.216
美国	0.028	0.053	0.271	0.469	-1.675	0.906	0.158
其他国家	0.276	0.427	1.080	1.104	26.182	1.829	0.335
世界	0.241	-0.017	0.494	1.450	0.000	1.450	1.450
进口关税和非关税壁垒同时下降50%							
中国	2.668	-2.245	2.573	9.493	-72.283	2.425	18.037
美国	0.050	0.092	0.475	0.830	-2.935	1.599	0.284
其他国家	0.482	0.736	1.863	1.916	45.316	3.171	0.584
世界	0.423	-0.033	0.869	2.561	0.000	2.561	2.561

资料来源:根据GAMS软件模拟结果整理。

再次是对模型中所有经济体的影响效应,以中国进口关税和非关税壁垒同时下降30%的情形为例。所有经济体的对外贸易总额都增加了;大多数国家的社会福利、GDP和制造业就业都有所提高,但部分国家如阿联酋、科威特、新西兰、秘鲁、卡塔尔和新加坡的影响为负。从世界总体看,中国同时削减进口关税和非关税壁垒有利于世界整体的社会福利提高,有利于世界整体的制造业就业的增加,并提高了世界贸易的水平(见表8-8)。

表8-8 进口关税和非关税壁垒同时下降30%对各个国家(地区)的具体影响

(单位:%)

国家 (地区)	社会福利	GDP	制造业 就业	贸易	贸易 不平衡	出口	进口
中国	1.521	-1.279	1.433	5.376	-40.954	1.372	10.216
美国	0.028	0.053	0.271	0.469	-1.675	0.906	0.158
欧盟	0.018	0.111	0.263	0.580	12.007	1.025	0.097
日本	0.065	0.221	0.685	1.143	-15.927	2.134	0.255
加拿大	0.025	0.071	0.172	0.419	-12.936	0.808	0.051
墨西哥	-0.001	0.004	-0.002	0.261	-9.483	0.546	-0.009
印度	-0.005	0.046	0.091	0.358	-2.548	0.865	-0.018
俄罗斯	0.046	0.160	0.242	0.793	2.877	1.187	0.158
阿联酋	-0.177	-0.079	-0.069	0.217	-1.010	0.667	-0.043
沙特 阿拉伯	0.188	0.403	0.238	1.264	3.233	1.764	0.246
澳大利亚	0.119	0.402	0.886	2.281	141.193	4.070	0.444
巴林	-0.002	0.096	-0.002	0.128	-0.777	0.416	-0.048
巴西	0.045	0.245	0.653	1.878	-121.336	3.558	0.243
文莱	0.124	-0.122	-0.009	1.271	3.553	1.855	0.077
智利	0.018	0.000	0.017	2.149	210.528	4.223	0.031
几内亚	-0.019	0.008	-0.014	0.504	-1.221	1.979	-0.037
印度 尼西亚	0.125	0.236	0.146	1.535	-21.014	2.946	0.281
韩国	0.175	0.269	0.396	0.767	10.066	1.264	0.212
科威特	-0.128	-0.197	-0.048	1.356	3.873	2.035	-0.116
马来西亚	0.083	-0.085	0.000	0.456	-9.778	0.922	0.028
新西兰	-0.127	-0.252	-0.215	1.411	-5.063	4.559	-0.187
阿曼	-0.002	0.005	0.003	2.708	-334.388	5.451	0.006
秘鲁	-0.081	-0.192	-0.089	1.581	-5.223	4.921	-0.104
菲律宾	0.035	-0.011	0.007	1.826	-5.618	5.163	0.065
卡塔尔	-0.118	-0.208	-0.066	1.063	2.242	1.459	-0.138
新加坡	-0.015	-0.025	-0.036	0.207	37.321	0.423	-0.012
泰国	0.033	0.047	0.032	0.536	-4.769	1.178	0.019

续表

国家（地区）	社会福利	GDP	制造业就业	贸易	贸易不平衡	出口	进口
越南	0.025	-0.379	-0.019	0.502	-2.706	1.200	0.016
ROW	0.276	0.427	1.080	1.104	26.182	1.829	0.335
世界	0.241	-0.017	0.494	1.450	0.000	1.450	1.450

资料来源：根据 GAMS 软件模拟结果整理。

（四）三类扩大进口战略措施的效应比较

将中国进口关税下降、进口非关税壁垒下降，以及关税和非关税壁垒同时下降30%情形下对中国和其他国家的经济效应列于表8-9中进行比较。在进口关税下降的情形下，中国的社会福利水平和GDP都受到负向的影响，但ROW的社会福利和GDP都会增加。故而从进口关税下降的情形看，中国扩大进口战略在短期内是一个"利他"而不"利己"的政策。

表8-9　进口壁垒下降30%的政策效应比较　　（单位：%）

措施 \ 变量	社会福利	GDP	制造业就业	贸易	贸易不平衡	出口	进口
中国的经济效应							
关税	-0.145	-0.178	0.115	1.954	-17.284	0.291	3.964
非关税	1.648	-1.069	1.270	3.240	-22.207	1.041	5.898
关税+非关税	1.521	-1.279	1.433	5.376	-40.954	1.372	10.216
其他国家的经济效应							
关税	0.101	0.243	0.548	0.514	13.764	0.897	0.107
非关税	0.167	0.171	0.502	0.557	11.603	0.876	0.218
关税+非关税	0.276	0.427	1.080	1.104	26.182	1.829	0.335

资料来源：根据模拟结果整理。

在非关税壁垒下降的情形下，中国的名义GDP会有所减少，但社会福利、制造业就业和贸易都将增加；ROW 的社会福利、GDP、制造业就业和贸易都将增长。故而，从 GDP、制造业就业和贸易的角度看，中国扩大进口战略是一个既"利他"又"利己"的政策；而从名义 GDP 的角度看，中国扩大进口战略是一个"利他"而不"利己"的政策。

在关税和非关税壁垒同时下降的情形下，中国的名义 GDP 仍然是负效应，但其他指标都呈现积极效应；ROW 的所有指标都是正效应。故而，除了名义 GDP 指标之外，中国扩大进口战略是一个既"利他"又"利己"的政策。

比较三种情形下对中国的经济影响，发现非关税壁垒下降对中国的积极效应最明显，关税和非关税壁垒同时下降的积极效应略低，而直接的关税下降带来的效应既有有利的一面也有不利的一面。故而，降低非关税壁垒应成为中国扩大进口战略的主要着力点。

四、结论和政策启示

以上构建了一般均衡的大型数值模型系统，建模中根据研究需要引入了关税和非关税贸易壁垒的结构，并且引入了"内生货币"的贸易不平衡结构，量化评估和模拟了中国扩大进口战略的经济效应。按照中国扩大进口战略的具体政策措施，划分为削减进口关税的政策措施、削减非关税壁垒的政策措施，以及关税和非关税壁垒同时削减的政策措施这三种情形，分别模拟战略对中国以及其他主要国家的影响效应，关注的指标包括社会福利、GDP、制造业就业、进出口贸易和贸易不平衡水平，并进一步探求扩大进口战略的"利他"和"利己"属性。量化分析的结果列于表 8-10 中。

表 8-10　中国扩大进口战略措施的效应结果

类别	指标	社会福利	GDP	制造业就业	贸易	贸易不平衡	出口	进口
关税	利己	×	×	√	√	√	√	√
	利他	√	√	√	√	√	√	√

续表

类别	指标	社会福利	GDP	制造业就业	贸易	贸易不平衡	出口	进口
非关税	利己	√	×	√	√	√	√	√
	利他	√	√	√	√	√	√	√
贸易成本	利己	√	×	√	√	√	√	√
	利他	√	√	√	√	√	√	√

注:√表示具有正向效应,×表示具有负向效应。
资料来源:根据模拟分析结果计算整理。

　　模拟分析结果表明:(1)整体上,中国扩大进口战略既"利己"也"利他",对于中国经济和世界经济的增长、居民福利的提高、贸易的增长都有益。但比较起来,"利他性"大于"利己性",更多地为世界经济增长贡献力量。(2)三种扩大进口措施都能够有效地促进中国的贸易平衡,比较而言非关税措施的效应更加突出。(3)扩大进口战略的"利己"效应上,非关税措施优于关税措施,积极效应明显更强,也更有利于中国;"利他"效应上,关税措施在促进经济增长、制造业就业、出口贸易以及贸易平衡上的表现更优,而非关税措施在提高社会福利、推动整体贸易增长上的作用更加明显。(4)扩大进口战略带来中国 GDP 下降的机制有两个方面:一是挤出效应,即进口扩大挤占了国内产品的消费,进而国内需求减少而经济规模下降;二是价格效应,即进口关税下降引起进口品价格以及整体价格水平下降,进而名义 GDP 减少。(5)进口关税下降带来中国社会福利减少的机制是:进口关税削减带来税收收入下降,以及贸易条件恶化(进口大国是可以通过关税迫使国外出口企业降价的),进而不利于消费和社会福利。

　　量化模拟分析的结果,给我们以下政策启示:第一,中国主动扩大进口战略在关税和非关税措施齐头并进的同时,要更多地使用降低非关税壁垒的措施,推动贸易便利化和制度、规则及标准层面的一体化。第二,扩大进口战略在整体上有利于消费升级和产业升级,但也需要谨防贸易条件恶化带来的社会福利减少。第三,扩大进口战略是惠及中国并有利于世界经济增长的政策选择,随着中国在国际舞台上的作用不断提高,作为一个负责任的大国,面对发达国家的贸易保护主义,中国要继续全面深化改革并推动新一轮对外开放,主动扩大进口,维护多边贸易体制,为世界经济的增长贡献中国力量。

第二节　对外投资开放:促进双向投资

党的十九大报告指出,要坚持新发展理念,坚持稳中求进工作总基调,坚持"引进来"和"走出去"并重,遵循共商共建共享原则,加强创新能力开放合作,形成陆海内外联动、东西双向互济的对外开放格局。在全球贸易和投资规则面临"大变局"的情况下,中国不断深化新一轮对外开放,创新对外投资方式,促进国际产能合作,使得对外投资合作保持平稳有序健康发展,为中国经济和世界经济的增长注入了新动力和新活力。

一、对外投资的措施和安排

为认真贯彻党的十九大精神和习近平新时代中国特色社会主义思想,落实中央经济工作会议各项要求和部署,商务部会同相关部门,积极主动作为,强化使命担当,创新对外投资方式,优化对外投资结构,出台一系列政策法规,引导中国企业平稳、健康、有序开展对外投资,参与国际经济合作和竞争。本章节依据最新的《对外投资发展报告》等相关资料,系统梳理了2017—2019年上半年国务院、商务部颁布的关于对外投资的综合性政策措施(见表8-11)。

表8-11　2017—2019年关于对外投资的综合性政策措施

时间	名称	解读
2017年 8月18日	《关于进一步引导和规范境外投资方向的指导意见》	按"鼓励发展+负面清单"模式引导和规范企业境外投资方向,明确了鼓励、限制、禁止三类境外投资活动

续表

时间	名称	解读
2017年10月13日	《国务院办公厅关于积极推进供应链创新与应用的指导意见》	内容:(1)要积极融入全球供应链网络,推进与"一带一路"沿线国家互联互通;(2)要利用两个市场两种资源,提高全球供应链风险管理水平;(3)要参与全球供应链规则制定
2017年10月25日	《商务部办公厅关于做好"对外投资"监管方式海关申报的通知》	要求:(1)境内企业以实物作为股权、债权对外投资时,出口设备和物资应申报"对外投资"监管方式;(2)"对外投资"监管方式同样适用于境内企业向其在境外设立的企业和机构(包括代表处、办事处和项目部等)出口的设备、物资,以及其他因对外投资活动而带动的出口;(3)海外监管方式代码0110(一般贸易)的适用范围不再包括境内企业对外投资以实物带出的设备、物资;(4)各单位需加强"对外投资"监管方式的宣传,指导辖区内企业或下属企业做好申报工作
2018年1月18日	《关于印发〈对外投资备案(核准)报告暂行办法〉的通知》	内容:(1)建立了"管理分级分类、信息统一归口、违规联合惩戒"的对外投资管理模式;(2)明确对外投资备案(核准)按照"鼓励发展+负面清单"进行管理;(3)明确对外投资备案(核准)实行最终目的地管理原则;(4)明确"凡备案(核准)必报告"的原则;(5)明确对外投资事中事后监管的主要方式;(6)明确强化信息化手段开展对外投资管理工作
2019年5月16日	《对外投资备案(核准)报告实施规程》	目的:加强对外投资事中事后监管,推动对外投资健康有序发展

资料来源:作者搜集整理。

二、利用外资的措施和安排

为了实现互利共赢格局、营造优良营商环境,党中央、国务院制定了一系列中国外商投资的方针、政策,成为中国利用外资工作的指针和行动纲领。本章节根据最新的《中国外商投资报告》等相关资料,系统梳理了2017—2019年上半年党中央、国务院颁布的关于利用外资的综合性政策措施(见表8-12)。

表8-12 2017—2019年关于利用外资的综合性政策措施

时间	名称	解读
2017年1月17日	《国务院关于扩大对外开放积极利用外资若干措施的通知》	内容:(1)进一步扩大开放的新举措;(2)促进内外资公平竞争的新举措;(3)加大吸引外资力度的新举措
2017年3月31日	《国务院印发〈中国(辽宁、浙江、河南、湖北、重庆、四川、陕西)自由贸易试验区总体方案〉》	国务院发布7个自贸试验区建设的总体方案,中国自贸试验区建设形成"1+3+7"的新格局。7个方案充分体现全面深化改革扩大开放总体要求,在投资、贸易、金融制度创新、事中事后监管等领域开展改革探索,在有效防控风险的基础上打造开放高地
2017年6月16日	《国务院办公厅关于印发自由贸易试验区外商投资准入特别管理措施(负面清单)(2017年版)的通知》	内容:(1)进一步缩减了限制性措施;(2)放宽了外资并购的准入限制;(3)扩大了投资领域开放度;(4)增强了外资准入透明度
2017年6月28日	《外商投资产业指导目录(2017年修订)》	本次《外商投资产业指导目录》修订主要遵循以下原则:(1)推进重点领域开放;(2)突出负面清单特点;(3)保持鼓励政策稳定
2017年8月16日	《国务院关于促进外资增长若干措施的通知》	内容:(1)进一步促进外资增长五方面措施;(2)进一步扩大开放和减少外资准入限制;(3)《国务院关于促进外资增长若干措施的通知》对国家级开发区吸引外资采取五方面支持措施;(4)三项税收政策是促进外资增长的重要推力;(5)制定出台外国人才签证实施细则主要考虑三方面内容;(6)《国务院关于促进外资增长若干措施的通知》对进一步加大吸引外资力度有六方面亮点
2018年6月15日	《国务院关于积极有效利用外资推动经济高质量发展若干措施的通知》	旨在积极有效利用外资推动经济高质量发展,出发点是要营造公平透明便利的、更有吸引力的投资环境,借鉴国际通行引资政策框架,从投资自由化、投资便利化、投资促进、投资保护、优化区域开放布局、推动国家级开发区创新提升这六个方面提出具体措施
2019年6月30日	《鼓励外商投资产业目录(2019年版)》	主要变化:(1)较大幅度增加鼓励外商投资领域;(2)鼓励外资参与制造业高质量发展;(3)鼓励外资投向生产性服务业;(4)支持中西部地区承接外资产业转移

续表

时间	名称	解　　读
2019 年 6 月 30 日	《外商投资准入特别管理措施(负面清单)(2019 年版)》	特点:(1)全国外资准入负面清单条目由 48 条减至 40 条,压减比例 16.7%;(2)负面清单进一步缩短,外商投资范围更进一步扩大;(3)进一步推进服务业扩大对外开放,放宽采矿业、制造业、交通运输业等准入措施;(4)外资可以在更多行业领域依法享受优惠政策,同时加大生产性服务业开放发展支持力度,促进服务业转型升级
2019 年 3 月、12 月	《中华人民共和国外商投资法》(2019年),及与之相适应的《中华人民共和国外商投资法实施条例》	2020 年 1 月 1 日起正式实施。外商投资法作为外商投资的基础法律,为外商投资领域的制度建设搭起了基本框架。而条例则在外商投资法的基础上,在投资促进、保护及管理等方面作出了更具体的制度安排,进一步提高了外资领域法律制度的操作性

资料来源:作者搜集整理。

三、实施的效果和效应评估

(一) 关于对外投资的实施效果和效应评估

1. 对外投资发展规模

2005 年,我国对外直接投资流量规模增长迅速,增幅比 2004 年高 29.9 个百分点。2009 年,我国对外直接投资流量规模在全球排名首次挤进前十位。2015 年,我国对外直接投资存量已突破万亿美元。截至 2017 年年末,中国对外直接投资存量达 18090.4 亿美元,较 2016 年年末的 13573.9 亿美元上升了 33.3%。2017 年,中国对外直接投资存量规模占全球对外直接投资规模的 5.9%,与去年相比上升了 0.7 个百分点,排名也从 2016 年的全球第六位上升了四位,居全球第二位。另外,2018 年我国对外直接投资流量达 1430.4 亿美元,同比下降 9.6%,在全球对外直接投资流出总额连续 3 年下滑的大环境下,略低于日本,成为第二大投资国。但仍居全球第三位,继续保持发展中国家对外直接投资第一的地位(见表 8-13)。

表 8-13　2003—2018 年我国对外直接投资流量、存量统计

年份	流量			存量		
	金额（亿美元）	同比（%）	全球位次	金额（亿美元）	同比（%）	全球位次
2003	28.5	—	21	332.0	—	25
2004	55.0	93.0	20	448.0	34.9	27
2005	122.6	122.9	17	572.0	27.7	24
2006	211.6	72.6	13	906.3	58.4	23
2007	265.1	25.3	17	1179.1	30.1	22
2008	559.1	110.9	12	1839.7	56.0	18
2009	565.3	1.1	5	2457.5	33.6	16
2010	688.1	21.7	5	3172.1	29.1	17
2011	746.5	8.5	6	4247.8	33.9	13
2012	878.0	17.6	3	5319.4	25.2	13
2013	1078.4	22.8	3	6604.8	24.2	11
2014	1231.2	14.2	3	8826.4	33.6	8
2015	1456.7	18.3	2	10978.6	24.4	8
2016	1961.5	34.7	2	13573.9	23.6	6
2017	1582.9	−19.3	3	18090.4	33.3	2
2018	1430.4	−9.6	3	19822.7	9.6	3

资料来源：中华人民共和国商务部、中华人民共和国国家统计局、国家外汇管理局历年《中国对外直接投资统计公报》，中国统计出版社出版。

2.对外投资地区分布

中国对外直接投资主要分布在亚洲地区，其次是欧洲和拉丁美洲。2018 年，中国流向亚洲地区的投资为 1100.4 亿美元，占当年对外直接投资流量的 69.5%，在亚洲的投资存量为 12761.4 亿美元，占当年对外直接投资存量的 64.4%，主要分布在中国香港、新加坡、印度尼西亚、中国澳门和马来西亚等；中国流向欧洲地区的投资为 134.6 亿美元，占当年对外直接投资流量的 11.7%，在欧洲的投资存量为 1128 亿美元，占当年对外直接投资存量的 5.7%，主要分布在英国、荷兰、卢森堡、俄罗斯和德国等；中国流向拉丁美洲地

区的投资为140.8亿美元,占当年对外直接投资流量的8.9%,在拉丁美洲的投资存量为4067.7亿美元,占当年对外直接投资存量的20.5%,主要分布在巴西、阿根廷、委内瑞拉、牙买加、墨西哥和秘鲁等(见表8-14)。

表8-14 2018年中国对外直接投资地区分布情况

(金额单位:亿美元)

洲别	对外直接投资流量	占比(%)	对外直接投资存量	占比(%)
亚洲	1100.4	69.5	12761.4	64.4
欧洲	184.6	11.7	1128.0	5.7
拉丁美洲	140.8	8.9	4067.7	20.5
非洲	41.0	2.6	461.0	2.3
大洋洲	51.1	3.2	441.1	2.2
北美洲	65.0	4.1	963.5	4.9

资料来源:中华人民共和国商务部、中华人民共和国国家统计局、国家外汇管理局:《2018年度中国对外直接投资统计公报》,中国统计出版社2019年版。

3. 对外投资发展特征

一是对外投资并购活跃,投资金额屡刷新高,投资领域不断扩展。2018年中国企业对外实施并购数量达433起,并购数量在近几年中较少,实际交易总额同比下降37.9%,是2012年年末实际交易总额的1.71倍,其中直接投资为310.9亿美元,占当年并购总额的41.9%(见表8-15)。并购领域涉及对外制造业、采矿业等18个行业大类。

表8-15 2012—2018年中国对外直接投资并购情况

年份	并购数量(起)	实际交易总额(亿美元)	直接投资(亿美元)
2012	457	434.0	276.0
2013	424	529.0	337.9
2014	595	569.0	324.8
2015	579	544.4	372.8
2016	765	1353.3	865.0

续表

年份	并购数量（起）	实际交易总额（亿美元）	直接投资（亿美元）
2017	431	1196.2	334.7
2018	433	742.3	310.9

资料来源：中华人民共和国商务部、中华人民共和国国家统计局、国家外汇管理局历年《中国对外直接投资统计公报》，中国统计出版社出版。

二是中国境内投资者在"一带一路"沿线国家投资规模快速增长。2018 年年末，中国对"一带一路"沿线国家的直接投资达 178.9 亿美元，占同期中国对外直接投资流量的 12.5%，同比下降 11.3%。此外，中国对"一带一路"沿线国家的直接投资存量为 1727.7 亿美元，较 2015 年年末的 1156.8 亿美元上升了 49.4%，占同期中国对外直接投资存量的 8.7%。中国对"一带一路"沿线国家的非金融类直接投资为 156.4 亿美元，同比增长 8.9%，主要投向国家包括新加坡、马来西亚、老挝和印度尼西亚等国家（见表 8-16）。

表 8-16　2015—2018 年中国对"一带一路"沿线国家投资合作情况

（单位：亿美元）

年份	对外直接投资流量	对外直接投资存量	非金融类直接投资	主要投向国家
2015	189.3	1156.8	148.2	新加坡、哈萨克斯坦、老挝、印度尼西亚、俄罗斯和泰国等国家
2016	153.4	1294.1	145.3	新加坡、印度尼西亚、印度、泰国和马来西亚等国家
2017	201.7	1544.0	143.6	新加坡、马来西亚、老挝、印度尼西亚、巴基斯坦、越南、俄罗斯、阿联酋和柬埔寨等国家
2018	178.9	1727.7	156.4	新加坡、越南、老挝、印度尼西亚、巴基斯坦、泰国、马来西亚、柬埔寨和哈萨克斯坦等国家

资料来源：作者根据"走出去"公共服务平台（fec.mofcom.gov.cn）和中华人民共和国商务部、中华人民共和国国家统计局、国家外汇管理局历年《中国对外直接投资统计公报》数据整理。

三是境外企业在东道国税收和就业方面发挥了正向作用,形成对外投资双赢局面。截至 2018 年年底,中国境内投资者在国(境)外共设立对外直接投资企业① 4.3 万家,比 2017 年增加了近 4000 家。此外,境外企业向投资所在国家(地区)缴纳各种税金总额达 594.0 亿美元,同比增加 58%,雇佣外方员工为 187.7 万人,较 2017 年年末增加 16.7 万人(见表 8-17)。2018 年中国境外企业的经营情况良好,超七成企业盈利或持平。

表 8-17　2011—2018 年境外企业在投资所在国的情况

年份	企业数量 (万家)	利润再投资 (亿美元)	缴税金额 (亿美元)	雇佣外方员工 (万人)
2011	1.8	1706.5	220.0	88.8
2012	2.2	2227.6	221.6	70.9
2013	2.5	2633.5	196.7	96.7
2014	3.0	3839.3	191.5	83.3
2015	3.1	4427.8	311.9	122.5
2016	3.7	4002.1	300.0	134.3
2017	3.9	6858.6	376.0	171.0
2018	4.3	—	594.0	187.7

资料来源:中华人民共和国商务部、中华人民共和国国家统计局、国家外汇管理局历年《中国对外直接投资统计公报》,中国统计出版社出版。

4. 对外投资产生的效应

一是经济增长效应。对外直接投资对经济增长的促进作用主要有以下两种途径:通过对资源丰富的国家进行对外直接投资,能够获取东道国资源和较低价格的生产要素,以弥补国内资源匮乏;通过对发达国家进行对外直接投资,从而能够获取国外逆向技术溢出,提高投资国国内企业创新技术,进而促进经济增长。

---

① 对外直接投资企业:指境内投资者直接拥有或控股10%以上股权、投票权或其他等价利益的境外企业。

二是国内投资效应。对外直接投资可以通过金融市场和产品市场对国内投资产生挤入效应,尤其是产品市场,可以极大地促进国内投资。金融市场主要通过提高投资资金的可获得性和资本配置效率来发挥作用,产品市场主要通过促进出口贸易来发挥作用。此外,生产类对外直接投资也能够促进国内投资,这是因为生产类投资能够带动产品流动,促进国内产业发展、增加出口(薛新红等,2017)。

三是产业升级效应。对外直接投资推动产业升级的路径可归纳为:扩大产品的市场容量,转移国内过剩产能,带动相关原材料、中间产品和设备的出口,并为其他产业的发展释放相关生产要素;通过合资、收购等形式可以获得企业深度发展所需的战略性资产,有助于企业在整个价值链环节中进行攀升,从而提高该产业及相关产业在国际生产体系中的地位等。这些企业或产业因对外直接投资的收获都可以通过产业间竞争、产业关联和产业内竞争效应促进投资国的产业升级,并且不同规模和水平的对外投资额对于产业升级的影响是不同的(李逢春,2016)。

(二) 关于利用外资的实施效果和效应评估

1.利用外资发展规模

1989—1990 年期间,中国实际利用外资金额累计仅为 206.9 亿美元,主要是外商投资的发展受到相对落后的基础设施和经济条件的制约。1992 年,继邓小平南方谈话之后,中国外商投资增长迅速,当年对外直接投资使用金额已突破 100 亿美元。随着中国加入 WTO,外商投资规模迎来新一轮高峰。2018 年,中国实际使用外资金额 1349.7 亿美元,同比增长 3.0%。此外,当年中国新设立外商投资企业 60533 家,同比增长 69.8%,截至 2018 年年末,累计设立外商投资企业 960688 家,已突破 95 万家。吸收外资的态势屡创历史新高,持续稳中向好、稳中有进的发展格局将为中国经济高质量发展作出重大贡献。

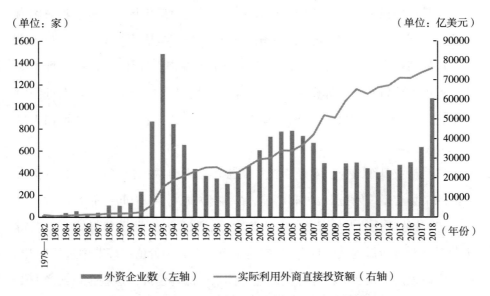

（单位：家） （单位：亿美元）

■ 外资企业数（左轴）　—— 实际利用外商直接投资额（右轴）

图 8-5　1979—2018 年中国实际使用外资金额情况

资料来源：作者整理。

2. 外商投资来源分布

亚洲地区是中国吸引外资的主要来源地,其次是欧洲和北美地区。就 2017 年而言,亚洲地区对华投资增长幅度较大,新设立外商投资企业数 27915 家,同比增长 26.3%;实际投资金额为 1091.9 亿美元,同比增长 10.4%,实现 由降转升(见表 8-18)。亚洲地区在华投资的主要国家(地区)有印度尼西 亚、日本、马来西亚、新加坡、韩国、中国澳门和中国台湾等。欧洲地区在华新 设立外商投资企业 1697 家,同比上升 6.3%,实际投资金额 82.3 亿美元,同比 下降 5.4%(见表 8-19)。欧洲地区在华投资的主要国家包括英国、法国、德 国、意大利和荷兰等。北美洲地区在华新设立外资投资企业 1817 家,同比增 加 11.1%,实际投资金额 42.9 亿美元,同比增加 38.1%,增长幅度较快(见表 8-20)。北美洲地区在华投资的主要国家包括美国和加拿大等。

表 8-18　2015—2017 年亚洲地区在华投资统计

年份	新设立企业数		实际投资金额	
	数量（家）	同比（%）	金额（亿美元）	同比（%）
2015	21181	13.2	1041.6	5.6
2016	22106	4.4	989.0	−5.1
2017	27915	26.3	1091.9	10.4

资料来源：中华人民共和国商务部：《2018 中国外商投资报告》。

表 8-19　2015—2017 年欧洲地区在华投资统计

年份	新设立企业数		实际投资金额	
	数量（家）	同比（%）	金额（亿美元）	同比（%）
2015	1612	11.8	64.0	3.5
2016	1596	−1.0	87.0	36.0
2017	1697	6.3	82.3	−5.4

资料来源：中华人民共和国商务部：《2018 中国外商投资报告》。

表 8-20　2015—2017 年北美洲地区在华投资统计

年份	新设立企业数		实际投资金额	
	数量（家）	同比（%）	金额（亿美元）	同比（%）
2015	1629	2.8	30.4	−6.6
2016	1635	0.4	31.1	2.0
2017	1817	11.1	42.9	38.1

资料来源：中华人民共和国商务部：《2018 中国外商投资报告》。

3. 利用外资发展特征

一是利用外资进入转型期，服务业利用外资发展前景乐观。在经济新常态的背景下，我国利用外资的目标从"重规模"逐步转向"重质量"和"重效率"，在保持总体规模平稳增长的基础上，利用外资的产业结构也在不断调整，其中服务业利用外资保持快速增长态势。2017 年中国服务业新设立外商投资企业 30061 家,同比增长 28.4%;实际使用外资 954.4 亿美元,同比增长 7.5%,占全国总量的比重上升 72.7%。① 服务业领域吸收外资较多的分类中,商务服务类实际使用外资 159.8 亿美元,占比 16.7%;分销服务类实际使用外资 114.8 亿美元,占比 12.0%;运输服务类实际使用外资 58.9 亿美元,占比 6.2%;建筑与相关的工程服务类实际使用外资 26.2 亿美元,占比 2.7%;房地产业服务类实际使用外资 168.5 亿美元,占比 17.7%(见图 8-6)。

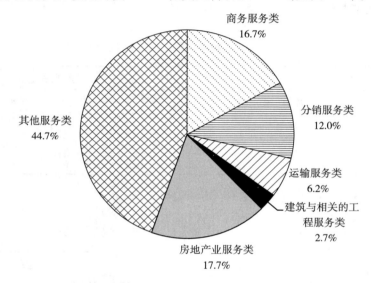

图 8-6　2017 年中国服务类各行业类别实际使用外资情况

资料来源:中华人民共和国商务部、国家统计局、国家外汇管理局:《2018 年度中国对外直接投资统计公报》,中国统计出版社 2019 年版。

　　二是利用外资的方式日趋多元化。目前,我国利用外资的方式仍然以外资企业和中外合资企业两种企业形式为主,其中外资企业是吸收外商直接投资重要的方式,主要原因是独资有利于外商执行自身的发展战略,不仅能防止技术和商业秘密泄露,还可以独占高额利润。截至 2017 年,两类企业数量和实际利用外资金额合计占总体的 99.3% 和 92.4%。具体来说,2017 年中国新

---

① 数据来源:中华人民共和国商务部:《2018 中国外商投资报告》。

增外商投资企业总计 35652 个,其中外资企业 27007 个,占比 75.8%;中外合资企业 8364 个,占比 23.5%(见表 8-21)。

表 8-21　2017 年中国利用外资方式比较

企业形式	2017 年新增企业		2017 年实际利用外资	
	数量(家)	占比(%)	金额(亿美元)	占比(%)
中外合资企业	8364	23.5	297.4	22.7
中外合作企业	124	0.3	8.1	0.6
外资企业	27007	75.8	913.4	69.7
外商投资股份制企业	125	0.4	64.8	4.9
合作开发	2	0.0	11.8	1.0
合伙企业	30	0.0	14.9	1.1
总计	35652	100.0	1310.4	100.0

资料来源:中华人民共和国商务部:《2018 中国外商投资报告》。

4. 利用外资产生的效应

在积极效应方面,一是能够提升区域创新能力。在经济全球化进程日益加快的今天,利用外资已经成为东道国获得先进技术的重要渠道,也是发展中国家发挥后发优势的主要途径。利用外资过程中的知识、技术创造行为除了作为私人产品接受市场价格机制的调节外,同时存在着明显的正外部性——"外溢效应",即引资地企业通过区域创新网络以"外部性"的形式获得了外商直接投资企业的部分创新收益,进而促进区域创新能力的提高和经济绩效的改善(顾国达,2016)。

二是促进我国外贸增长。推动中国出口的再增长是我国利用外资的目标之一,2017 年中国对外贸易止跌回升,增速创六年来新高,外贸结构不断优化,质量效益齐升,外贸发展内生动力不断增强。根据中国海关统计,2000—2017 年,全国外商直接投资企业累计进出口 223328.8 亿美元,占全国总额的50.3%;累计出口 120667.8 亿美元,占全国总额的 49.9%。外商投资企业创造全国近一半的对外贸易额,对中国外贸增长和结构优化发挥关键作用。

在负面效应方面,一是会对东道主国家环境方面造成一定程度的污染。比较流行的一个研究理论是"污染天堂假说",该假说是指发达国家的环境治理成本高昂,他们会倾向于把污染密集产业的企业建立在环境标准相对较低的国家或地区,因此东道主国家成为外商直接投资企业环境污染的"避难所"。中国没有为外资企业设立单独的环保标准,不少企业利用中国相关程序审批中的漏洞,将本土对环境造成污染的产业、生产技术和设备等转移到中国,严重损害中国社会公共利益。

二是影响国际收支平衡,并引发通货膨胀。外资大规模流入会导致经常项目和资本项目出现顺差,进而造成国际收支不平衡,国家外汇储备也大量增加。产生这种现象的原因是外汇不能直接在市场上流通,当大量外资流入时,央行需投放大量本币买入外汇,这样基础货币投放量会随着外汇占款的增加而增加,货币供应量会相应扩大。货币供应量增加容易造成通货膨胀,由此会影响国内经济稳定运行。

四、未来的建设思路和政策建议

随着经济发展进入新常态,我国对外开放的内外部环境都在发生变化。从国内情况看,对外开放的基础、条件和需求发生转变,不少"短板"和问题也亟待解决;从国际形势看,单边主义抬头,贸易保护主义盛行,国际格局正加速演变。这些经济环境风险因素的增加,给世界经济增长及国际贸易和投资带来不小挑战,因此,本章节给出下列政策建议以供参考。

(一) 抓住"一带一路"和亚投行建设的契机,稳步推进对外投资

在产业结构和资源禀赋方面,大多"一带一路"沿线国家与我国经济存在较强的互补性,因此应遵循共商共享共建原则,落实"一带一路"国际合作高峰论坛成果,充分利用沿线国家的比较优势,加强基础设施建设,鼓励部分资

源禀赋短缺、生产成本高的产业向外转移。要不断深化与"一带一路"相关国家地区的合作,稳步推进向"一带一路"国家地区的投资。同时亚投行作为"一带一路"建设的金融支撑,我们应采取公私合营模式和创新融资方式(张晓兰,2017),推动资本与产业输出相结合、国家和私人资产相补充,扩大我国对外投资能力并提高投资收益。

(二) 加强对外投资风险防范,避免出现产业"空心化"现象

若一国国内投资严重滞后于海外投资的增长速度,有可能会导致国内产业持续负增长,造成产业发展缓慢,无能及时弥补国内产业转移形成的空缺,出现产业"空心化"。因此我们不仅要完善对外直接投资管理制度,防止虚假或违规资金流出海外,还要注重引进高端产业,把握好产业转移的规模、层次与结构。同时,加强跟踪全球热点地区的政治和经济形势,及时对投资风险进行预警,并督促企业提高海外投资风险意识,为中国企业对外投资提供制度保障。

(三) 优化营商环境,加快利用外资的供给侧结构性改革

适当降低外资准入的门槛,逐步减少各个行业管理部门的前置准入许可,并简化企业生产经营相关前置行政审批。维护外资企业合法权益和公平竞争,加大对侵权违法行为的惩治力度,大力优化投资环境,以提升中国对境外投资者的吸引力。在推进利用外资的供给侧结构性改革方面,一是要进一步完善对外开放的产业布局,积极引导外资投向现代农业、先进技术制造业和生态建设等,促进"引进来"与"走出去"有机结合;二是要协调区域发展,鼓励东中西部地区产业链互动合作,支持中西部地区、东北地区承接外资产业转移;三是要努力改善和深化与周边地区以及发达国家的经贸关系,增加外商投资企业在华投资的意愿和研发力度。

(四) 强化可持续发展理念,注重引进外资质量

在引进外资时,政府要强化绿色的可持续发展的理念,不能盲目追求经济

的快速增长而忽略对环境的保护,应该有效协调外资与环境的关系。同时也要重视外资质量,政府应借鉴发达国家在处理外商投资对环境造成污染问题的解决思路,结合我国利用外资的现状以及引进外资对环境造成污染的影响,制定出符合我国国情的引进外资政策。并且还要对产业结构进行适当调整,实施优惠政策方面要加大对高技术、高环保产业的投入力度,这样能对我国内资企业产生正向的溢出效应。

第三节 金融业开放

金融开放是指一国或地区通过法律法规等对金融要素跨境流动、金融参与主体在跨境市场准入和活动等方面的管制程度。它是一个双向的概念,既包括一国或地区对来自他国或地区的金融要素流动、金融主体活动的管制,也包括一国或地区金融主体和金融要素在他国或地区进行活动所受到的限制。从历史进程来看,我国金融业开放先后经历了试点先行期、加速开放期、发展调整期、开放新时期四个阶段(陈卫东,2019)。

一、采取的措施和安排

在整个经济改革领域中,金融业改革是最为复杂且影响面最大的领域。经过四十多年的发展,我国金融调控和宏观审慎管理框架逐步完善,金融机构改革不断深化,利率汇率市场化改革和人民币国际化步伐稳步推进,基本构建起开放、公平、高效、稳健的金融体系(易纲,2018)。近年来,中国人民银行、银保监会、证监会等部门遵循金融开放的基本原则,出台多项政策措施,进一步积极推动金融业对外开放。本章节系统梳理了2017—2019年关于金融业开放的政策措施(见表8-22)。

表 8-22 2017—2019 年关于金融业开放的政策措施

时间	名称	解读
2017 年 1 月 11 日	《中国人民银行关于全口径跨境融资宏观审慎管理有关事宜的通知》	为完善跨境融资宏观审慎管理框架,进一步扩大了企业和金融机构的跨境融资空间,降低了实体经济融资成本,有利于拓宽企业和金融机构的融资渠道,在审慎经营理念基础上提高跨境融资的自主性和境外资金利用效率,符合现阶段监管层面"扩流入"的政策导向
2017 年 3 月 10 日	《中国银监会办公厅关于外资银行开展部分业务有关事项的通知》	支持外资银行与母行开展跨境业务协作,广泛参与我国金融市场、提供金融服务,为"走出去"企业在境外发债、上市、并购等提供综合配套金融服务,允许外资法人银行对银行业金融机构开展股权投资
2017 年 3 月 30 日	《五部门关于金融支持制造强国建设的指导意见》	内容:(1)支持"走出去"企业以境外资产和股权等权益为抵押获得贷款,提高企业融资能力;(2)支持制造业企业开展外汇资金池、跨境双向人民币资金池业务;(3)支持制造业企业在全口径跨境融资宏观审慎管理政策框架下进行跨境融资;(4)支持符合条件的境内制造业企业利用境外市场发行股票、债券和资产证券化产品
2017 年 7 月 4 日	中国人民银行公告〔2017〕第 7 号	公告就信用评级机构在银行间债券市场开展信用评级业务的有关事宜作出了规定,在推动银行间债券市场对外开放、促进信用评级行业健康发展方面具有积极意义
2018 年 1 月 5 日	《关于进一步完善人民币跨境业务政策促进贸易投资便利化的通知》	通知进一步优化和完善了人民币跨境政策,满足市场合理需求。通知的实施有利于进一步提高贸易投资便利化水平,有利于提升金融机构服务实体经济、服务"一带一路"建设的能力,有利于我国推进更深层次更高水平的对外开放
2018 年 3 月 1 日	《上市公司创业投资基金股东减持股份的特别规定》	对涉及对外投资的创业投资基金股份减持给予政策支持,有利于促进更多涉及对外投资的中小企业和高新技术企业的资本形成
2018 年 3 月 19 日	中国人民银行公告〔2018〕第 7 号	公告就设立外商投资支付机构的有关事宜作出了规定,在推动形成支付服务市场全面开放新格局方面具有积极意义
2019 年 11 月 29 日	《中华人民共和国外资保险公司管理条例实施细则》	进一步落实保险业最新开放举措要求,将外资人身险公司外方股比放宽至 51%。此外,还放宽外资保险公司准入条件,不再对"经营年限 30 年""代表机构"等相关事项作出规定

资料来源:作者搜集整理。

二、实施的效果与效应评估

(一) 中国金融业对外投资规模

2008—2018 年期间,我国金融业对外直接投资存量是逐年上升的(见表 8-23),其中 2013 年金融业对外直接投资存量首次突破千亿美元,2018 年我国金融业对外直接投资存量达 2179.0 亿美元,同比增长 7.5%,占中国对外直接投资存量的 11.7%。此外,我国金融业对外直接投资流量在 2012 年首次突破百亿美元,2018 年金融业对外直接投资流量达 217.2 亿美元,同比增长 15.6%,占中国对外直接投资流量的 15.2%。

表 8-23 2008—2018 年我国金融业对外直接投资流量、存量统计

年份	流量 (亿美元)	同比(%)	比重(%)	存量 (亿美元)	同比(%)	比重(%)
2008	140.5	—	25.1	366.9	—	19.9
2009	87.3	−37.9	15.5	459.9	25.3	18.7
2010	86.3	−1.1	12.5	552.5	20.1	17.4
2011	60.7	−29.7	8.1	673.9	22.0	15.9
2012	100.7	65.9	11.5	964.5	43.1	18.1
2013	151.0	14.0	50.0	1170.8	21.4	17.7
2014	159.2	12.9	5.4	1376.2	17.5	15.6
2015	242.5	52.3	16.6	1596.6	16.0	14.5
2016	149.2	−38.5	7.6	1773.4	11.1	13.1
2017	187.9	25.9	11.9	2027.9	14.4	11.2
2018	217.2	15.6	15.2	2179.0	7.5	11.7

资料来源:作者根据中华人民共和国商务部、中华人民共和国国家统计局、国家外汇管理局历年《中国对外直接投资统计公报》数据整理。

(二) 中国金融业吸引外资规模

近几年,从外商对我国金融业实际投资金额规模情况来看,金融业实际吸

收外资金额占全国实际使用外资金额的比重在逐年下降。说明我国金融市场仍不够开放,发达国家由于开放的金融市场使得证券投资成为吸收外来资金的主渠道,而我国主要以吸收外商直接投资为主,证券投资比重并不高,中国证券投资比重仅占 17% 左右,从而制约了发达经济体利用证券市场来华投资。2017年,外商在我国金融业新设立企业数 1742 家,增幅由升转降(见表 8-24)。

表 8-24 2014—2017 年我国金融业吸收外资情况

年份	新设立企业数			实际投资金额		
	数量 (家)	同比 (%)	占比 (%)	金额 (亿美元)	同比 (%)	占比 (%)
2014	970	—	—	41.8	—	—
2015	2003	106.5	7.5	149.7	257.9	11.9
2016	2476	23.6	8.9	661.6	−28.3	8.1
2017	1742	−29.6	4.9	79.2	−23.0	6.1

资料来源:作者根据中华人民共和国商务部历年《中国外商投资报告》数据整理。

(三) 金融业开放产生的效应

一是鲶鱼效应。鲶鱼效应是指采取一种措施或手段,激励一些企业积极地投入到市场中参与竞争,进而带动同行业其他企业共同发展。金融业的开放对于国内的金融企业而言,虽然在短期内会带来一定的压力,但从长期来看,优质的外商金融管理机构入驻中国,也会引进成熟的投资理念、资产管理方式和风险防控等宝贵经验,推动国内金融企业服务水平的提升。

二是价格效应。金融业开放通过影响货币供给量、利率以及汇率变动进而影响货币政策价格效应(钱水土等 2017)。一方面,金融业开放所引发的资本自由流动会引起国内货币供给变动,进一步通过利率渠道和信贷渠道影响投资、消费和总需求,最终对物价水平产生影响。另一方面,金融业双向开放将带来更大频率和幅度的汇率波动,这将导致国内外商品相对价格变化,进而通过进出口影响国内需求和价格水平,同时汇率波动将改变国内外资产相对预期回报率,所引发的资本流动也会影响货币供给和价格水平。

三、未来的建设思路和政策建议

虽然自改革开放以来,我国金融业对外开放已取得了重大进展,但相对于实体经济开放程度而言,中国金融业的开放水平还相对较低。全球化的金融市场在促进经济社会发展的同时,也提高了金融危机发生的可能性,我国所面临的金融风险也在不断增加。此外,中国金融体系在市场准入、鼓励竞争、提升效率等方面也存在一些问题亟待解决。因此本章节针对上述问题提出如下政策建议。

(一) 完善金融内外部制度,加大金融监管力度

一方面,要完善现代金融企业管理体制,加强内部机构治理力度,逐步减少金融业负面清单,灵活调整市场准入门槛,激励外资积极参与金融市场建设,做到制度建设与金融开放相契合。另一方面,应强化金融监管,积极构建金融开放与国际监管相协调的监管体系,有效预防并化解金融风险。同时也要改善监管环境,适当缩短审批流程,着重加强事中事后监管,维护金融体系稳定和保障市场高效运行。

(二) 金融机构能力提升要与跨境发展相结合

外资金融机构在风险控制、产品服务、经营管理等方面具有先进经验,中资金融机构应在竞争中加快学习,提升自身的能力,以便能更好地适应国内外经营环境变化的需要。同时,中资金融机构还要加快开拓国际市场,满足中国企业和居民"走出去"以及"一带一路"建设对金融的需求,不断提高我国金融业的全球竞争力和影响力。

(三) 推进金融机构创新,增强金融市场活力

当前应当放松金融业的市场准入,通过设立更多的非国有银行,逐步弱化

国有银行的垄断。要加强对金融机构的功能设计,促进地方中小金融机构的发展,填补由于国有独资商业银行大量撤并后,县域和农村金融服务的空白。此外,还要适度发展金融控股公司。

第四节　其他重要领域开放

一、农业开放的措施与效应

在"一带一路"倡议的引领和带动下,中国农业[①]对外开放步伐不断加快。2018年,我国农业对外新增投资额25.6亿美元,同比增长2.2%;投资存量187.7亿美元,与"一带一路"倡议提出前相比,翻了两番以上。投资区域以亚洲、欧洲为主,覆盖了全球六大洲的100个国家和地区;投资产业以粮食作物和经济作物为主,涵盖粮棉油糖胶、畜牧渔业、农资农机10多个类别,涉及科技研发、生产、加工、流通、贸易等产业链上的各个环节。[②]

(一)政策措施和安排

为了积极构建农业对外开放新格局,近年来中华人民共和国农业农村部、国家发展和改革委员会、商务部等颁布了一系列政策措施(见表8-25)。

表8-25　2016年以来关于农业开放的政策措施

时间	名称	解读
2016年4月	《关于促进农业对外合作的若干意见》	第一次系统构建了支持农业对外合作的外交、外经贸、投资等政策框架体系。农业农村部明确,农业对外合作要不断融入全球产业链、价值链、物流链,实现互利共赢;突出园区的带动作用,统筹推进农业对外合作"两区"建设;突出规则保障,增强参与国际粮农治理的话语权;突出服务支撑,加强公共服务平台建设

① 本节中,农业领域涵盖农业、林业、畜牧业、渔业。
② 资料来源:《中国对外投资发展报告2018》。

续表

时间	名称	解读
2016年11月13日	《农业部关于印发〈农业对外合作"两区"建设方案〉的通知》	通知决定在"一带一路"沿线国家以及其他重点区域组织开展境外农业合作示范区建设试点,在沿海、沿江、沿边等条件成熟地区组织开展农业对外开放合作试验区建设试点,为企业"走出去"搭建境外、境内两类平台,以外带内、以内促外,形成推动农业对外合作的双轮驱动和高水平双向开放格局
2016年11月15日	《农业部关于组织开展境外农业合作示范区和农业对外开放合作试验区建设试点的通知》	境外农业合作示范区由实施企业提出申请,省级农业行政主管部门提出初审意见报农业农村部,每个部门限申报1个;中央企业由集团总部直接向农业农村部提出申请。农业对外开放合作试验区由县(市、区)政府提出申请,省级农业行政主管部门提出初审意见报农业部,每个部门限申报1个
2017年1月26日	《农业部关于推进农业供给侧结构性改革的实施意见》	落实农业对外合作规划,创新农业对外合作部际联席会议运行机制,统筹外交、外经、外贸措施协同发力,提升对外合作水平。实施"一带一路"农业合作愿景与行动,以"一带一路"沿线及周边国家和地区为重点,支持农业企业开展跨国经营,建立境外生产基地、加工仓储物流设施等,支持建设农产品出口跨境电商平台和境外展示中心
2017年5月12日	《共同推进"一带一路"建设农业合作的愿景与行动》	(1)打造优势技术、重点产品农业合作大通道,朝着共建全方位、宽领域、多层次、高水平的新型农业国际合作关系的思路开展"一带一路"建设农业合作;(2)围绕构建农业政策对话平台、强化农业科技交流合作、优化农产品贸易合作、拓展农业投资合作、加强能力建设与民间交流等重点开展合作;(3)加强政府双边合作、强化多边合作机制作用、发挥重大会议论坛平台作用、共建境外农业合作园区
2017年6月9日	《关于印发〈"十三五"农业农村科技创新专项规划〉的通知》	要求坚持扩大农业科技全球视野。紧密结合国家"一带一路"建设和农业"走出去"战略,以全球视野谋划和推动农业科技创新,主动布局和积极融入全球创新网络,优化塑造农业农村科技国际合作区域新格局,加快农业科技"走出去""引进来",全面提升在全球创新中的地位,实现由农业科技大国向强国转变
2018年1月2日	《中共中央 国务院关于实施乡村振兴战略的意见》	构建农业对外开放新格局。积极支持农业"走出去",培育具有国际竞争力的大粮商和农业企业集团。积极参与全球粮食安全治理和农业贸易规则制定,促进形成更加公平合理的农业国际贸易秩序

时间	名称	解读
2019年2月19日	《中共中央 国务院关于坚持农业农村优先发展做好"三农"工作的若干意见》	主动扩大国内紧缺农产品进口,拓展多元化进口渠道,培育一批跨国农业企业集团,提高农业对外合作水平。加大农产品反走私综合治理力度
2020年2月5日	《中共中央 国务院关于抓好"三农"领域重点工作确保如期实现全面小康的意见》	在受国际农产品市场影响加深背景下,如何统筹利用国际国内两个市场、两种资源,提升我国农业竞争力,赢得参与国际市场竞争的主动权,是必须应对的重大挑战

资料来源:作者搜集整理。

(二)效应评估

1. 优化产业结构

农业对外直接投资对我国产业结构的优化升级起到了正向促进作用,这种促进作用是通过正向影响我国产出结构和就业结构来正向传导(潘晔等,2019)。这是因为对外直接投资可以促进我国资本密集型产品出口比重增加,有利于我国国内产业结构升级和投资效率的提高。另外,对外直接投资可以通过第二、第三产业就业人数的调整来实现国内较高的就业水平和较优的就业结构。

2. 示范效应

示范效应一般发生在同一部门或产业内,跨国公司带来的新产品或技术已经在母国市场被消费者所检验,因此,类似的农业产品或技术在发展中东道国被接受的可能性较大,特别是这种示范效应更有利于实现较小幅度的创新。而模仿的成功程度也视农产品的技术复杂性而定,简单的农产品或技术比复杂的更容易模仿,对于农业方面的组织创新和管理经验等的模仿也符合这一原则。示范效应是农业新产品最典型的溢出机制,在完全有效的竞争作用下,通过模仿和改进现有技术可以实现"干中学"式的技术进步和创新。

二、能源开放的措施与效应

改革开放以来,我国的能源发展取得了举世瞩目的历史性成就。1978年,我国能源生产总量仅为 6.3 亿吨标准煤,2017 年则达到 35.9 亿吨标准煤,比 1978 年增长 4.7 倍,年平均增长 4.6%(国家统计局能源司,2018)。虽然能源产量大幅度提升,但由于经济总量的飞速上涨和人民生活水平的不断提升,我国能源生产的增长已远不及对能源需求的增长,很难完全靠自身解决能源供给。而且在今天,开放合作是全球经济不可逆转的大趋势,要解决我国目前的能源供给,在立足自身发展的同时,深化能源全球合作是必然选择。

(一) 政策措施和安排

面对国际能源发展新趋势和能源供需格局新变化,国务院及其他相关部门认真贯彻落实"能源革命"的战略部署,本章节主要列举了 2017—2019 年上半年国家能源局出台的关于能源开放的政策措施(见表 8-26)。

表 8-26 2017 年 1 月—2019 年 4 月关于能源开放的政策措施

时间	名称	解读
2017 年 1 月 17 日	《国务院关于扩大对外开放积极利用外资若干措施的通知》	进一步加快石油天然气领域对外合作,认真落实党中央、国务院有关要求,积极配合相关部门研究优化油气对外合作项目审批程序。同时推动非常规油气产业扩大对外开放,支持页岩气勘探开发企业与国外拥有先进页岩气技术的机构、企业开展技术合作或勘探开发区内的合作,引进页岩气勘探开发技术和生产经营管理经验
2019 年 4 月 25 日	《"一带一路"能源合作伙伴关系合作原则与务实行动》	合作原则:(1)开放包容;(2)互利共赢;(3)市场运作;(4)能源安全;(5)可持续发展;(6)社会责任。 务实行动:(1)"一带一路"能源部长会议;(2)人员培训与能力建设;(3)政府间政策交流与合作意向沟通;(4)搭建双、多边项目合作与技术交流平台;(5)联络其他国际组织

资料来源:作者搜集整理。

（二）效应评估

能源对外依存度上升，进口品种得到优化，这主要得益于我国积极开展能源国际合作。2017 年，我国能源对外依存度由 1997 年的 1.5% 提高到 19.4%（国家统计局能源司，2018）。分品种看，原煤由 2009 年的 3.4% 提高到 6.8%，原油由 1996 年的 1.4% 提高到 69.1%，天然气由 2007 年的 2.0% 提高到 38.2%。此外，2017 年与 2012 年相比，我国能源进口总量年平均增长 7.3%。其中，原煤年均下降 1.2%，原油年平均增长 9.1%，天然气年平均增长 18.4%。

三、技术开放与知识产权保护的措施与效应

随着经济开放程度的加强和全球化水平的提高，技术要素也逐步被纳入开放经济体系中。此外，自 1994 年 WTO 签署《与贸易有关的知识产权协议》（TRIPS 协议）以及 WIPO、WTO 等组织的建立以来，知识产权作为一种重要的制度安排逐渐引起了国际上的广泛关注，知识产权保护在国际贸易中的地位也日益凸显。

（一）政策措施和安排

当前，中国经济结构已进入重要转型期，随着我国坚定不移推进新一轮的改革开放，国内竞争与国际竞争齐头并进，如何在激烈的竞争环境中促进创新是中国面临的一大问题。鉴于此，中国高度重视技术开放与知识产权保护。近几年，国务院、科学技术部、知识产权局等相关部门颁布一系列政策措施的主要考量就是实施创新驱动战略，加快建设创新型国家（见表 8-27 和表 8-28）。

表 8-27　2017 年 4 月—2018 年 6 月关于技术开放的政策措施

时间	名称	解读
2017 年 4 月 24 日	《"十三五"国家技术创新工程规划》	制定规划推动外商投资创新平台,明确提出"鼓励外资研发机构在我国建立拥有核心技术的全球创新型研发中心和创新基地,参与国家创新体系建设"
2017 年 6 月 22 日	《国家重点研发计划管理暂行办法》	重点研发计划整合了原有的"973"计划、"863"计划、国家科技支撑计划、国际科技合作与交流专项,国家发展改革委、工业和信息化部管理的产业技术研究与开发资金,有关部门管理的公益性行业科研专项等,针对事关国计民生的农业、能源资源、生态环境、健康等领域中需要长期演进的重大社会公益性研究,以及事关产业核心竞争力、整体自主创新能力和国家安全的战略性、基础性、前瞻性重大科学问题、重大共性关键技术和产品、重大国际科技合作
2017 年 9 月 26 日	《国务院关于印发国家技术转移体系建设方案的通知》	提出加强国内外技术转移机构对接,创新合作机制,形成技术双向转移通道。鼓励企业开展国际技术转移。引导企业建立国际化技术经营公司、海外研发中心,与国外技术转移机构、产业孵化机构、创业投资机构开展合作。开展多种形式的国际技术转移活动,与技术转移国际组织建立常态化交流机制,围绕特点产业领域为企业技术转移搭建展示交流平台
2018 年 5 月 28 日	《关于技术市场发展的若干意见》	强调发展壮大技术市场人才队伍,联合国内外知名技术转移机构,推动成立技术经理人、技术经纪人行业组织,加强对从业人员的管理和服务,吸引社会资本设立相关奖项

资料来源:作者根据中华人民共和国商务部:《2018 中国外商投资报告》整理。

表 8-28　2016 年 11 月—2019 年关于知识产权保护的政策措施

时间	名称	解读
2016 年 11 月 29 日	《国家知识产权局关于印发〈关于严格专利保护的若干意见〉的通知》	意见有几大亮点:一是体现专利大保护理念;二是积极履行事中事后监管职责;三是加大打击专利侵权假冒力度;四是提高专利执法办案效率;五是有效推进调查取证工作;六是加强授权确权维权协调;七是拓宽专利保护公益服务渠道;八是共建专利保护社会治理机制

续表

时间	名称	解读
2016 年 12 月 30 日	《"十三五"国家知识产权保护和运用规划》	规划提出了七个方面的重点工作,其中两项涉及知识产权保护。一是完善知识产权法律制度,加快知识产权法律法规建设,健全知识产权相关法律制度;二是提升知识产权保护水平,发挥知识产权司法保护作用,强化知识产权刑事保护,加强知识产权行政执法体系建设,强化进出口贸易知识产权保护,强化传统优势领域知识产权保护,加强新领域新业态知识产权保护,加强民生领域知识产权保护
2017 年 6 月 27 日	《专利优先审查管理办法》	办法内容主要有:(1)扩展优先审查的适用范围;(2)完善优先审查的适用条件;(3)简化优先审查的办理手续;(4)优化优先审查的处理程序
2017 年 9 月 18 日	《十二部门印发〈外商投资企业知识产权保护行动方案〉》	在全国范围内集中打击侵犯外商投资企业知识产权违法犯罪行为,这是近年来中国政府首次专门针对外商投资企业知识产权保护问题开展的专项行动。方案提出 11 项工作任务,明确相关部门职责分工,要求严厉打击侵犯商业秘密、专利权、植物新品种权、恶意抢注商标和"傍名牌",以及互联网领域侵权盗版等违反犯罪行为,强化进出口和寄递等重点环节监管,重点查办一批情节严重、影响恶劣的侵权假冒犯罪案件,有效保护权利人利益
2018 年 4 月 19 日	《关于印发〈2018 年全国专利事业发展战略推进计划〉的通知》	计划主要分为 9 项工作任务:一是深化知识产权领域改革;二是完善知识产权法规政策;三是强化知识产权创造质量;四是强化知识产权运用效益;五是强化知识产权保护水平;六是强化知识产权服务能力;七是专利助力区域协同发展;八是专利引领产业升级;九是专利推动对外开放
2019 年 11 月 24 日	《中共中央办公厅国务院办公厅印发〈关于强化知识产权保护的意见〉》	积极开展海外巡讲活动,举办圆桌会,与相关国家和组织加强知识产权保护合作交流。探索在重要国际展会设立专题展区,开展中国知识产权保护成就海外巡展。充分发挥知识产权制度对促进共建"一带一路"的重要作用,支持共建国家加强能力建设,推动其共享专利、植物新品种审查结果。充分利用各类多双边对话合作机制,加强知识产权保护交流合作与磋商谈判。综合利用各类国际交流合作平台,积极宣传我国知识产权保护发展成就

资料来源:作者搜集整理。

（二）效应评估

1.技术溢出效应

通过吸引外资的方式来引进技术是改革开放后技术引进的显著特征,外商投资企业在我国高技术产业中,无论是企业数、从业人员数、R&D 经费内部支出,还是新产品开发的经费支出和销售收入、专利申请数,都占据着重要地位(见表8-29)。外商投资企业的研发活动会对技术引进和技术创新产生积极的推动作用。外商投资企业通过设备和技术进口、直接在华设立研发中心、人员培训等方式创造了技术溢出效应,对我国技术产业的发展带来显著的正向影响。

表8-29　2013—2016 年外商投资高技术产业经营情况

统计项目	年份			
	2013	2014	2015	2016
企业数(个)	4646	4479	4309	3997
从业人员年平均人数(人)	3971712	3772463	3339477	2984984
主营业务收入(亿元)	42855.6	42407.1	38946.5	38896.1
利润总额(亿元)	2069.3	2109.3	1956.7	2187.5
R&D 人员折合全时当量(人年)	116260	108139	92417	91917
R&D 经费内部支出(万元)	3517391	3528319	3533911	3509217
新产品开发经费支出(万元)	4488169	4664762	4271899	4635928
新产品销售收入(万元)	121378698	114338658	99492422	101958315
专利申请数(件)	23839	24094	19303	17933

资料来源:国家统计局社会科技和文化产业统计司编:《2017 中国高技术产业统计年鉴》,中国统计出版社 2017 年版。

2.人员流动效应

外资的进入不仅会给东道国带来技术溢出效应,也会带来人员流动效应。技术溢出的重要基础是外商投资企业对本地雇员的培训,而技术溢出的重要途径是人才在外商投资企业和内资企业之间的流动。在中国市场竞争加剧的背景下,外商投资企业会愈发重视研发活动在技术创新中的作用,2013 —

2018年,外商投资企业中有R&D活动的企业数、研发机构数和研发机构人员数量基本都是逐年上升的(见表8-30),这在客观上培养了更多的技术人才。同时私营企业中有R&D活动的企业数、R&D人员、研发机构数和研发机构人员数量也是呈现逐年增加的态势,而国有企业的情况却与之相反。通过内资企业(包括国有企业和私营企业)和外商投资企业之间的人才流动,可以逐步形成具备较高能力的技术人才,再通过人才流动,为内资企业引入新工艺和新技术,促进内资企业技术水平和经营管理水平的提升。

表8-30　2013—2018年规模以上工业企业R&D活动人员情况

年份	企业类型	有R&D活动的企业数(个)	R&D人员(人)	研发机构数(个)	研发机构人员(人)
2013	国有企业	660	120504	730	74332
	港澳台投资企业	5115	352698	4627	252441
	外商投资企业	6153	459052	5741	345436
	私营企业	26036	742847	23892	575188
2014	国有企业	581	120884	651	69427
	港澳台投资企业	5428	372545	4787	259254
	外商投资企业	6552	465689	6202	345257
	私营企业	31354	871486	27605	626664
2015	国有企业	579	118095	681	60268
	港澳台投资企业	5857	374799	5203	298922
	外商投资企业	6871	432978	6252	347984
	私营企业	37113	939896	30497	691664
2016	国有企业	490	105659	572	58759
	港澳台投资企业	6730	395713	6377	349513
	外商投资企业	7709	432762	6864	372607
	私营企业	44485	1071149	35494	785629

续表

年份	企业类型	有 R&D 活动的企业数（个）	R&D人员（人）	研发机构数（个）	研发机构人员（人）
2017	国有企业	419	92915	513	50872
	港澳台投资企业	7581	427185	7479	424107
	外商投资企业	7966	422535	6987	376408
	私营企业	53668	1188072	39998	905175
2018	国有企业	227	34677	270	25987
	港澳台投资企业	6831	435717	6567	380490
	外商投资企业	7516	459971	6607	363409
	私营企业	60914	1419748	45102	1018721

资料来源：根据国家统计局等编历年《中国科技统计年鉴》数据整理。

（3）对创新型领军企业产生正向溢出效应。我国知识产权保护水平提高会促进我国企业的创新（魏浩等，2018），但是，针对不同类型的企业，进口规模机制、进口产品种类机制及进口产品质量机制三种机制都具有显著性，即知识产权保护水平提高，会通过影响企业的进口行为进而促进企业的创新。

四、其他领域开放的措施与效应

（一）制造业开放的措施与效应

商务部数据显示，2018 年上半年全国新设立外商投资企业 29591 家，同比增长 96.6%，实际使用外资 4462.9 亿元人民币，同比增长 1.1%。值得关注的是，制造业实际使用外资 1348.3 亿元人民币，同比增长 4.9%，占比达到 30.2%。高技术制造业实际使用外资 433.7 亿元人民币，同比增长 25.3%，其中电子及通信设备制造业、计算机及办公设备制造业、医疗仪器设备及仪器仪表制造业，同比分别增长 36.0%、31.7% 和 179.6%。制造业一直是外商投资的重点领域，并且多集中在高端环节，虽然会给国内制造业带来替代性影响，但更多的是带来互补性机会,从而促进中国制造业产业优化升级。

1.政策措施和安排

在新一代信息通信技术快速发展的背景下,高端制造和智能制造领域成为政府部门在制定政策措施时重点关注的对象(见表8-31)。

表8-31　2016—2019年关于制造业开放的政策措施

时间	名称	解读
2016年12月	《智能制造发展规划（2016—2020年)》	要在智能制造标准制定、知识产权等领域广泛开展国际交流与合作,不断拓展合作领域;支持国内外企业及行业组织间开展智能制造技术交流与合作,做到引资、引技、引智相结合;鼓励跨国公司、国外机构等在华设立智能制造研发机构、人才培训中心,建设智能制造示范工厂;鼓励国内企业参与国际并购、参股国外先进的研发制造企业
2017年1月17日	《国务院印发〈关于扩大对外开放积极利用外资若干措施的通知〉》	鼓励外商投资高端制造、智能制造、绿色制造等制造领域,以及工业设计和创意、工程咨询、现代物流、检验检测认证等生产性服务业,改造提升传统产业
2018年6月15日	《积极有效利用外资推动经济高质量发展若干措施的通知》	取消或放宽汽车、船舶、飞机等领域的外资准入限制;积极落实外商投资研发中心支持政策,研究调整优化认定标准,鼓励外商投资企业加大在华研发力度;进一步落实高新技术企业政策,鼓励外资投向高新技术领域
2019年6月30日	《外商投资准入特别管理措施(负面清单)（2019年版)》	取消禁止外商投资宣纸、墨锭生产的规定
2019年6月30日	《鼓励外商投资产业目录（2019年版)》	在装备制造业方面,新增或修改工业机器人、新能源汽车、智能汽车关键零部件等条目

资料来源:作者搜集整理。

2.效应评估

外资准入对制造业产品质量提升的效应,并非来自传统认为的"以市场换技术"的市场准入效应,而是依然来自优惠政策吸引。为了实现"高质量发展",有选择采取优惠鼓励政策仍然是吸引高新技术投资,提升产品质量的重要政策工具。自贸区战略实施中,除了在关税壁垒等方面消除贸易壁垒外,不仅需要在投资准入以及自由化方面坚定不移地推动改革,同时仍然需要在某些方面实施"超民国待遇"的吸引政策,以便快速实现在微观企业层面技术与质量提升,应当加大消除存在阻碍企业创新、要素流动的制度性障碍,有效发挥对企业在产品创新、产品转换方面的激励作用,坚定不移地支持高技术产品研发(韩超等,2018)。

(二)通信行业开放的措施与效应

随着互联网、物联网、云计算、大数据等技术加快发展,信息通信业内涵不断丰富,从传统电信业务、互联网服务延伸到物联网服务等新业态。自加入WTO以来,中国积极履行WTO承诺,向外资开放了固定通信、移动通信、数据通信等主要的基础电信业务。以中国电信、中国移动、中国联通、中兴、华为等为主体的全球知名的信息通信企业,已经成为中国通信行业对外投资的主力军。同时在吸引外资方面,通信行业也是外商投资企业关注的重点领域。2017年,信息传输、软件和信息技术服务业位列"一带一路"沿线国家对华投资行业规模的前5位,其中新设立企业数159家,实际使用外资金额8.3万美元。

1.政策措施和安排

通信行业对外开放的快速发展与国家的政策息息相关,随着一系列政策的出台、机制的调整,中国正积极稳妥推进通信行业服务的对外开放(见表8-32)。

表8-32　2016—2019年关于通信行业开放的政策措施

时间	名称	解读
2016年6月30日	《关于港澳服务提供者在内地开展电信业务有关问题的通告》	明确了港澳服务提供者在内地经营增值电信业务的范围股比限制以及申报流程等,为港澳资本进入中国电信市场提供便利

续表

时间	名称	解读
2017 年 3 月 30 日	《关于印发〈云计算发展三年行动计划（2017—2019 年）〉的通知》	支持云计算企业"走出去"拓展国际市场。鼓励企业充分吸收利用包括开源技术在内的国际化资源，支持企业加大在国际云计算产业、标准、开源组织中的参与力度
2017 年 11 月 27 日	《国务院关于深化"互联网+先进制造业"发展工业互联网的指导意见》	指导意见确定的主要任务是，打造网络、平台、安全三大体系，推进大型企业集成创新和中小企业应用普及两类应用，构筑产业、生态、国际化三大支撑 7 项任务（简称"工业互联网发展 323 行动"）。重点突出以下几项工作：（1）网络基础方面；（2）平台体系方面；（3）安全保障方面；（4）融合应用方面
2018 年 6 月 28 日	《外商投资准入特别管理措施（负面清单）（2019 年版）》	取消禁止外商投资互联网上网服务营业场所的规定
2019 年 6 月 30 日	《外商投资准入特别管理措施（负面清单）（2019 年版）》	取消国内多方通信、存储转发、呼叫中心 3 项业务对外资的限制
2019 年 6 月 30 日	《鼓励外商投资产业目录（2019 年版）》	在电子产业方面，新增 5G 核心元组件、集成电路用刻蚀机、芯片封装设备、云计算设备等条目

资料来源：作者搜集整理。

2. 效应评估

信息驱动效应。一国（地区）的信息化水平无论是在宏观经济社会发展方面，还是在企业的微观生产经营绩效方面都有着十分重要的影响（Tarute 等，2014）。从宏观层面上看，较高的信息化水平对一国（地区）的经济发展、提升国际竞争力、吸引外资以及整体效率等方面产生积极的促进作用；从微观层面上看，较高的信息化水平能够降低企业信息化要素价格，提高企业生产率和增加企业经营利润等，且为企业带来的益处要大于广告和研发活动导致的企业绩效提升（刘军，2016）。

第九章 对外开放新高地的建设

第一节 改革开放新高地的建设与发展

对外开放新高地建设主要依托国家区域发展战略的建设。党的十八大以来,党中央站在实现"两个一百年"奋斗目标、实现中华民族伟大复兴中国梦的历史高度,相继提出了"一带一路"倡议、京津冀协同发展和长江经济带的三大区域建设战略。党的十九大之后,又相继增加了粤港澳大湾区和长江三角洲区域一体化战略。至此,我国区域发展的"三大战略"在空间布局上进一步优化为"五大战略",承担着统筹东中西、协调南北方、发挥先行示范和辐射带动的功能。"五大战略"中,"一带一路"倡议连接国内和国际区域合作,有单独的章节讨论,本章的对外开放新高地建设主要聚焦京津冀协同发展、长江经济带、粤港澳大湾区以及长江三角洲区域一体化四大区域发展战略。

国家区域发展"五大战略"与原先的东部率先、西部开发、中部崛起和东北振兴四大板块协同发展。"五大战略+四大板块"的区域发展战略体系中,"五大战略"是引领和支撑,聚焦国际和国内区域发展与合作,增强发展的内外联动性;"四大板块"是基础,对区域协调发展进行总体部署和统筹安排;"五大战略"和"四大板块"相结合激发区域发展的活力,推动形成新的区域增长点和轴线。

一、京津冀协同发展（雄安新区）

习近平主席于 2014 年 2 月在北京主持召开座谈会,全面阐述了京津冀协同发展的推进思路和重点任务,强调实现京津冀协同发展是优化社会生产力空间结构、优化国家发展区域布局、打造新的经济增长极、形成经济发展新方式的需要。2015 年 4 月,中共中央政治局会议审议通过《京津冀协同发展规划纲要》,明确了推动京津冀协同发展是一个重大国家战略,核心是有序疏解北京非首都功能,要在京津冀交通一体化、生态环境保护、产业升级转移等重点领域率先取得突破。

京津冀协同发展的核心是有序疏解北京非首都功能,降低北京人口密度,实现城市发展与资源环境相适应。通过疏解北京非首都功能,调整经济结构和空间结构,走出一条内涵集约发展的新路,促进区域协调发展,形成新的区域增长极。党的十九大报告明确要求推动京津冀协同发展,高起点规划、高标准建设雄安新区。

建设雄安新区,是以习近平同志为核心的党中央作出的一项重大决策部署,具有重大现实意义,是国家新时代的重大战略部署。它是继深圳经济特区、上海浦东新区之后的具有全国意义的新区。改革开放四十多年来,党中央通过建设深圳经济特区和上海浦东新区,全方位推动了珠三角和长三角地区的社会经济发展。建设雄安新区,将会在改革开放全方位体制机制创新和国家政策支撑下,打造出新时代中国创新驱动的新区,成为全国改革开放及创新驱动发展的新高地。

京津冀协同发展的重点任务包括:一是推动北京非首都功能疏解。在制定完成相关实施方案和政策意见基础上,逐步推动形成协同发展的内生动力机制。二是推动河北雄安新区规划建设。围绕打造北京非首都功能集中承载地,做深做细雄安新区总体规划。三是推动北京城市副中心规划建设。按照统一标准、统一规划、统一管控和统一政策的要求,做好通州区与"北三县"的规划建设管理工作。四是推动以交通一体化为重点的基础设施建设。加快推进骨干线路和重要站点建设,打造轨道上的京津冀。五是推动以打赢蓝天保卫战为重点的生态环境保护。进一步完善联防联控机制,着力抓好清洁能源供应、化解过剩产能和优化交通运输结构。

二、长江经济带

长江经济带由 20 世纪 80 年代长江产业密集带的概念发展而来,最初只提出以长江流域若干超级城市或特大城市为中心,通过其辐射和吸引作用连接大中小型城市和广大农村组成的经济区。2016 年 9 月,中央印发《长江经济带发展规划纲要》,旨在以长江黄金水道为依托,发挥上海、武汉、重庆的核心作用,带动长江流域及周边地区高速和高质量的发展。该纲要确立了长江经济带"一轴、两翼、三极、多点"的发展新格局。"一轴"是以长江黄金水道为依托,发挥上海、武汉、重庆的核心作用;"两翼"分别指沪瑞和沪蓉南北两大运输通道;"三极"指的是长江三角洲、长江中游和成渝三个城市群;"多点"是指发挥三大城市群以外地级城市的支撑作用。

推动长江经济带发展,有利于走出一条绿色发展和生态优先之路;有利于挖掘中上游蕴含的巨大内需潜力,促进经济增长空间从沿海向沿江内陆拓展,形成上中下游优势互补的协作互动格局,缩小东中西部发展差距;有利于打破市场壁垒和行政分割,推动资源高效配置、要素有序且自由的流动、市场统一融合,促进区域经济协同发展;有利于优化沿江城镇化和产业结构布局,培育国际经济合作竞争新优势,建设陆海双向对外开放的新走廊,促进经济提质增效。

三、粤港澳大湾区

推进粤港澳大湾区建设,是习近平主席亲自谋划、亲自部署、亲自推动的国家战略,是新时代推动形成全面开放新格局的新举措,也是推动"一国两制"发展的新实践。推进建设粤港澳大湾区,有利于深化内地和港澳交流合作,对港澳参与国家发展战略,提升竞争力,保持长期繁荣稳定具有重要意义。

2017 年 7 月,习近平主席出席了《深化粤港澳合作　推进大湾区建设框架协议》签署仪式。2019 年 2 月,中共中央、国务院印发了《粤港澳大湾区发展规划纲要》,明确粤港澳大湾区要建成充满活力的国际科技创新中心、内地与港澳深度合作示范区、"一带一路"建设的重要支撑以及世界级城市群。大湾区以香港、澳门、广州、深圳四大中心城市作为区域发展的核心引擎,未来将与美国纽约湾区、旧金山湾区、日本东京湾区并称世界四大湾区。

按照《粤港澳大湾区发展规划纲要》,到 2022 年,粤港澳大湾区综合实力将显著增强,粤港澳合作更加深入广泛,区域内生发展动力进一步提升,发展创新能力突出、活力充沛、产业结构优化、生态环境优美、要素流动顺畅的国际一流湾区和世界级城市群。到 2035 年,大湾区形成以创新为主要支撑的发展模式和经济体系,科技实力、经济实力大幅跃升,国际竞争力、影响力进一步增强;区域发展协调性显著增强,对周边地区的引领带动能力进一步提升;大湾区内各类资源要素高效便捷流动,市场高水平互联互通基本实现;社会文明程度达到新高度,文化软实力显著增强,多元文化进一步交流融合;生态环境得到有效保护,资源节约利用水平显著提高,宜居宜业宜游的国际一流湾区全面建成。

四、长江三角洲区域一体化

2010 年 5 月,国务院正式批准实施长三角区域规划。2018 年 11 月,习近平主席在首届中国国际进口博览会上宣布,支持长江三角洲区域一体化发展并上升为国家战略,着力落实新发展理念,构建现代化经济体系,推进更高起点的深化改革和更高层次的对外开放,同"一带一路"建设、京津冀协同发展、长江经济带发展、粤港澳大湾区建设相互配合,完善中国改革开放空间布局。

2019 年 12 月,中共中央、国务院印发实施了《长江三角洲区域一体化发展规划纲要》,指出长三角地区要准确把握"一极三区一高地"的战略定位。"一极"是全国发展强劲增长极,要求长三角提高创新能力,激发市场主体活力,提升参与全球资源配置和竞争能力,在促进我国经济提质增效升级中发挥"主引擎"和"稳定器"的作用,增强对全国经济发展的带动力和影响力。"三区"是区域一体化发展示范区、率先基本实现现代化引领区以及全国高质量发展样板区,这是新时代服务中国特色社会主义建设大局、建成社会主义现代化强国而赋予长三角的战略重任。所以,长三角在建设现代化经济体系、促进区域一体化发展、推动高质量发展方面当好排头兵,为全国其他地区树立标杆和作出榜样。"一高地"是新时代改革开放新高地,是推进更高层次的对外开放和更高起点的深化改革对长三角提出的新任务与新使命。长三角要进一步加快各类改革试点举措集中落实,以更高水平和更大力度推进全方位开放,加快构建改革开放再出发的新格局。

第二节 开放新高地在构建全面开放新格局中的作用

一、区域发展战略推动构建全面开放新格局

党的十九大报告明确提出实施区域协调发展战略,强调"优化区域开放布局,加大西部开放力度"。这要求区域协调发展重视区域开放,各地区更加积极主动地扩大对外开放,提升区域开放型经济水平;也即区域发展战略离不开对外开放,并将推动全面开放新格局的建设。

（一）区域发展战略的实施带动形成全面开放新格局

"十三五"规划纲要提出以区域发展总体战略为基础,以"一带一路"建设、京津冀协同发展、长江经济带发展为引领,形成沿海沿江沿线经济带为主

的纵向横向经济轴线,塑造要素有序自由流动、主体功能约束有效、基本公共服务均等、资源环境可承载的区域协调发展新格局。区域发展战略的实施有利于带动形成全面开放新格局,一方面区域的加快协调发展将推动区域开放型经济发展,进而形成区域开放新格局;另一方面区域协调发展战略有利于推动开放经济向整体区域扩展,进而形成全方位的开放格局。

（二）区域发展战略的实施增强全面开放新格局的联动效应

全面开放新格局的建设需要内外联动,一是通过自由贸易试验区、自由贸易港以及沿海和沿边的开放区建设不断探索扩大对外开放的发展;二是通过京津冀协同发展、长江经济带、粤港澳大湾区、长三角一体化等一系列重大区域发展战略推动形成新的经济增长极,带动区域经济的开放;三是"一带一路"建设将区域发展和对外开放连接起来,拉动区域协调发展的同时也扩大了国际合作以及对外开放。

（三）区域发展战略是全面深化改革开放的依托

推动形成陆海内外联动、东西双向互济的开放新格局,需要推动区域协调对外开放,需要通过打造若干对外开放的增长极和增长带,带动各个重点区域形成开放格局,再连成整体形成东西双向互济的全面开放新格局。故而,从全面深化改革开放和构建全面开放新格局的角度出发,需要区域发展战略作为依托和抓手,在推动区域协调发展的同时,深化对外开放。

（四）区域发展战略需要提升开放型经济水平,在开放中培育区域发展新动力

京津冀协同发展、长江经济带发展、粤港澳大湾区建设以及长江三角洲区域一体化建设是促进区域协调发展的重大战略部署,有效发挥国家重大区域发展战略的辐射带动和服务支持作用。推动对内区域发展战略与对外"一带

一路"区域发展战略的对接和融合,有利于推动扩大开放和促进区域协调发展的互动,在开放中培育区域发展新动力。

二、改革开放新高地推动全面开放新格局建设

(一) 京津冀协同发展

京津冀包括北京、天津、河北三省市。北京作为首都,政治地位突出,人才资源密集,科技创新领先,国际交往密切,文化底蕴深厚。天津拥有北方最大的综合性港口,制造业基础雄厚,研发转化能力较强。河北自然资源丰富,经济体量较大,产业基础较好,劳动力相对充裕,具有广阔的发展空间。京津冀地缘相接,历史渊源深厚,为实现协同发展、优势互补提供了良好条件。

京津冀协同发展需要建设开放型经济体制,构建全面开放新格局;天津自由贸易试验区致力于建设京津冀协同开放示范区,先后推出并实施了《天津自贸试验区服务京津冀协同发展的八项措施》《天津自贸试验区服务京津冀协同发展工作方案》等。在构建京津冀国际贸易大通道方面,天津自由贸易试验区率先实施京津冀区域通关一体化改革,探索口岸通关和物流综合优化改革,在服务京津冀高质量开放型经济发展方面,设立了规模100亿元的京津冀产业结构调整引导基金,实现了国际保理、物流金融、医疗健康、数字经济和离岸租赁等创新业务,促进新模式和新经济的发展。京津冀协同开放经济的建设和发展推动了全面开放新格局。

(二) 长江经济带

长江经济带发展需要着力构建东西双向、海陆统筹的对外开放新格局,立足上中下游地区对外开放的不同优势和基础,因地制宜提升开放型经济发展水平。具体措施包括:一是加快内陆开放型经济高地建设。推动区域互动合作和产业集聚发展,打造重庆西部开发开放重要支撑和成都、武汉、长沙、南

昌、合肥等内陆开放型经济高地。二是将云南建设成为面向南亚和东南亚的辐射中心。三是发挥上海及长江三角洲地区的引领作用。因此,长江经济带的发展将推动全面开放新格局的建设。

(三)粤港澳大湾区

粤港澳大湾区建设,将进一步密切内地与港澳交流合作,为港澳经济社会发展以及港澳同胞到内地发展提供更多机会,保持港澳长期繁荣稳定;有利于贯彻落实新发展理念,深入推进供给侧结构性改革,加快培育发展新动能、实现创新驱动发展,为我国经济创新力和竞争力不断增强提供支撑;有利于进一步深化改革、扩大开放,建立与国际接轨的开放型经济新体制,建设高水平参与国际经济合作新平台;有利于推进区域双向开放,构筑丝绸之路经济带和21世纪海上丝绸之路对接的重要支撑区。故而,粤港澳大湾区建设将成为构建全面开放新格局的桥梁和前沿。

(四)长江三角洲区域一体化

长江三角洲区域一直是我国改革开放的前沿,在对外开放格局和全国经济发展大局中具有重要的战略作用。长江三角洲区域一体化发展有利于推进区域一体化实现高质量发展,再促进更深层次一体化,引领发展更高层次的开放型经济。推动长三角区域一体化发展毫无疑问将成为构筑全面开放新格局的前沿阵地。

第三节　以创新引领开放新高地的建设

一、以科技创新打造世界创新新高地

以高质量的科技供给集聚匡内外创新资源和创新要素,带动经济结构变

革,形成辐射带动全国乃至全球经济发展的引擎和战略高地,是区域发展战略和开放新高地建设的必要条件和高质量发展的共识。

京津冀协同发展的科技创新要在构筑高质量科技产业联动链条、打造高质量协同创新引擎和重塑高质量协同发展的创新生态上发力。河北缺少国家级标志性创新平台,雄安新区的设立完善了京津冀协同发展的顶层设计,为河北创新提升、京津冀高质量创新融合提供了新引擎。同时,京津冀创新融合不足,区域内科技成果转化和产业化薄弱,需要提升河北科技创新水平,弥合三地创新发展的梯度差;强化完善京津冀区域内的科技研发和成果转化,实现产业链和创新链的融合;探索建立京津冀科技成果转移转化共同体,提升三地共同利用创新资源和科技成果发展新兴产业的能力。另外,建设富有活力的创新生态系统是区域高质量创新发展的基础。应推动创新要素共同体市场,促进创新资源高效配置和自由流动;建设一体联动式创新平台支撑体系,构筑京津冀协同创新的核心支撑;以及构建创新政策落实保障体系。

长江经济带的创新发展将加快创新驱动促进产业转型升级,构建长江经济带现代产业走廊,实现提质增效和绿色发展。2016 年 3 月,国家发展和改革委员会、科技部、工业和信息化部联合发布了《长江经济带创新驱动产业转型升级方案》,提出的重点任务包括:壮大现代服务业,重点发展高技术服务业和科技服务业,优先发展生产性服务业,大力发展生活性服务业;优化产业布局,推动产业协同发展,培育世界级产业集群;促进农业现代化,推进农村一二三产业融合发展,加快农村信息化建设,完善现代农业服务体系;打造工业新优势,大力发展战略性新兴产业,加快改造提升传统产业,积极夯实信息化发展基础;增强创新能力,完善区域创新体系,推动产业技术创新平台建设,加快科技创新成果转移转化,激发社会创新创业活力。

粤港澳大湾区的战略定位之一是建设具有全球影响力的国际科技创新中心,瞄准世界科技和产业发展前沿,加强创新平台建设,大力发展新技术、新产业、新业态、新模式,加快形成以创新为主要动力和支撑的经济体系;扎实推进全面创新改革试验,充分发挥粤港澳科技研发与产业创新优势,破除影响创新要素自由流动的瓶颈和制约,进一步激发创新主体活力,建成全球科技创新高地。2019 年 2 月,中共中央、国务院印发实施了《粤港澳大湾区发展规划纲要》,指出要建设粤港澳大湾区科技创新走廊,将加强科技创新合作,推进"广州—深圳—香港—澳门"科技创新走廊建设,探索有利于人才、资本、信息、技术等创新要素跨境流动和区域融通的政策举措,共建粤港澳大湾区大数据中心和国际化创新平台。

长江三角洲区域一体化建设中"长三角科技创新圈"建设正在讨论中,提出了"一圈一核三极多点"的创新发展新格局。"一圈"即依托沪宁合、合杭高速铁路,G42、G50、G60 高速公路,长江中下游航道,区间航空航线等立体交通体系,通过沿线城市创新要素交流融合、紧密合作形成的互利共赢、共同发展的创新创业生态圈;"一核"即发挥上海科技创新中心和综合性科学中心的龙头核心作用;"三极"即进一步强化南京、杭州、合肥三个区域双创中心城市的辐射联动;"多点"即推动创新圈向更多城市以更加开放的姿态、更加包容的理念全方位开展创新合作,聚力打造世界有影响力的综合性科创中心城市群和全国区域协同创新和发展示范区。

二、以制度创新营造一流的营商环境

区域发展战略中,体制和机制的制度创新是关键,以营造一流的营商环境。在规划布局、市场一体化、基础设施等方面,应共同制定和执行区域发展规划,形成统一开放、功能齐全、竞争有序、繁荣活跃的市场体系,实现基础设施互联互通、共建共享,最大限度地提高基础设施的利用率和规模经济效益,为区域协同发展提供坚实的制度保障。

近年来,中国整体营商环境不断改善。世界银行发布的《2020 年营商环境报告》,中国连续两年跻身全球营商环境改善最大的经济体,总排名位于全球第 31 位,仅次于日本,列东亚太平洋地区第 7 位。营商环境的改善一方面得益于中国经济和市场机制的不断完善,更重要的是得益于政策层面不断积极地推动。近年来,国家在逐步深化改革和扩大对外开放的大政方针下,围绕市场主体需求,出台了一系列的政策文件和法律法规,陆续推出了富有成效的改革措施促进国内营商环境的持续改善。

无论从国家整体还是区域发展来看,营商环境的改善都是一个循序渐进的系统工程。展望未来,应通过法律法规、制度保证,多层次有效地深化改革和扩大开放,推进营商环境持续改善。一是进一步扩大对外开放领域,放宽市场准入,在更多领域允许外资控股或独资经营,大力缩减市场准入负面清单,改善外商投资的营商环境。二是促进投资便利化,加快"证照分离"改革,抓好工程建设审批制度改革,协同推进"放管服"改革和更大规模减税降费,形成优化营商环境合力。三是平等保护外商投资合法权益,保障平等市场准入,促进各类市场主体公平竞争。加强同国际经贸规则对接,增强透明度。通过一系列措施,深化市场机制体制改革,扩大开放水平,进一步提升市场化、法治化、国际化水平。四是加强对市场主体的保护,提升政务服务能力和水平,使得市场主体经营更加便利,维护公平竞争的市场环境。

三、以金融创新助推全球高端产业集聚

京津冀协同发展聚焦高水平开放,在建设金融创新先行区、数字商务示范区,推进生命科学和生物技术创新发展等方面提出多项改革创新举措,推动雄安新区建设对外开放新平台和对外合作新高地。扩大金融领域对外开放,支持商业银行设立金融资产投资子公司,开展合格境外有限合伙人(QFLP)和合格境内投资企业(QDIE)业务试点等。深化外汇管理体制改革,放宽跨国公司外汇资金集中运营管理准入条件,探索研究融资租赁公司和商业保理公司进入银行间外汇市场等。推动跨境人民币业务创新,探索开展境内人民币贸易融资资产跨境转让等。

长江经济带应推动中部地区的金融合作,包括金融信息共享以及地方金

融监管方面的合作,既要积极稳妥地开展区域金融改革创新,又要密切关注区域性的金融风险苗头和传导。银行可以组建银团,通过经营性、营利性项目引入社会资金以解决大型项目建设中的资金缺口;同时,可以借助互联网金融等新兴金融业态创新打破金融服务的时间和地域限制。

粤港澳大湾区的金融科技创新发展具备良好的基础,并且在不断发展。香港从事金融科技的初创企业有 200 余个,监管机构也在力推金融科技发展,并将陆续推出可以随时随地将港元或人民币转账至不同银行或储值支付工具的快速支付系统,以及分布式分类账技术支撑的高效率低风险的"全球贸易连接网络"。深圳的移动支付、智能投资顾问、数字货币、区块链等金融科技产业正在协助业界开拓新的发展模式,不断提升区内金融机构及工商业的营运效率。广东拥有比较完备的产业体系和诸多制造业企业,为金融科技在实体经济领域的应用提供了丰富的机遇。

长江三角洲区域一体化的金融创新也在不断推进中,2018 年 11 月汇添富基金在上海证券交易所、中证指数公司的支持下,开发设计了"长三角一体化"主题 ETF,跟踪"中证长三角一体化发展主题指数(代码:931141)"。该指数由该产品以金融创新为突破点,实现资本跨区域投资。未来产品将成为长三角区域改革发展成果的风向标,并成为市场各方参与长三角区域一体化投资的重要标的。

四、以治理创新创造高标准服务保障体系

区域发展战略的治理创新重点是创新公共服务供给方式,通过多种途径来满足多元化的公共服务需求,创造高标准的服务保障体系。利用合同、委托等方式向社会组织与企业购买某些领域的公共服务,在公共文化、医疗等民生服务领域产生新突破。创新政府监管方式和促进监管转型,比如创新监管金融与企业的方式,尤其是要强调金融企业对实体经济和转变经济发展方式的作用关系,改变传统的监管手段,并及时把监管结果公开。创新政府统计与决

策方式,应对大数据时代挑战,不断完善统计制度与决策方式,通过与掌握各类大数据信息的优势企业合作,实现合作治理。

第四节 开放新高地未来的建设思路及方向

一、开放新高地建设面临的挑战

京津冀协同发展面临生态环境严峻、商业文化基础薄弱、区域发展落差较大、区域竞争日益激烈等挑战。另外,京津冀产业结构不易形成产业互动,北京处于现代服务业和科技等产业链顶端,天津经济处于从传统制造业向金融创新和电子传媒等新兴战略产业过渡的产业链中端,河北的优势产业主要是传统产业。可见,京津冀产业的相互依赖性和上下游关联较少,互补性不强。

长江经济带为国家的经济发展作出了重大贡献,但也面临着诸多发展的挑战,包括区域合作机制尚不健全、产业转型升级任重道远、区域发展不平衡、长江水道存在瓶颈制约、生态环境形势严峻等问题。

粤港澳大湾区发展面临的挑战主要是一个国家、两种制度、三个法域和关税区,流通三种货币的矛盾。"一国、两制、三关税"是粤港澳大湾区面临的主要挑战。另外,大湾区内部发展差距较大,协同性和包容性有待加强,资源错配和同质化竞争问题较为突出。

长江三角洲区域一体化发展面临的挑战主要是区域内经济增长和经济发展水平差距较大,利益诉求不同,协调和统一的难度较大。包括:市场准入、监管规则等难以对接,要素流通不畅,难以形成统一的市场;科技创新协同机制有待加强;各地优势产业重合度较高;推进一体化的体制机制尚待完善等。

二、加快建设开放新高地的思路

开放新高地的建设通常需要的条件有:第一,拥有与国际市场相融合的全球化大产业,并且形成产业链配套发展的产业体系。第二,拥有联通全球的交通枢纽(航运、航空、铁路),并且在国内外经济中发挥枢纽作用。第三,拥有较大的城市群体系,连接产品供给和消费,并且有发展的比较优势及较强的腹地优势。第四,具有国际竞争力的政策体系,在法律法规和财政政策方面形成与国际接轨的营商环境。第五,聚集具有全球视野和领导能力的人才,并且在知识储备和管理能力上与国际接轨(黄奇帆,2018)。对照这些条件,京津冀协同发展、长江经济带、粤港澳大湾区以及长江三角洲区域一体化已经具备开放新高地建设的初步条件,进一步围绕五个方面发展和推进,是新高地建设的可行思路。

三、推进新高地建设的对接

2018年11月,中共中央、国务院印发实施了《关于建立更加有效的区域协调发展新机制的意见》,提出要推动国家重大区域发展战略的融合发展,要求"一带一路"倡议、京津冀协同发展、长江经济带发展以及粤港澳大湾区建设应引领促进区域相互融通互补。可以通过多个方面促进对接,包括促进国家级开发区、自由贸易试验区、综合保税区等平台加强对接,做好资源整合与平台对接;加强重点项目的落实和辐射作用,为战略对接提供抓手;通过政策衔接,强化制度保障,促进政策对接;加强顶层设计和规划体系协调,做好规划对接。

第十章　"一带一路"建设

"一带一路"建设是在我国构建全方位开放新格局,深度融入世界经济体系背景下提出的重大倡议。旨在促进与周边国家经济要素有序自由流动、资源高效配置和市场深度融合,推动沿线各国实现经济产业政策互相协调,开展更大范围、更高水平、更深层次的区域经济合作,共同打造开放、包容、均衡、普惠的区域经济合作架构,维护全球自由贸易体系和开放型世界经济。

第一节　"一带一路"倡议

一、倡议的提出和建设历程

2013 年 9 月,习近平主席在对哈萨克斯坦进行国事访问期间,于纳扎尔巴耶夫大学发表演讲,首次提出"丝绸之路经济带"的区域经济合作概念,他强调"为了使我们欧亚各国经济联系更加紧密、相互合作更加深入、发展空间更加广阔,我们可以用创新的合作模式,共同建设'丝绸之路经济带'。……以点带面,从线到片,逐步形成区域大合作"。2013 年 10 月,习近平主席在印度尼西亚国会发表演讲时,又进一步提出"中国愿同东盟国家加强海上合作,使用好中国政府设立的中国—东盟海上合作基金,发展好海洋合作伙伴关系,共同建设 21 世纪'海上丝绸之路'"。由此形成了"一带一路"倡议。

"一带一路"倡议发端于中国,贯通中亚、东南亚、南亚、西亚乃至欧洲部分区域,东牵亚太经济圈,西系欧洲经济圈,是世界上跨度最长的经济大走廊。"一带一路"建设规划分为"丝绸之路经济带"和"21 世纪海上丝绸之路"两个方向,其中,"丝绸之路经济带"是在陆地上,它主要有三个走向,从中国出发,一是经中亚、俄罗斯到达欧洲;二是经中亚、西亚至波斯湾、地中海;三是从中国到东南亚、南亚、印度洋。"21 世纪海上丝绸之路"的重点方向有两条,一是从中国沿海港口过南海到印度洋,延伸至欧洲;二是从中国沿海港口过南海到南太平洋。

"一带一路"陆上依托国际大通道,以沿线中心城市为支撑,以重点经贸产业园区为合作平台,共同打造新亚欧大陆桥、中蒙俄、中国—中亚—西亚、中国—中南半岛等多条国际经济合作走廊。海上以重要口岸为节点,协作建设通畅安全高效的国际运输大通道。中巴、孟中印缅两个经济走廊与推进"一带一路"建设关联紧密,将进一步为促进合作,增强经济交流,取得重要进展发挥作用。

目前,积极响应"一带一路"倡议的国家和国际组织已有 200 多个,其中 140 多个国家和国际组织与我国签署合作协议。我国与部分国家还进一步签署了共建"一带一路"合作备忘录,与一些毗邻国家签署了地区合作和边境合作的备忘录以及经贸合作中长期发展规划,并着手研究编制与一些毗邻国家的地区合作规划纲要。此外,中国政府还成立了建设"一带一路"领导小组,相关部门也建立了规划和工作机制,形成一套强有力的支撑保障体系。

为向"一带一路"倡议提供资金支持,2014 年 10 月 24 日,亚洲 21 个首批意向创始成员国财长和授权代表在北京签约,共同决定成立亚洲基础设施投资银行(简称"亚投行")。这 20 个国家包括:孟加拉国、文莱、柬埔寨、印度、哈萨克斯坦、科威特、老挝、马来西亚、蒙古国、缅甸、尼泊尔、阿曼、巴基斯坦、菲律宾、卡塔尔、新加坡、斯里兰卡、泰国、乌兹别克斯坦和越南。亚投行于

2015 年 12 月 25 日正式成立,总部设在北京,意向创始成员国确定为 57 个,其中域内国家 37 个、域外国家 20 个。涵盖了除美国、日本和加拿大之外的主要西方国家,以及亚欧区域的大部分国家,成员遍及五大洲。其他具有加入亚投行意向的国家和地区今后仍可以作为普通成员加入,目前亚投行已有成员 87 个。截至 2017 年 12 月,亚投行已展开 24 个投资项目,项目贷款总额 42 亿美元,主要涉及能源、交通、城市基础设施等重大项目。此外,作为资金战略支撑的还有"丝路基金"。2014 年 11 月,习近平主席在 APEC 峰会上宣布,中国将出资 400 亿美元成立丝路基金,作为专门的营运资金用于服务"一带一路"。2017 年 5 月,习近平主席在"一带一路"国际合作高峰论坛上宣布中国将新增对丝路基金的投资 1000 亿元人民币,大力支持金融机构积极开展人民币海外基金业务,总体规模预计约 3000 亿元人民币。中国国家开发银行、进出口银行将分别提供 2500 亿元和 1300 亿元等值人民币专项贷款,用于支持"一带一路"基础设施建设、产能、金融合作项目。截至 2018 年 8 月,丝路基金已签约投资项目 25 个,承诺投资金额超过 82 亿美元和 26 亿元人民币,实际出资金额合计超过 68 亿美元,投资项目涉及基础设施、能源资源、产能合作、金融合作等众多领域。

二、主要的政策措施

2015 年 3 月 28 日,国家发展改革委、外交部、商务部联合发布了《推动共建丝绸之路经济带和 21 世纪海上丝绸之路的愿景与行动》,明确"一带一路"建设的合作重点包括五大支柱——政策沟通、设施联通、贸易畅通、资金融通和民心相通。其中,政策沟通是"一带一路"建设的重要保障,设施联通是"一带一路"建设的优先领域,贸易畅通是"一带一路"建设的重点内容,资金融通是"一带一路"建设的重要支撑,民心相通是"一带一路"建设的社会根基。

从合作机制来看,"一带一路"建设主要包括加强双边合作,实现多维度、多样化沟通协商机制,推动双边关系全面发展;强化多边合作机制作用,发挥上海合作组织(SCO)、中国—东盟("10+1")、亚太经合组织(APEC)、亚欧会议(ASEM)、亚洲合作对话(ACD)、亚信会议(CICA)、中阿合作论坛、中国—海合会战略对话、大湄公河次区域(GMS)经济合作、中亚区域经济合作(CAREC)等现有多边和区域合作机制协同作用,促进多边国家的沟通,吸引更多国家和地区积极参与"一带一路"建设;继续发挥沿线各国区域、次区域相关国际论坛、展会以及博鳌亚洲论坛、中国—东盟博览会、中国—亚欧博览会、欧亚经济论坛、中国国际投资贸易洽谈会,以及中国—南亚博览会、中国—阿拉伯博览会、中国西部国际博览会、中国—俄罗斯博览会、前海合作论坛等平台的建设性作用。文件指出,"一带一路"的互联互通项目将推动对接和协调发展战略,发掘地区市场的潜力,带动投资和消费,刺激需求和就业,增进沿线各国人民的文化交流,让各国人民互信互敬,共同步入和谐富足的新生活。

《推动共建丝绸之路经济带和21世纪海上丝绸之路的愿景与行动》发布后,国家发展改革委会同外交部、商务部等部门指导、支持和配合地方开展相关工作,统筹做好地方实施方案衔接。2015年11月,全国31个省区市和新疆生产建设兵团"一带一路"建设实施方案衔接工作已基本完成,正陆续出台。商务部统计数据显示,"一带一路"倡议提出以来,中国同沿线国家的贸易总额大幅上升,超过5万亿美元,对沿线国家投资累计超过700亿美元。我国企业在"一带一路"沿线国家创建境外经贸合作区82家,累计投资289亿美元,入区企业3995家,上缴东道国税费20.1亿美元,为当地创造就业岗位24.4万个。一批基础设施建设重大合作项目扎实推进,中国—中亚天然气管道D线、中俄东线天然气管道、中哈连云港物流合作基地、巴基斯坦瓜达尔港、匈塞铁路等项目进展顺利,中白工业园、中马钦州产业园和马中关丹产业园、中印尼综合产业园、中埃苏伊士经贸合作区等园区加快建设,其中埃及苏伊士经贸合作区在2017年5月已累计投资7.8亿美元,生产总值超过6亿美元。

"一带一路"倡议具有深远的战略意义。"一带一路"倡议与俄罗斯欧亚经济联盟建设、蒙古国草原之路战略、哈萨克斯坦"光明大道"计划、欧洲容克投资计划等的衔接,体现了和平合作、开放包容、互学互鉴、互利共赢的经济合作核心理念。中国商务部负责人指出,"一带一路"将构建新一轮对外开放的"一体两翼",在提升向东开放水平的同时加快向西开放步伐,推动内陆沿边地区由对外开放的边缘地位迈向开放前沿。"一带一路"建设能够实质性地促进沿线各国经济繁荣稳定发展与区域经济合作不断深入,推动人类文明互通互鉴,促进世界和平稳定发展,造福各国人民。

第二节 "一带一路"倡议的实施情况

2013年以来,共建"一带一路"倡议以政策沟通、设施联通、贸易畅通、资金融通和民心相通为主要内容扎实推进,取得明显成效,一批具有标志性的早期成果开始显现,参与各国得到了实实在在的好处,对共建"一带一路"的认同感和参与度不断增强。[①]

一、阶段性成果

(一) 政策沟通

政策沟通作为"一带一路"的重要保障,在携手共建行动中起到重要的先导作用。在与有关国家和国际组织充分沟通协调的基础上,目前中国同多个国家形成了共建"一带一路"的国际合作共识。

1. 共建"一带一路"倡议载入国际组织重要文件

共建"一带一路"倡议及其核心理念受到多个国家和国际组织广泛认同,已写入联合国、二十国集团、亚太经合组织以及其他区域组织等有关文件中。

---

① 推进"一带一路"建设工作领导小组办公室:《〈共建"一带一路"倡议:进展、贡献与展望〉报告》,新华网,2019年4月22日。

2015年7月,上海合作组织发表了《上海合作组织成员国元首乌法宣言》,支持"丝绸之路经济带"的建设。2016年9月,《二十国集团领导人杭州峰会公报》通过关于建立"全球基础设施互联互通联盟"倡议。2016年11月,联合国193个会员国协商一致,对共建"一带一路"表示欢迎,呼吁国际社会为"一带一路"建设提供安全保障环境,"一带一路"经济合作倡议顺利通过决议。2017年3月,联合国安理会一致通过了第2344号决议,呼吁国际社会通过"一带一路"建设加强区域经济合作,并首次载入"人类命运共同体"理念。2018年,中拉论坛第二届部长级会议、中国—阿拉伯国家合作论坛第八届部长级会议、中非合作论坛峰会先后召开,分别形成了中拉《关于"一带一路"倡议的特别声明》《中国和阿拉伯国家合作共建"一带一路"行动宣言》《关于构建更加紧密的中非命运共同体的北京宣言》等重要成果文件。

2. 签署共建"一带一路"政府间合作文件的国家和国际组织数量逐年增加

在共建"一带一路"框架下,各参与国和国际组织本着求同存异、互惠互利的原则,就经济发展规划和政策进行充分交流,协商制定经济合作发展规划和具体措施。截至2019年3月底,中国政府已与125个国家和29个国际组织签署173份合作文件。将"一带一路"辐射国家由亚欧延伸至非洲、拉美、南太等区域。

3. "一带一路"专业领域对接合作有序推进

在信息化技术飞速发展的背景下,数字丝绸之路建设已成为共建"一带一路"必不可少的组成部分,中国与埃及、老挝、沙特阿拉伯、塞尔维亚、泰国、土耳其、阿联酋等国家共同发起《"一带一路"数字经济国际合作倡议》,与16个国家签署合作文件,加强数字丝绸之路建设。中国发布《标准联通共建"一带一路"行动计划(2018—2020年)》,与49个国家和地区签署85份标准化合作协议。"一带一路"税收合作长效机制日趋成熟,中国组织召开"一带一路"税收合作会议,发布《阿斯塔纳"一带一路"税收合作倡议》,税收协定合作网络延伸至 111 个国家和地区。中国与 49 个沿线国家联合发布《关于进一步推进"一带一路"国家知识产权务实合作的联合声明》。中国组织召开"一带一路"法治合作国际论坛,发布《"一带一路"法治合作国际论坛共同主席声明》。中国组织召开"一带一路"能源部长会议,18 个国家联合宣布建立"一带一路"能源合作伙伴关系。中国发布《共同推进"一带一路"建设农业合作的愿景与行动》《"一带一路"建设海上合作设想》等。中国推动建立了国际商事法庭和"一站式"国际商事纠纷多元化解决机制。

(二) 设施联通

设施联通是共建"一带一路"的优先方向。在尊重相关国家主权和安全关切的基础上,由各国合作建设的以铁路、公路、航运、航空、管道、空间综合信息网络等运输方式为核心的全方位、多层次、复合型基础设施网络正在加快形成,地区间商品、资金、信息、技术等资源的贸易成本大幅降低,大大促进了资源要素优化配置和跨区域有序自由流动,实现了互惠协作、互赢互利的战略目标。

1. 国际经济合作走廊和通道建设取得明显进展

新亚欧大陆桥、中蒙俄、中国—中亚—西亚、中国—中南半岛、中巴和孟中印缅等六大国际经济合作走廊将亚洲经济圈与欧洲经济圈紧密联系在一起,增强了沿线各国互联互通经济合作伙伴关系,推动高效畅通的亚欧大市场建设进程。

(1)新亚欧大陆桥经济走廊。新亚欧大陆桥经济走廊区域合作在"一带一路"建设过程中日趋深入,将开放包容、互利共赢的合作伙伴关系提升到了一个崭新的水平,大大促进了亚欧两大经济体贸易交流。《中国—中东欧国家合作布达佩斯纲要》和《中国—中东欧国家合作索菲亚纲要》对外发布,中欧经济合作平台和欧洲投资计划的务实合作有序推进。匈塞铁路塞尔维亚境内贝旧段开工。中国西部—西欧国际公路(中国西部—哈萨克斯坦—俄罗斯—西欧)基本建成。

(2)中蒙俄经济走廊。在中蒙俄三国的积极推动下,以铁路、公路和边境口岸为主体的跨境基础设施联通网络已初步形成。2018年,三国签署《关于建立中蒙俄经济走廊联合推进机制的谅解备忘录》,推动三方合作机制建设完善。中俄同江—下列宁斯阔耶界河铁路桥中方侧工程已于2018年10月完工。黑河—布拉戈维申斯克界河公路桥建设进展顺利。中俄企业联合体基本完成莫喀高铁项目初步设计。三国签署并核准的《关于沿亚洲公路网国际道路运输政府间协定》正式生效。中蒙俄(二连浩特)跨境陆缆系统已建成。

(3)中国—中亚—西亚经济走廊。"一带一路"倡议提出以来,该走廊在跨区域能源合作、基础设施网络建设、经贸与产能合作等领域合作程度不断加深。中国与哈萨克斯坦、乌兹别克斯坦、土耳其等国的双边国际道路运输协定,以及中巴哈吉、中哈俄、中吉乌等多边国际道路运输协议或协定相继签署,中亚、西亚地区基础设施建设不断完善。中国—沙特投资合作论坛围绕共建"一带一路"倡议与沙特"2030愿景"进行产业对接,签署总价值超过280亿美元的合作协议。中国与伊朗优势互补,加强涵盖道路、基础设施、能源等领域的对接合作。

(4)中国—中南半岛经济走廊。'一带一路'倡议提出以来,该走廊在基础设施互联互通、跨境经济合作区建设等方面取得重大突破。昆(明)曼(谷)公路全线贯通,中老铁路、中泰铁路等项目落实推进。中老经济走廊开始启动合作建设,泰国"东部经济走廊"与"一带一路"倡议加快对接,中国与柬老缅越泰(CLMVT)经济合作稳步推进。中国—东盟("10+1")合作机制、澜湄合作机制、大湄公河次区域经济合作(GMS)发挥的积极作用日益显现。

(5)中巴经济走廊。中巴确定了以能源、交通基础设施、产业园区合作、瓜达尔港为重点的合作机制,组建了中巴经济走廊联合合作委员会,建立了定期会晤机制。瓜达尔港疏港公路、白沙瓦至卡拉奇高速公路(苏库尔至木尔坦段)、喀喇昆仑公路升级改造二期(哈维连—塔科特段)、拉合尔轨道交通橙线、卡西姆港 1320 兆瓦电站等重点项目开工建设并顺利推进,部分项目已发挥效益。中巴经济走廊开启了第三方合作,更多国家开始或表示出参与其中的意愿。

(6)孟中印缅经济走廊。"一带一路"倡议提出以来,孟中印缅四方在联合工作组框架下合力推进经济走廊建设,在机制和制度建设、基础设施互联互通、贸易和产业园区合作、国际金融开放合作、人文交流与民生合作等方面拟定了一批重点项目。中缅两国共同成立了中缅经济走廊联合委员会,签署了关于共建中缅经济走廊的谅解备忘录、木姐—曼德勒铁路项目可行性研究文件和皎漂经济特区深水港项目建设框架协议。

2. 基础设施互联互通水平大幅提升

"道路通,百业兴"。基础设施投入水平不足是发展中国家经济发展长期以来的瓶颈,加快基础设施联通建设是共建"一带一路"的重点领域和核心内容。

(1)铁路合作方面。中老铁路、中泰铁路、匈塞铁路、雅万高铁等重点合作项目取得重大进展,区际、洲际铁路网络建设不断完善。泛亚铁路东线、巴基斯坦 1 号铁路干线升级改造、中吉乌铁路等项目正积极推进前期研究,中国—尼泊尔跨境铁路已完成预可行性研究。中欧班列初步探索形成了多国协作的国际班列运行机制。中国、白俄罗斯、德国、哈萨克斯坦、蒙古国、波兰和俄罗斯 7 国铁路公司签署了《关于深化中欧班列合作协议》。截至 2018 年年底,中欧班列已经联通亚欧大陆 16 个国家的 108 个城市,累计开行 1.3 万列,运送货物超过 110 万标箱,中国开出的班列重箱率达 94%,抵达中国的班列重箱率达 71%。中国与沿线国家开展口岸通关协调合作、促进通关便利快捷,成功实现平均查验率和通关时间下降了 50%。

(2)公路合作方面。中蒙俄、中吉乌、中俄(大连—新西伯利亚)、中越国际道路直达运输试运行活动相继举办成功。2018 年 2 月,中吉乌国际道路运输实现常态化运行。中越北仑河公路二桥建成通车。中国正式加入《国际公路运输公约》(TIR 公约)。中国与沿线 15 个国家签署了包括《上海合作组织成员国政府间国际道路运输便利化协定》在内的 18 个双多边国际运输便利化协定。《大湄公河次区域便利货物及人员跨境运输协定》实施进展顺利。

(3)港口合作方面。巴基斯坦瓜达尔港开通集装箱定期班轮航线,完善起步区配套基础设施,30 多家企业被吸引入园。斯里兰卡汉班托塔港经济特区已完成前期工作,园区产业定位、概念规划等日益清晰。希腊比雷埃夫斯港建成重要中转枢纽,三期港口建设即将完工。阿联酋哈利法港二期集装箱码头已于 2018 年 12 月正式开港。中国与 47 个沿线国家签署了 38 个双边和区域海运协定。中国宁波航交所发布了"16+1"贸易指数和宁波港口指数,不断完善"海上丝绸之路航运经济指数"。

(4)航空运输方面。中国与 126 个国家和地区签署了双边政府间航空运输协定。与卢森堡、俄罗斯、亚美尼亚、印度尼西亚、柬埔寨、孟加拉国、以色列、蒙古国、马来西亚、埃及等国家扩大了航权安排。"一带一路"倡议提出以来,中国与沿线国家新增国际航线 1239 条,占新开通国际航线总量的 69.1%。

(5)能源设施建设方面。中国与沿线国家签署了一系列合作框架协议和谅解备忘录,在电力、油气、核电、新能源、煤炭等领域进行广泛合作,与相关国家共同维护油气管网安全运营,优化国家和地区之间的能源资源配置。中俄原油管道、中国—中亚天然气管道保持稳定运营。中俄天然气管道东线于 2019 年 12 月 2 日实现正式投产通气。中缅油气管道全线贯通。

(6)通信设施建设方面。中缅、中巴、中吉、中俄跨境光缆信息通道建设取得明显进展。中国与国际电信联盟签署《关于加强"一带一路"框架下电信和信息网络领域合作的意向书》。与吉尔吉斯斯坦、塔吉克斯坦、阿富汗签署丝路光缆合作协议,实质性启动了丝路光缆项目。

(三) 贸易畅通

贸易畅通是共建"一带一路"的重要内容。共建"一带一路"有利于沿线国家和地区贸易投资自由化、便利化,有效降低了交易成本和营商成本,释放了地区发展潜力,各国参与经济全球化的广度和深度得到提升,积极性不断提高。

1. 贸易与投资自由化、便利化水平不断提升

中国发起《推进"一带一路"贸易畅通合作倡议》,83 个国家和国际组织热烈响应和积极参与。海关不断深化查验检疫合作。2017 年 5 月首届"一带一路"国际合作高峰论坛以来,中国与沿线国家签署 100 多项合作文件,实现了 50 多种农产品食品检疫准入。中国积极推进和哈萨克斯坦、吉尔吉斯斯坦、塔吉克斯坦农产品快速通关"绿色通道"建设,农产品通关时间缩短了90%。外资在中国的投资准入领域进一步放宽,营造了高标准的国际营商环境,创建了 12 个面向全球开放的自由贸易试验区,并开启了自由贸易港探索历程,吸引沿线国家来华投资。中国平均关税水平大幅降低,从加入世界贸易组织时的 15.3% 降至目前的 7.5%。中国与东盟、新加坡、巴基斯坦、格鲁吉亚等多个国家和地区签署或升级了自由贸易协定,逐步形成与欧亚经济联盟签署经贸合作协定、与沿线国家构建自由贸易区的网络体系。

2. 贸易规模持续扩大

2013—2018 年,中国与沿线国家货物贸易进出口总额超过 6 万亿美元,年均增长率高于同期中国对外贸易增速,占中国货物贸易总额的比重达到27.4%。其中,2018 年,中国与沿线国家货物贸易进出口总额达到 1.3 万亿美元,同比增长 16.4%。中国与沿线国家服务贸易由小到大、稳步发展。2017年,中国与沿线国家服务贸易进出口额达 977.6 亿美元,同比增长 18.4%,占中国服务贸易总额的 14.1%,比 2016 年提高 1.6 个百分点。世界银行研究组分析了共建"一带一路"倡议对 71 个潜在参与国的贸易影响,发现共建"一带一路"倡议将使参与国之间的贸易往来增加 4.1%[①]。

---

① Suprabha Baniya, Nadia Rocha, Michele Ruta, "Trade Effects of the New Silk Road: A Gravity Analysis", *World Bank Policy Research Working Paper 8694*, 2019.

3.贸易方式创新进程加快

跨境电子商务等新型商务模式为贸易畅通注入强大动力。2018年,通过中国海关跨境电子商务管理平台零售进出口商品总额达203亿美元,同比增长50%,其中出口84.8亿美元,同比增长67.0%,进口118.7亿美元,同比增长39.8%。"丝路电商"合作模式蓬勃兴起,中国与17个国家建立双边电子商务合作机制,在金砖国家等多边机制下形成电子商务合作文件,加快了双边国家对企业对接和品牌培育的实质性步伐。

(四) 资金融通

资金融通是共建"一带一路"的重要支撑。国际多边金融机构以及各类商业银行不断摸索改进投融资模式,着力推动投融资渠道多样化进程,以稳定、透明、高质量的资金为共建"一带一路"提供支持。

1.探索新型国际投融资模式

"一带一路"沿线国家基础设施建设和产能合作具有巨大潜力,同时也存在亟待弥补的巨大融资缺口。各国主权基金和投资基金发挥日益重要的促进作用。近年来,阿联酋阿布扎比投资局、中国投资有限责任公司等主权财富基金加大了对沿线国家主要新兴经济体投资规模。丝路基金与欧洲投资基金共同投资的中欧共同投资基金于2018年7月开始实质性运作,投资规模5亿欧元,有力促进了共建"一带一路"倡议与欧洲投资计划相对接。

2.多边金融合作支撑作用显现

中国财政部与阿根廷、俄罗斯、印度尼西亚、英国、新加坡等27国财政部核准了《"一带一路"融资指导原则》。各国在这一指导原则下支持金融资源为相关国家和地区的实体经济发展服务,重点加大对基础设施互联互通、贸易投资、产能合作等领域的融资支持。中国人民银行与世界银行集团下属的国际金融公司、泛美开发银行、非洲开发银行和欧洲复兴开发银行等多边开发机构开展联合融资,截至2018年年底已累计投资100多个项目,覆盖70多个国家和地区。2017年11月,中国—中东欧银联体成立,成员包括中国、匈牙利、捷克、斯洛伐克、克罗地亚等14个国家的金融机构。2018年7月、9月,中国—阿拉伯国家银行联合体、中非金融合作银行联合体成立,建立了中国与阿拉伯国家之间、非洲国家之间的首个多边金融合作机制。

3.金融机构合作水平不断提升

政策性出口信用保险覆盖面广,在"一带一路"建设过程中对基础设施、基础产业的建设发挥了独特作用;商业银行积极发挥在多元化吸收存款、公司融资、金融产品、贸易代理、信托等方面的独特优势。截至2018年年底,中国出口信用保险公司累计对沿线国家的出口和投资提供超过6000亿美元的资金支持。中国银行、中国工商银行、中国农业银行、中国建设银行等中资银行与沿线国家建立了广泛的代理行关系。德国商业银行与中国工商银行签署合作谅解备忘录,成为首家加入"一带一路"银行合作常态化机制的德国银行。

4.金融市场体系建设日趋完善

在沿线国家不断强化长期稳定、合作互惠的金融合作关系背景下,各类面向"一带一路"的创新金融产品不断推出,大大拓宽了共建"一带一路"的融资渠道。中国不断提高银行间债券市场对外开放程度,截至2018年年底,熊猫债发行规模已达2000亿元人民币左右。中国进出口银行面向全球投资者发行20亿元人民币"债券通"绿色金融债券,金砖国家新开发银行发行首单30亿元人民币绿色金融债,为绿色丝绸之路建设提供资金支持。证券期货交易所之间的股权、业务和技术合作稳步推进。2015年,上海证券交易所、德意志交易所集团、中国金融期货交易所共同出资成立中欧国际交易所。上海证券交易所与哈萨克斯坦阿斯塔纳国际金融中心管理局签署合作协议,将共同投资建设阿斯塔纳国际交易所。

5.金融互联互通不断深化

"一带一路"建设以来,中国与沿线国家的金融贸易往来不断密切。目前已有11家中资银行在28个沿线国家设立了共计76家一级机构,来自22个沿线国家的 50 家银行在中国设立 7 家法人银行、19 家外国银行分行和 34 家代表处。除分支机构外,2 家中资证券公司还在新加坡、老挝设立合资公司。为促进资金高效流通,中国先后与 20 多个沿线国家建立了双边本币互换安排,与 7 个沿线国家建立了人民币清算安排,与 35 个沿线国家的金融监管当局签署了合作文件。这一系列的举措促进了金融行业互联互通深入开展,也使人民币国际支付、投资、交易、储备功能稳步提高,人民币跨境支付系统(CIPS)业务范围已覆盖近 40 个沿线国家和地区。中国—国际货币基金组织联合能力建设中心、"一带一路"财经发展研究中心挂牌成立。

(五) 民心相通

民心相通是共建"一带一路"的人文基础。享受和平、安宁、富足,过上更加美好生活,是各国人民的共同梦想。"一带一路"倡议提出以来,各国开展了形式多样、领域广泛的公共外交和文化交流,增进了相互理解和认同,为共建"一带一路"奠定了坚实的民意基础。

1. 文化交流形式多样

中国与沿线国家联合举办了形式丰富的文化活动,涵盖了电影、音乐、图书、文物等多个文化领域。"一带一路"倡议提出以来,先后成立的丝绸之路国际剧院、博物馆、图书馆和美术馆联盟,为文化交流互鉴提供了广阔平台。此外,与东盟、俄罗斯、中东欧、希腊、尼泊尔、埃及、南非等国家和地区共同举办的文化年活动也取得了丰硕的成果,海上丝绸之路国际艺术节、丝绸之路(敦煌)国际文化博览会、丝绸之路国际艺术节等一系列文化节会,"中非文化聚焦""丝绸之旅"等多个文化交流品牌,以及设立的 17 个中国文化中心,无一不体现着中外文化互通共荣的理念。文化遗产合作与交流方面,中国与多国签订了文化遗产合作文件,包括印度尼西亚、缅甸、新加坡、塞尔维亚、沙特阿拉伯等,2014 年,中国与哈萨克斯坦和吉尔吉斯斯坦提交的"丝绸之路:长安—天山廊道的路网"项目申遗成功。民间交流合作方面,于 2017 年 11 月正式成立的丝绸之路沿线民间组织合作网络,目前的成员数量已达310家,成为积极推动"一带一路"建设的重要平台。

2. 教育培训成果丰富

"丝绸之路"中国政府奖学金项目和中国香港、中国澳门特别行政区共建"一带一路"奖学金项目,为沿线国家来华留学生提供支持,2017年,沿线国家来华留学奖学金生占比达66%。此外,中国与24个沿线国家签署了高等教育学历学位互认协议,在54个沿线国家设立孔子学院、开办孔子课堂,孔子学院数量已达153个,孔子课堂达149个。中国科学院在沿线国家设立硕士、博士生奖学金和科技培训班,已培训5000人次。

3. 旅游合作逐步扩大

中国与多个国家共同举办旅游年,创立旅游合作机制,包括"万里茶道"国际旅游联盟、丝绸之路旅游市场推广联盟、海上丝绸之路旅游推广联盟等,同15个沿线国家签署了简化签证手续的协定或安排,同57个"一带一路"沿线国家缔结了互免签证协定。跨国旅游合作推动了出境旅游的繁荣,仅2018年,中国出境旅游达1.5亿人次,与此同时,沿线国家也成为中国主要客源市场,包括俄罗斯、蒙古国、缅甸、马来西亚、菲律宾、越南、新加坡等国。

4. 卫生健康合作不断深化

2017年首届"一带一路"国际合作高峰论坛在京召开,此后几年间,中国与阿富汗、蒙古国等国,世界卫生组织以及比尔及梅琳达·盖茨基金会等非政府组织签署了56个卫生健康合作协议,于"一带一路"暨"健康丝绸之路"高级别研讨会发布了《北京公报》。在疾病防控方面,中国积极与沿线各国展开合作,与澜沧江—湄公河国家共同防控登革热、流感、疟疾、结核病、艾滋病等,与西亚国家联合防控脊髓灰质炎等,与中亚国家合作防控鼠疫等人畜共患病。此外,中国先后派遣多支医疗队赴沿线国家提供医疗援助,在缅甸、老挝、柬埔寨、斯里兰卡等国的"光明行"活动,以及在瓦努阿图、汤加、斐济等国的"送医上岛"活动,无不体现了与沿线国家共享健康福祉的理念。

5. 救灾、援助与扶贫持续推进

自 2017 年首届"一带一路"国际合作高峰论坛召开以来,中国向沿线国家提供的紧急粮食救助达 20 亿元人民币,向南南合作援助基金提供的资金金额达 10 亿美元,开展了 100 个"幸福家园"、100 个"爱心助困"、100 个"康复助医"等援助项目,同 6 个沿线国家达成了 8 个援外文物合作项目,同 12 个沿线国家进行了 15 个联合考古项目。此外,中国向地震带国家提供地震监测仪器设备,同尼泊尔、柬埔寨等国家社会组织展开合作,致力于改善民众生活。

（六）产业合作

共建"一带一路"支持开展多元化投资,鼓励进行第三方市场合作,推动形成普惠发展、共享发展的产业链、供应链、服务链、价值链,为沿线国家加快发展提供新的动能。

1. 中国对沿线国家的直接投资平稳增长

五年间,中国对"一带一路"沿线国家直接投资达 900 多亿美元,对外承包工程营业额达 4000 多亿美元。2018 年,中国对沿线国家的非金融类直接投资达 156 亿美元,同比上涨 8.9%,占同期非金融类对外直接投资总额的 13%。2018 年,中国在沿线国家对外承包工程实现了 893 亿美元营业额,占同期对外承包工程总额的 53%。世界银行发布的研究表明,未来"一带一路"沿线国家的外商直接投资将上升 4.97%,就结构而言,预计来自非沿线国家的外商直接投资将上升 5.75%,来自沿线国家内部的外商直接投资将上升 4.36%,而来自经济合作与发展组织的外商直接投资将实现 4.63% 的增长。

2. 国际产能合作和第三方市场合作稳步推进

沿线国家的快速发展,为国际产能合作提供了广阔的空间。中国致力于推动"一带一路"沿线国家产业结构升级和产业发展层次提升,积极进行全方位、市场化的产能合作,同 40 多个国家签署了产能合作文件,包括巴西、埃及、埃塞俄比亚、哈萨克斯坦等;同多个区域组织展开合作对接、进行机制化产能合作,包括东盟、非盟以及拉美和加勒比国家共同体;与多个国家签署了第三方市场合作文件,包括葡萄牙、西班牙、意大利、法国、日本等国家。

3.合作园区蓬勃发展

中国企业赴沿线国家建设合作园区,秉承市场化与法治化原则,将中国改革开放以来工业园区、开发区的建设经验融入东道国经济发展,推动了沿线国家的财税收入增长,创造了新的就业渠道。中国与老挝建立了中老磨憨—磨丁经济合作区等跨境经济合作区,与哈萨克斯坦建立了中哈霍尔果斯国际边境合作中心。同时,也在稳步推进与其他国家的跨境经济合作区建设。

二、"一带一路"建设目前存在的主要风险

"一带一路"倡议项目具有大规模基础设施项目所共有的内在风险,由于许多参与该倡议的经济体在制度与经济基础方面较为薄弱,使得项目风险进一步上升。首先,从"一带一路"倡议的投资规模来看,财政风险是国家和投资者面临的最大风险之一,对债务负担沉重的国家而言尤为如此。因此,"一带一路"建设的相关融资条款必须明确、透明且易于理解,而且在符合国际标准的财政框架内制定。其次,基础设施项目的管理治理风险也很高,尤其是对于许多"一带一路"倡议的大型投资项目,其治理风险相对更高。因此,公开透明的公共采购,包括适当的审计和廉洁职能问责措施等是这些项目获得成功的基本条件。最后,"一带一路"倡议可能会对环境产生一定影响,污染、森林砍伐和环境退化可能与经济增长加快和贸易扩大等积极影响相伴而来。因此,各国政府必须从战略角度思考如何减轻潜在的负面影响,同时采纳能够促使基础设施更加绿色、对环境损害更少的举措。

(一) 东道国的财政风险

根据世界银行的数据显示[①],在除了中国外的"一带一路"沿线经济体中,

---

① 世界银行:《"一带一路"经济学:交通走廊的机遇与风险》,2019 年。

"一带一路"倡议的投资总额达到 5750 亿美元。这一总额不仅包括交通项目,也包括所有正在运营、正在建设或者规划中的项目。"一带一路"倡议的实施一方面将提升许多国家经济发展的潜力,但是"一带一路"倡议的项目巨额成本也加剧了某些受益国的债务负担,尤其是部分"一带一路"沿线经济体缺乏综合财政框架。

班迪拉和齐罗普洛斯(Bandiera 和 Tsiropoulos,2019)对"一带一路"倡议项目的相关债务分析显示,"一带一路"倡议部分项目的投资融资有可能加剧一些国家目前的债务脆弱性。在"一带一路"倡议启动前,一些有资格加入"一带一路"倡议的国家就已面临着债务水平持续升高的问题,很多国家过去平均的基本财政收支水平就已经和债务与国内生产总值比率所要求达到的稳定水平相距甚远。在一些国家中,"一带一路"投资对经济增长的影响不太可能足以防止公共债务进一步增加。估算显示,在 15 个接受"一带一路"倡议投资的低收入发展中经济体和 10 个新兴市场经济体中,稳定债务比率所要求的增长率高于"一带一路"倡议的投资在短期和中期带来的预期增长率。[1] 由于"一带一路"倡议的实施,预计近 1/3"一带一路"沿线经济体在中期会出现公共债务上升。在他们所分析的 43 个经济体中,预计 12 个经济体的债务脆弱性将因"一带一路"倡议的投资从投资中期开始逐渐提升。这 12 个经济体中,大多数经济体在"一带一路"倡议启动前就已呈现脆弱性。其中,在 5 个新兴经济体中,有 4 个被视为高负债国家,2018 年负债比率超过 50%,1 个是低债务脆弱性国家,预计到 2023 年公共债务和公共担保债务将上升至国内生产总值的 50% 以上。

"一带一路"倡议的投资也有可能增加部分沿线国家的财政风险。在"一

---

① 班迪拉和齐罗普洛斯(Bandiera 和 Tsropoulos,2019)使用两种不同的方法评估基础设施投资对增长的影响。第一种方法是基于德瓦达斯和彭宁(Devadas 和 Pennings,2018)的理论方法,应用常量弹性生产函数推导出"一带一路"倡议投资的边际生产率。第二种方法是基于卡尔德隆和瑟温(Calderon 和 Serven,2014)的方法,对公共基础设施投资对增长的影响进行了量化。

带一路"沿线经济体中,各国政府期望通过直接借贷或者发行债券担保(中央政府、政府机构、国有企业或地方实体债券)的方式为"一带一路"倡议投资提供融资服务。其中,很大一部分"一带一路"倡议的投资,特别是能源行业的投资将涉及私人融资。此外,对于可能出现的成本超支问题,这是大型基础设施项目频繁出现的问题,有可能会造成额外的债务负担压力。针对 10 亿美元以上投资的大型项目,也需要进行相应的风险管理。根据世界银行的数据,在已确定投资的投资项目中,36 个经济体有投资超过 10 亿美元的项目,其中约一半为能源和采矿项目,1/4 为交通和航运项目。这些项目出现成本大规模超支和严重拖延的可能性较大,有可能成为"一带一路"沿线经济体政府未来的巨额负债。

一些研究者也指出,中国约 1/3 的贷款可能是抵押贷款(布罗蒂甘和黄,2016)①。在抵押贷款中,借款国将特定的资产抵押或者出售给债权人作为还贷担保。基本抵押品可以采取多种形式,比如国有企业的资产、以出口市场为目的地的商品或者未来收入流等。某些类型的抵押贷款可能损害政府偿付或者重组债务的能力,诱发严重的宏观风险。在公共投资管理框架薄弱的国家中,短期资金可获性也有可能诱使借款国根据自身获得融资的能力,而不是根据政府总体发展战略对此类项目的优先顺序,对大规模基础设施项目进行投资。

(二) 管理治理风险

首先,各国政府要想从"一带一路"倡议项目中获益,公共采购就应当是公开、透明和有竞争性的。项目合同应当授予最适合实施项目的企业,与其所有制或者国籍无关。东道国的法律法规与作为"一带一路"项目融资主要提

---

① Brautigam, D., J. Hwang, "Eastern Promises: New Data on Chinese Loans in Africa, 2000 to 2014", *Working Paper 4*, *China-Africa Research Initiative*, *School of Advanced International Studies*, Johns Hopkins University.

供方的中国的法律法规,都对"一带一路"项目的评估具有重要意义,也与确定"一带一路"相关采购如何贴近良好的国际惯例相关。

根据世界银行的研究发现,"一带一路"沿线经济体的公共采购流程与其他非"一带一路"沿线国家的差别并不是很大。在公开招标、在线采购、信息索取、评估标准和促进竞争等方面,大多数"一带一路"沿线经济体的操作符合国际惯例。但是在采购流程的其他几个基本领域中,"一带一路"沿线经济体的差异很大,在外国企业参与、偏爱本国投标人、合同管理与修改以及投诉审理机制等方面的差异尤为明显。限制外国企业参与公共采购机会的做法在很多国家司空见惯。几乎在所有的"一带一路"沿线经济体中,外国企业都有资格根据招标要求提交投标书,但是在40%的"一带一路"沿线经济体中,采购合同的类型或者规模可能会受到限制。

"一带一路"沿线经济体偏爱国内企业而非外国企业的根本目标通常在于利用政府资源支持国内就业、投资和学习的意愿。给予当地投标者优惠待遇是一种常见的国内优惠方法,如规定在投标不超过外国最低投标特定百分比(通常为15%)的情况下将合同授予本国企业。将合同授予本国企业可能给企业实现规模经济效益创造了契机,从而产生效率收益。

其次,基础设施项目最为常见的治理风险之一是腐败,即滥用职权谋取私利。基础设施领域的腐败可能包括对预算编制、项目遴选和抽取租金等施加不当影响,从而获取运输许可证、建筑合同、租约或者特许权。采购与合同管理是最容易受到腐败侵蚀的两个流程。根据世界银行的清廉印象指数(CPI)评分表明,"一带一路"沿线经济体的腐败感知程度高于全球平均水平,并且在中低收入"一带一路"沿线经济体中最高。腐败感知程度与法治水平之间存在负相关关系,腐败感知程度较低的国家往往法治水平较高,这可能是因为调查和司法能力薄弱意味着发现的腐败案件数量较少,解决和起诉的案件数量可能更少。

（三） 直接和间接的环境风险

"一带一路"倡议构成各种环境风险。一些项目具有容易识别和可衡量的影响,比如能源项目的温室气体排放量。其他项目,比如交通基础设施,鉴于其地理影响范围广阔,会产生更加复杂的,而且可能更加广泛的环境风险。影响既包括基础设施与施工的直接影响,也包括企业响应新交通路线过程中产生的间接影响(洛索斯等,2018)①。

"一带一路"倡议的直接影响包括交通污染、地形与水文破坏以及以牺牲生物多样性为代价的生态环境改变。就交通污染而言,"一带一路"倡议会引起沿线交通流量增大,从而加剧空气和噪音污染。但是许多路线都有电气化铁路,往往又会减少空气污染和温室气体排放量以及噪音污染。在"更加绿色"的铁路取代先前的公路和民航的情况下,污染程度可能会减低。"一带一路"倡议的这一效果尤为明显,因为它倾向于沿用既有的交通路线,从而使绿色路线更有可能取代既有路线。

就地形和水文损害而言,许多路线经过地势陡峭的地方,而铁路,特别是高速铁路受限于平直的路径,不太容易绕过地形和水文上的障碍。相关风险包括山体滑坡、洪水、土壤侵蚀、河流泥沙淤积和水道中断。对"一带一路"沿线的部分地区而言,面临风险的人口数量众多,比如缅甸有 2500 万居民居住在两个拟议中公路项目的下坡,很容易受到泥沙淤积和引发洪水的影响(赫尔辛根等,2018)②。

公路和铁路分割和改变物种栖息地,阻止动物迁徙,从而也影响到生物多样性。这些障碍分裂了种群,降低了生命孕育中的基因多样性,对迁徙性和游

---

① Losos, E., A.Pfaff, L.Olander, S.Mason, S.Morgan, "Reducing Environmental Risks from Belt and Road Initiative Investments in Transportation Infrastructure", *Policy Research Working Paper 8718*, World Bank, Washington, DC., 2018.

② Helsingen, H., B.Milligan, M.Dailey, N.Bhagabati, *Greening China's Belt & Road Initiative in Myanmar*, Yangon, Myanmar: World Wildlife Fund, 2018.

牧性物种尤其如此。此外,公路线与铁路线会改变生物栖息地的边缘地带,从而对物种竞争与生存产生影响。公路和铁路沿线的风力、污染、光线、噪音的变化可能很微妙,但是可能会促使物种竞争更有利于"适应边缘地带"的物种;这些物种往往是非本地的、更具韧性的、繁殖力更强的物种,而地方特有的、脆弱性的物种则受到不利影响。

此外,"一带一路"倡议的最大影响可能不是基础设施与交通流量的直接影响,而是可达性的改善对企业和居民所在地及生产决策产生的间接影响。交通路线往往会提高所连接地点的吸引力,可能使"一带一路"沿线人口稠密度加大。然而,这会表现为多种形式,包括人口向新中心或者新出现的中心流动,或者向既有主要中心进一步集中。这些影响常常难以预测,不会随着互联互通的实现程度或者沿线互补性优势和劣势的平衡发生直接变化(杜兰顿和维纳布尔斯,2018)[①]。

第三节　"一带一路"建设与全面开放新格局

一、"一带一路"建设是构建全面开放新格局的重中之重

作为我国对外开放的重大战略举措,"一带一路"建设在推动形成全面开放新格局的过程中发挥着重要作用。[②] 首先,在对外投资与合作方面,"一带一路"建设使我国在全球价值链重建的背景下能更积极地达成开放型经济转型升级。虽然在全世界范围的价值链体系中,发达国家依然处于主导地位,我国大体上还停留在科学技术水平和增加值有待发展的阶段。但是通过数年的积累,我国不仅已经在电力、通信、基础设施、装备制造等多个行业崭露头角,

---

① Duranton, G., A. J. Venables, "Flace - based Policies for Development", *Policy Research Working Paper WPS 8410*, World Bank, Washington, DC., 2018.

② 李远芳:《以"一带一路"建设为重点形成全面开放新格局》,《经济日报》2017 年 12 月 22 日。

还展现出厚积薄发的产能、技术硬实力和经验软实力。而今,随着发展中国家不断推进本国的开放程度,欧美发达国家不得不持续调整产业政策,这导致全球价值链正在面临着重建。通过"一带一路"建设的不断推进,中国企业可以更深入地在国际上开展与沿线国家和地区的产能合作,更好地运用全球资源来加强企业的核心竞争力,进而提高企业在价值链中的国际地位。

其次,在区域发展方面,当前"一带一路"建设的推进为我国的区域协调发展提供了重大的历史契机,使我国目前经济较为发达的沿海地区与经济发展较慢的中西部地区取得了更为协调的发展,推进了"一带一路"区域的经济增长。改革开放以来,中国对外开放的经济发展模式从沿海起步,取得巨大的成就后,慢慢开始由东南向西北渐次推进。我国内陆和沿边地区开放发展策略均取得了不少成就,但中西部的发展和经济现状仍是我国对外开放的洼地。

当前,我国"一带一路"的建设不仅使得中国与"一带一路"沿线国家彼此联通相互发展,也为我国的区域协调发展作出了巨大的贡献,为我国的中西部与东南沿边地区的对外开放提供了联通发展的基本物质条件与政策方针。例如,在亚欧已常态化运行的中欧列车,将亚欧大陆的国家与我国的 32 个城市彼此连接,不仅能够直达欧洲 12 个国家,还联通了我国中西部的重要节点城市和区域经济中心,如重庆、郑州、西安、兰州、成都、武汉等均在这一联通网络中,极大地促进了区域的经济发展和文化交流。

与此同时,我国对外开放条件相匹配的各种对外开放政策也不断出台落实。例如,2017 年设立在中西部区域的五个自贸试验区、跨境经济合作区,与边境经济合作区等一道将对促进中西部对外开放与区域经济发展起到显著作用,在国家经济发展的版图上形成陆海内外联动、东西双向互济的中国特色的社会主义发展的开放格局。在未来,我国将随着"一带一路"发展建设的推进,使中西部地区的经济逐步从长期以来的发展缓慢走向新时代的开放前沿,开放型经济发展空间在中西部将会更加广阔。

最后,在与发展中国家的经贸开放协助方面,"一带一路"沿线国家的建设发展为我国扩展同发展中国家的经贸往来与文化合作,构建更加开放的多元化的全球伙伴关系,推动经济全球化背景下的贸易往来能够向更为普惠平衡、公正共赢的方向发展,为经济制度提供了强有力的保障。第三次工业革命后,现代经济增长的根本动力在于劳动生产率的提高,提高当前劳动生产率的重要因素是来源于设备的改进和专业化分工的协作,而专业化分工则取决于边际成本递减模式下的市场规模和市场容量。改革开放以来,我国经济之所以快速发展正是因为抓住了经济全球化的历史机遇,自身积极对外开放对内发展,快速融入到国际市场的大环境中,积极参与国际分工协作,使得自身的特色社会主义经济实力不断得到发展提升。这一改革开放发展的过程中,经济发达的国家一直是我国主要的经贸合作伙伴。在共商共建共享原则和方针的指导下,"一带一路"的实施将更有利于我国与沿线国家实现经济贸易共同发展与繁荣,推动经济全球化向更为普惠平衡、公正共赢的方向发展。

二、共商共建共享原则与全面开放新格局

"一带一路"倡议着眼于构建人类命运共同体,坚持共商共建共享原则,为推动全球治理体系变革和经济全球化作出了中国贡献。

(一)共商:从中国倡议到全球共识

"共商",强调平等参与、充分协商,在平等自愿的基础上充分对话沟通,目的在于找到认识的相通点、参与合作的交汇点和共同发展的着力点。

1.打造共商国际化平台与载体

2017年首届"一带一路"国际合作高峰论坛在京召开,共有29国元首出席、140多个国家和80多个国际组织1600多名代表参会。2019年,第二届"一带一路"国际合作高峰论坛如期举行,就交流与合作达成了广泛共识,取得了丰硕成果。可以说,"一带一路"国际合作高峰论坛业已成为沿线国家和

国际组织深化交往、增进互信的重要平台。2018 年首届中国国际进口博览会召开,4500 多名政商学研各界嘉宾在虹桥国际经济论坛上发出"虹桥声音",中国以更加开放的姿态面向世界,中国—亚欧博览会、中国—东盟博览会、中国—南亚博览会、中国—东北亚博览会、中国西部国际博览会、中国—阿拉伯国家博览会等大型展会、丝绸之路博览会暨中国东西部合作与投资贸易洽谈会,均为中国与沿线各国实现共商合作提供了重要平台。

2. 强化多边机制在共商中的作用

"一带一路"建设体现了和平与发展的时代主题,旨在在平等协商、开放包容的基础上,推进沿线国家的互利合作。中国充分利用现有的多边合作机制,包括亚太经合组织、上海合作组织、二十国集团、亚洲合作对话、亚欧会议、中亚区域经济合作、中非合作论坛、中国—东盟("10+1")合作机制、中国—中东欧"16+1"合作机制、世界经济论坛、博鳌亚洲论坛等,遵循相互尊重、相互信任的原则,同"一带一路"沿线各国进行实质性对接与合作。

3. 建立"二轨"对话机制

"二轨"对话渠道,通过政党、议会、民间、地方、工商界、媒体、智库、高校等沟通机制,为共建"一带一路"倡议提供了丰富多样的交流通道。中国通过召开政党高层对话会议,组建"一带一路"智库合作联盟、高校智库联盟,与沿线国家高校联合创办合作发展学院、培训中心、"一带一路"研究中心,同沿线国家共同设立"一带一路"研究机构、举办研讨会和论坛,与海外媒体合作采访、联合拍摄,畅通"二轨"对话机制。

(二) 共建:共同打造和谐家园

共建就是各方都是平等的参与者、建设者和贡献者,也是责任和风险的共同担当者。

1. 打造共建合作的融资平台

2016 年中国发起成立的亚洲基础设施投资银行,截至 2018 年年底,从 57

个创始成员国发展到 93 个成员国,在国际多边开发体系中承担着重要角色,批准成立的项目惠及印度尼西亚、巴基斯坦、塔吉克斯坦、阿曼、阿塞拜疆、埃及、土耳其等 13 个国家,累计批准贷款 75 亿美元。2014 年,中国成立丝路基金,出资 400 亿美元,2017 年,在此基础上增资 100 亿元人民币。2018 年年底,丝路基金投资总金额达 110 亿美元,实际出资金额约 77 亿美元。2017 年,中国与联合国欧洲经济委员会签署了合作谅解备忘录,旨在进一步推进 PPP 工作机制在"一带一路"建设项目中的应用。

2.积极开展第三方市场合作

共建"一带一路"合作框架,秉持着开放包容、务实有效的理念,通过推动第三方市场合作,实现中国企业和沿线国家企业的优势互补和互利共赢。2018 年,第一届中日第三方市场合作论坛和中法第三方市场合作指导委员会第二次会议在京成功举办。

(三) 共享:让所有参与方获得实实在在的好处

共享就是兼顾合作方利益和关切,寻求利益契合点和合作最大公约数,使合作成果福及双方、惠泽各方。共建"一带一路"不是"你输我赢"或"你赢我输"的零和博弈,而是双赢、多赢、共赢。

1.将发展成果惠及沿线国家

中国迅速增长的进口需求,不仅促进了国际贸易的繁荣,而且推动了对华出口的沿线国家的经济增长。2018 年,中国货物贸易进口数额达 14.1 万亿元人民币,对外直接投资数额达 1298.3 亿美元,其中,中国对"一带一路"沿线国家的直接投资占比实现逐年上升的趋势。中国在共建"一带一路"的合作框架下,通过加强基础设施建设力度,与沿线发展中国家,亚洲、非洲、拉丁美洲等,共享世界经济发展红利和发展成果。世界银行的研究结果显示,共建"一带一路"预计将使"发展中的东亚及太平洋国家"国内生产总值实现 2.6%—3.9%的增长。

2.改善沿线国家民生

共建"一带一路"合作框架下,中国积极为沿线国家的农业、教育、卫生、环保、减贫脱困等提供援助。中国为缅甸等东南亚沿线国家提供技术援助,共同应对干旱灾害、洪涝灾害,推进湄公河应急补水项目,在疾病防控和公共卫生管理领域,中国与沿线国家对相关人员进行联合培养,服务近3万名病患,为5200多名白内障患者提供了免费复明手术,中国中医药团队制定的快速清除疟疾方案在柬埔寨、多哥、科摩罗、普林西比、圣多美和巴布亚新几内亚等国家得以实行,中国同世界卫生组织签署的关于"一带一路"卫生领域合作的谅解备忘录,以及中国东盟公共卫生人才培养百人计划、中非公共卫生合作计划,推动了沿线各国的公共卫生管理体系的建设和完善。

3.促进科技创新成果向沿线国家转移

中国与"一带一路"沿线国家签订的科技合作协定达46个,分别与南亚、东盟、中亚、阿拉伯国家和中东欧建立了区域技术转移平台,同南亚和东盟分别达成了科技伙伴计划,并发起成立了"一带一路"国际科学组织联盟。与此同时,鼓励沿线国家青年科学家来华交流,输出科技人员和管理人员的科学培训机制,推进多层次的科技人才流动与交流合作。2018年,来华从事短期科研工作的沿线国家青年科学家共计500人次。此外,中国将北斗导航系统、卫星通信系统和卫星气象遥感技术应用于"一带一路"沿线国家的经济建设,推进了国家间的航天事业合作。

4.推动绿色发展

共建"一带一路"倡议所倡导的绿色生态理念与《巴黎协定》的主张相互契合,建设绿色丝绸之路与联合国《2030年可持续发展议程》协调一致,中国于2016年在二十国集团议程中首次引入了绿色金融议题,并发布《二十国集团绿色金融综合报告》,积极推动落实绿色责任和绿色标准,中国与联合国环境规划署签署了关于建设绿色"一带一路"的谅解备忘录,同30多个沿线国家签署了生态环境保护的合作协议,联同100多个国家和地区成立了"一带一路"绿色发展国际联盟,并建立相应的人才交流和支持机制,实施"绿色丝路使者计划",通过发布《关于推进绿色"一带一路"建设的指导意见》《"一带一路"生态环境保护合作规划》等文件,规范绿色标准,明确绿色责任。

(四) 愿景:构建人类命运共同体

共建"一带一路"体现了各国人民追求美好未来的共同祈愿,共建"一带一路"倡议将构建人类命运共同体理念融入到实践中,并为构建人类命运共同体提供了广阔平台,顺应了当前经济发展的需求,体现了人类文明进步的方向。

1.源自中国更属于世界

共建"一带一路"是参与各方共同构建的全球公共产品,为不同地域、不同文明的交流合作提供了开放包容的平台。共建"一带一路"秉持着构建公正、平等、开放和包容的全球治理体系的理念,坚持非竞争性和非排他性,着眼于人类共同的未来,是中国为当今世界提供的重要公共产品。共建"一带一路"倡议不仅促进了沿线国家经济贸易往来和人才流动,而且减少了国家间的文化障碍,增进了沿线各国的理解和认同。联合国秘书长古特雷斯曾指出,共建"一带一路"倡议与联合国新千年计划的宏观目标相契合,将推动世界的和平、和谐、发展与繁荣。

2.为全球治理体系变革提供了中国方案

当前世界面临着诸多发展难题,增长动能不足、发展失衡、治理体系滞后,共建"一带一路"为全球治理体系的变革贡献了中国智慧,"一带一路"倡议跨越了社会制度、经济发展和文化差异,包容多元文化和文明多样性,推进不同经济发展水平国家的互利共赢和优势互补,倡导开放包容和共同发展,致力于改善发展条件、创造发展机会、增强发展动力和共享发展成果,推动全球治理、全球安全和全球发展联动。

3. 把沿线国家的前途和命运紧紧联系在一起

当前,人类面临着维护世界经济稳定发展、气候变化、发展不平衡加剧、全球治理机制滞后、单边主义抬头等多重挑战,世界各国应风雨同舟、荣辱与共,共同构建持久和平、普遍安全、共同繁荣、开放包容、清洁美丽的世界。"一带一路"倡议主张构建人类命运共同体,具有利益共生、情感共鸣、价值共识、责任共担、发展共赢的精神内核,不同国家与民族之间应守望相助、求同存异、包容互谅、平等交往,将中国与沿线各国和世界的发展机遇相融合,共享发展成果,中国经历了四十多年的改革开放,愿意与其他国家分享发展经验和发展模式,共同追求世界和平与繁荣发展的美好未来。

第四节 "一带一路"建设的未来发展方向和政策建议

2019 年 4 月 25—27 日,在我国首都北京隆重举行了第二届"一带一路"国际合作高峰论坛,此次论坛举世瞩目、影响深远。国家主席习近平同志出席了此次论坛,并在此期间发表了一系列重要讲话,站在建设"一带一路"的新出发点,习近平主席高瞻远瞩的讲话为我们扩展新实践、开拓新天地确立了目标。

一、"五个之路"为"一带一路"建设指明方向

在 2017 年 5 月 14 日的"一带一路"国际合作高峰论坛开幕式上,国家主席习近平同志首次提出要将"一带一路"建成和平之路、繁荣之路、开放之路、创新之路、文明之路的新行动纲领。

走和平发展之路。中国在国际上始终坚守和平发展理念,面对人类社会亟须解决的问题和前所未有的挑战,一贯遵循"和平共处五项原则"的指导。站在全球角度,习近平主席不只和各国领导人积极探讨,共同分析了我们将面临的挑战,还主动分享了我国改革开放后持续发展所带来的历史时机。如今

和平更是建设推进"一带一路"、构建人类命运共同体的重要前提。

走繁荣发展之路。在当今时代,只有各国协作,才能实现共同繁荣的发展目的,"一带一路"倡议的提出正是顺应了这样的时代需求。发展带来的问题,只能用发展来解决,中国作为世界大国,要敢于担当起大国责任,勇于承担起经济全球化和贸易自由化的领头人角色。一方面,主动为人类社会的各种问题探寻解决方法,为有关国家与地区的发展提供力所能及的帮助;另一方面,为全球的经济增长提供新动力,参与建设完善全世界经济治理的新秩序,促进实现世界联动式发展的总目标。在"一带一路"倡议提出的背景下,不同国家可以借助这个平等、共享、互利的新平台,汇聚起来共同寻求协作互助的新发展模式,为各国经济增长注入新能量,最终实现互利共赢的经济繁荣。

走开放发展之路。中国自提出"一带一路"倡议以来,就一直强调这是一个开放的平台。作为东道主,始终积极迎接并主动邀请全球各个国家和地区组织参与建设平等互信、和谐包容的新机制。如今,距提出"一带一路"倡议已有数年,在此期间中国一直致力于促进和"一带一路"沿线国家与地区进行发展战略、未来规划和区域前景的交流,并已成功和不少国家、地区与国际组织等"一带一路"参与者达成合作意向。比如,联合国大会、安理会、亚太经合组织等有关国际组织的决议文书或重要文件都体现了"一带一路"倡议的内容。随着越来越多的政策沟通与外交交流,中国的"一带一路"倡议在国际上已成功取得了全社会的支持并引起社会各界的共鸣。

走创新发展之路。发展需要不断创新来提供动力。随着中国新经济的持续发展,大数据、人工智能、物联网等新科技也随之迅速成长,逐渐成为推进全世界经济升级转型,引导全球跳出经济衰退期的新动力。创新是发展的必要条件。但创新需要人才的推动,如今,"一带一路"平台的项目建设将给相应的人才提供更多的历史机会,吸引更多的人才参与其中,增加人才在"一带一路"沿线上的流动性,着力形成各种人才构建的"智力丝绸之路"。

走文明发展之路。"一带一路"倡议的目标是构建开放型的合作新平台。在人类发展的历史长河中,和平、开放、文明、平等、包容、共赢是发展的共识,也是在 2030 年实现人类可持续发展目标的重要基石。

正如习近平主席指出的,"一带一路"建设要以文明交流超越文明隔阂、文明互鉴超越文明冲突、文明共存超越文明优越,推动各国相互理解、相互尊重、相互信任。"一带一路"要在促进各界人才多层次和多方面合作交流,推动教育发展,充分发挥智库的影响,推动人文、卫生、体育各界交流与协作,利用好先辈留下的优质文化遗产,使各领域交流往来更加密切。"一带一路"建设以构建人类命运共同体为核心,在经济全球化的大背景和国际关系融合的基础上寻求人类和平发展的共赢局面,促进全球范围内各界人文交流,实现人类文明社会文化大融合。"五个之路"既根植历史,又面向未来,为今后"一带一路"建设指明了方向,注入强大动力,为世界发展带来新的机遇。①

二、具体的建设措施和政策建议

"一带一路"倡议投资为沿线各国提供了改善基础设施、扩大彼此间以及与广大世界的贸易和互联互通,从而促进了各国的经济增长。实现这些效益将要求"一带一路"倡议所有参与方采取配套合作的行动,也要求中国和沿线各个国家妥善应对大型项目所隐含的巨大风险,比如财政和债务相关风险。为实现"一带一路"倡议的宏图伟略,要求中国和沿线各个国家当前的政策改革加快步伐。

(一) 未来"一带一路"建设的核心原则

在"一带一路"倡议下塑造各个国家未来发展的改革与行动,各经济体应当遵循三大核心原则。

① 纪明葵:《"五个之路"为"一带一路"建设指明方向》,中国网,2017 年 5 月 17 日。

第一是透明度原则,包括更广泛地提供关于项目的更多信息。项目规划、财政成本和预算、采购过程的透明度将同时提高单个基础设施投资和国家发展战略的成效。

第二是各个国家的具体改革措施。许多国家具有禁止跨境贸易的贸易政策和边境管理做法,而促进商品进出口便利化是各个国家从"一带一路"建设中充分受益的基本条件。所有的"一带一路"沿线经济体都将从开放的采购流程、更完善的治理以及财政和债务可持续性框架中受益。鉴于"一带一路"沿线的相关风险,各个国家需要制定配套调整政策、社会和环境安全网、技能和其他基础设施投资的具体政策措施。

第三是多边合作,包括"一带一路"项目之间的协调。各个国家要想从"一带一路"的积极溢出效应中充分受益,就需要通力协作,促进贸易便利化,改善边境管理,统一基础设施建设标准,就法律标准和投资者保护达成一致,以鼓励"一带一路"沿线进一步的投资。还需要寻找一种多边方式来应对"一带一路"相关的潜在债务困境问题、可能出现的投资争端和采购问题。在某些情况下,合作要求在诸如世贸组织《政府采购协定》或区域性组织的现有制度中开展更深层次的合作。而在其他情况下,还需要酝酿新机制和新制度。

此外,改革的适当排序也是一个关键问题。一些措施迫在眉睫,需要在基础设施项目早期规划阶段就采取这些行动,包括确保项目遴选和规划的合理性。有效的财政、治理、环境和社会风险管理,要求各个国家预先采取干预措施,加强债务可持续性框架、公共采购的开放性、减少腐败机会的机制,确保制定环境和社会高标准。加强项目的透明度和数据是不可或缺的前提条件。这就要求中国政府部门、贷款机构、私营部门企业和国有企业的众多行动者协调行动。当前的首要目标是建立"一带一路"倡议项目的综合数据库。

将"一带一路"打造成真正的多边倡议,需要超越双边安排。当前中国培育和建立的双边关系在短期内可能是适当的,尤其是在某些"一带一路"沿线国家的开发阶段。但是为"一带一路"倡议制定总的长期框架将有助于确定未来改革的明确路径。长期性制度治理安排可以发挥多项作用,包括协调机制的制度化、建立公共信息和透明度平台以及改进相关标准。①

(二) 未来"一带一路"建设的改革措施

尽管"一带一路"沿线各国国情不同,下述政策与措施建议将有助于各个国家确定收获"一带一路"的投资效益和减缓可能的风险。有些措施是已经形成的惯例,可能只需要付诸实施,而其他措施可能要求立法、多边合作和专家分析。

我们将所有建议都在表 10-1 中做了简要描述,当然,每条建议都需要更加详细的行动方案。

表 10-1 "一带一路"倡议的改革举措

如何做?	谁来做?			何时做?		
	中国	"一带一路"沿线国家	合作地	先期	短期	中期
配套改革	—	—	—	—	—	—
一体化和走廊发展	—	—	—	—	—	—
促进贸易便利化改革,减少瓶颈制约,主要通过基于风险的边境管理方法、现代信息和采用重新设计和精简做法的通信技术系统	√	√	√	—	√	—
减少贸易政策壁垒(包括交通运输等服务业的壁垒),进一步深化支持"一带一路"投资的贸易协议(包括投资、竞争、签证与庇护、公共采购等政策领域)	√	√	√	—	√	—
确保项目遴选与规划的合理性。例如,要求充分说明项目的预期收益,包括投资可能进一步创造的经济活动及直接和间接影响。考虑配套投资,包括信息通信技术投资	√	√	√	—	—	—
通过协调法律、共同制度框架和基于国际公认标准的规范、标准和做法实现交通基础设施的互操作性	√	√	√	—	√	—

---

① 世界银行:《"一带一路"经济学:交通走廊的机遇与风险》,2019 年。

续表

如何做?	谁来做?			何时做?		
	中国	"一带一路"沿线国家	合作地	先期	短期	中期
私营部门参与	—	—	—	—	—	—
通过规则及其执行强化对投资的法律保护力度。建立争端解决和争端预防的合作性和中立性机制	√	√	√	—	—	√
公共投资设计要避免将私营部门挤出商业上可行的项目。优先考虑那些中短期内结构未实现完全商业化或完全无商业化可能但是具有高度发展影响的项目	√	√	—	√	—	—
通过政策试验和精心规划的经济特区支持国家层面的监管环境改革。例如，充分发挥经济特区和互联互通基础设施的协同作用	√	√	—	—	—	√
包容性	—	—	—	—	—	—
确保建立包括社会保障和劳工政策（比如教育和培训）在内的适当政策框架，以应对与贸易伙伴竞争造成的贸易冲击所需要的调整成本	√	√	—	—	—	√
通过减少内部劳动力流动的直接限制因素和与土地住房市场扭曲相关的间接限制因素，应对地区不平等的潜在负面影响。通过对物流、交通和技能培训的配套投资，提高边缘地区的吸引力	√	√	—	—	—	√
通过投资物流促进地方中心的形成，改善预计会出现人口涌入的地区的城市交通和其他服务设施，投资人力资本为既有和新增投资项目服务，从而确保城市和次国家中心从"一带一路"倡议项目中受益	√	√	—	—	—	—
管理风险	—	—	—	—	—	—
财政风险	—	—	—	—	—	—
公开披露"一带一路"倡议项目的条款及细则，包括逐笔公布公共贷款信息。协调中国国内政府机构、贷款机构、私营部门企业和国有企业等不同参与方的行动。建立"一带一路"倡议项目的综合数据库	√	—	—	√	—	—

续表

如何做？	谁来做？			何时做？		
	中国	"一带一路"沿线国家	合作地	先期	短期	中期
中国的贷款机构可以核实其贷款业务（针对外国政府、外国政府的公共实体或外国政府提供担保）符合借款国的一级立法和二级立法，贷款金额适当反映出项目的价值	√	—	—	√	—	—
系统地使用《"一带一路"债务可持续性分析框架》下准备的债务可持续性分析来指导贷款额和贷款条件，以保障参考世界银行和国际货币基金组织债务可持续性分析的债务可持续性。为"一带一路"倡议下的融资安排提供公开可用的模板，避免使用保密条款	√	—	—	√	—	—
公开参与债务重组的信息。建立便于及时提供救援的债务重组框架，使中国能够在适当时参与与其他债权人的协作方式	√	—	—	√	—	—
加强公共债务综合报告的发布，涵盖政府的一般性债务、政府担保和非金融公共企业的债务	—	√	—	√	—	—
建立综合财政框架，包括适当报告政府项目、适当监测和管理财政风险、多年度预算和透明的采购做法	—	√	—	√	—	—
避免接受违背适用消极保证条款的抵押贷款或以不相关资产或收入流作抵押的抵押贷款，确保抵押贷款风险降低反映在金融条件的改善上	—	√	—	√	—	—
完善公私合作伙伴关系和采购流程的监管框架	√	√	—	√	—	—
治理风险	—	—	—	—	—	—
推进"一带一路"项目采购遵循国际公认的良好实践。至少确保超过一定门槛金额的项目合同通过中国企业（包括外资企业）全国范围的公开竞争授予（按照2005年《关于援助有效性的巴黎宣言》所达成的共识）	√	—	—	√	—	—

续表

如何做?	谁来做?			何时做?		
	中国	"一带一路"沿线国家	合作地	先期	短期	中期
在"一带一路"项目采购中使用国家采购法,提高"一带一路"倡议项目采购的透明度和竞争性	—	√	—	√	—	—
更多地利用包括世界贸易组织《政府采购协议》在内的贸易协议,提高采用良好采购做法的概率	√	√	√	√	—	—
在承包流程的所有阶段加强数据和文件披露,提高透明度	—	√	—	√	—	—
同时利用供应方干预措施(建筑业透明度、示警红旗和廉洁公约)和需求方机制(社区监督)来解决监督、报告和反腐败执法问题	√	√	—	√	—	—
环境和社会风险	—	—	—	—	—	—
除了项目层面的标准评估外,在走廊层面进行战略性社会和环境评估。推进采用国际公认的良好实践来减缓环境风险(世界银行环境和社会框架提供了10条标准和"最佳实践"综合措施)	√	√	√	√	—	—
采用国际公认的良好实践来应对土地征用和移民安置引起的社会风险、原住民风险、外来人口大量涌入工作区的风险以及建筑工地周边的社区健康与安全风险	√	√	√	√	—	—

资料来源:世界银行:《"一带一路"经济学:交通走廊的机遇与风险》,2019年。

三、第二届"一带一路"高峰论坛启动的关键倡议

2017年5月14日至15日期间,中国召开了首届"一带一路"国际合作高峰论坛。2019年4月25日至27日期间,中国召开了第二届"一带一路"国际合作高峰论坛。第二届"一带一路"国际合作高峰论坛的主题是"高质量共建'一带一路'",倡导优质基础设施、互联互通、廉洁、包容和绿色"一带一路"。

习近平主席在论坛开幕式演讲中强调了高标准在"一带一路"倡议项目中的重要性,确保"一带一路"的高质量、普惠性与可持续性。为实现这一效果,论坛发起了几项重要倡议。

(一) 开放、廉洁的"一带一路"倡议

《廉洁丝绸之路北京倡议》呼吁开展国际合作,促进透明和廉洁,打击腐败。倡议强调本着《联合国反腐败公约》及其他国际规则和法律框架的精神实施"一带一路"倡议;增强政府信息的公开透明;预防和解决贸易和投资争端;促进金融、税收、知识产权和环境保护等方面的合作;加强对"一带一路"合作项目的监督管理,包括公共采购活动严格遵守相关法律法规;提高参与国及其发展伙伴的意识和能力;鼓励根据相关国际公约和协议缔结双边引渡条约和司法协助协定。这些都是符合良好国际惯例的重要原则,其成功实施要求通过公共采购法、政策和指导方针、可靠的争端解决机制和第三方监督与实施得到具体落实。

(二) 绿色的"一带一路"倡议

《"一带一路"绿色投资原则》要求在新的"一带一路"投资项目中促进环境友好、气候适应与社会包容。这些原则与联合国《2030年可持续发展议程》和《巴黎气候协定》的目标一致,体现出绿色、包容、可持续的良好国际惯例,包括理解环境、社会和治理风险;将可持续性纳入公司治理;披露环境信息;采用绿色供应链管理;利用绿色金融工具。通过集体行动进行能力建设和加强与利益相关方的沟通也是所提倡的原则。进一步落实这些良好国际原则将使中国和其他"一带一路"倡议参与国受益,通过将各国环境和社会标准与良好国际惯例协调和对接,在评估环境社会风险和减缓选择方案时考虑到"一带一路"倡议的网络或走廊性质。

（三） 可持续"一带一路"倡议

中华人民共和国财政部发布的《"一带一路"债务可持续性分析框架》，是建立在国际货币基金组织和世界银行《低收入国家债务可持续性框架》基础上的，倡导"一带一路"参与国不但要促进可持续经济社会发展，并且要确保债务可持续性。尽管发布《"一带一路"债务可持续性分析框架》迈出了正确的一步，其效果取决于参与国和金融机构是否使用和如何使用这一框架。当前，《"一带一路"债务可持续分析框架》是在自愿基础上使用的。此外，《"一带一路"债务可持续性分析框架》的可信度将取决于使用者收集相关数据、与参与方共享数据和公开债务可持续性分析结果的能力。

（四） 多边基础设施和互联互通投资

中华人民共和国财政部和多家多边开发机构签署了一项设立多边合作平台的谅解备忘录，即多边开发融资合作中心，目前各方正在共同努力建立这个旨在调动资源支持信息共享、能力建设和项目准备活动的中心。这是一项重要倡议，遵循良好国际惯例，利用多边开发机构经验，支持更广泛地发展高质量基础设施和互联互通投资。

第十一章　构建高标准的自由贸易区网络

第一节　自由贸易区建设的情况

自 2008 年国际金融危机以来,新一轮区域经济和贸易一体化的浪潮风起云涌,中国是这一进程中的重要参与者和有力推动者。开展自由贸易区建设不仅是促进国际贸易方式便利化、提升开放水平高级化的重要举措,也是我国开展经贸往来,与国际社会开展广泛合作的重要途径。

一、现有自贸区建设现状

(一) 从国内形势来看

党的十七大以来,党中央国务院将自由贸易区战略上升为国家战略;党的十八大提出了"加快实施自由贸易区战略"的决定;"十三五"规划纲要提出"强化区域和双边自由贸易体制建设,加快实施自由贸易区战略,逐步构筑高标准自由贸易区网络";党的十九大报告还就建设贸易强国、推动形成全面开放新格局等作出全方位部署。一系列的政策部署,成为我国自贸区建设的"方向靶"和推动自贸区建设的"加速器",同时也为推进自贸协定的签订提供了政策保障。

（二）从开展范围来看

全球区域经济一体化趋势明显加快,区域间经济合作多级化趋势明显,签署贸易协定已经成为促进 WTO 主导下国际贸易的重要补充。2019 年年底,中国已经签署并实施的自由贸易协定有 17 个(其中有 5 个完成升级谈判),涉及 25 个国家和地区;正在谈判中的协定有 13 个,涉及 29 个国家和地区,包括由与东盟主导的多边的区域全面经济合作伙伴关系协定(Regional Comprehensive Economic Partnership,RCEP)、中国—海合会自贸区(China－GCC Free Trade Agreement,CGCCFTA)①和中日韩自贸区(China－Japan－Korea Free Trade Agreement,CJKFTA),以及双边的与斯里兰卡、柬埔寨、摩尔多瓦、巴勒斯坦、以色列和挪威等的自贸区;正在研究中的双边自贸区 8 个,涉及 8 个国家,分别为加拿大、瑞士(升级)、巴布亚新几内亚、哥伦比亚、孟加拉国、蒙古国、斐济和尼泊尔;讨论和研究中的自贸区 1 个,为亚太自由贸易区(Free Trade Area of the Asia Pacific,FTAAP)(关于我国自贸区具体实时进展情况,参见表 11-1)。

表 11-1　中国自贸区进展情况

我国已签协议的自贸协定		签署日期	
中国—新西兰 FTA	与发达国家签署的双边协定	2008 年 4 月	双边协定
中国—新西兰升级 FTA		2019 年 11 月 完成升级	
中国—澳大利亚 FTA		2015 年 6 月	
中国—瑞士 FTA		2013 年 7 月	
中国—韩国 FTA		2015 年 6 月	
中国—新加坡 FTA		2008 年 10 月	
中国—新加坡升级 FTA		2018 年 11 月 完成升级	
中国—冰岛 FTA		2013 年 4 月	

---

① 成员国包括:沙特、阿联酋、阿曼、科威特、卡塔尔、巴林 6 国。

续表

我国已签协议的自贸协定		签署日期	
中国—马尔代夫 FTA	与发展中国家签署的双边协定	2017 年 12 月	双边协定
中国—哥斯达黎加 FTA		2010 年 4 月	
中国—智利 FTA		2005 年 11 月	
中国—智利升级 FTA		2019 年 3 月完成升级	
中国—格鲁吉亚 FTA		2017 年 11 月	
中国—秘鲁 FTA		2009 年 4 月	
中国—巴基斯坦 FTA		2006 年 11 月	
中国—巴基斯坦第二阶段 FTA		2019 年 4 月	
中国—毛里求斯 FTA		2019 年 10 月	
中国—东盟 FTA	与国际团体组织签订的多边协定	2004 年 11 月	多边协定
中国—东盟（"10+1"升级）FTA		2015 年 11 月完成升级	
《亚太贸易协定》	优惠贸易安排	2005 年 11 月	
CEPA	国内自由贸易协定	2003 年 3 月	
ECFA		2010 年 6 月	
中国自由贸易试验区		2013 年 9 月	
处于磋商谈判中的自贸协定		**谈判开始于**	
中国—挪威 FTA	与发达国家谈判的双边协定	2008 年 9 月	双边协定
中国—韩国升级 FTA		2018 年 3 月	
中国—以色列 FTA		2016 年 3 月	
中国—斯里兰卡 FTA	与发展中国家谈判的双边协定	2014 年 9 月	
中国—柬埔寨 FTA		2020 年 1 月	
中国—摩尔多瓦 FTA		2017 年 12 月	
中国—巴拿马 FTA		2018 年 6 月	
中国—巴勒斯坦 FTA		2018 年 10 月	
中国—秘鲁升级 FTA		2018 年 11 月	

续表

处于磋商谈判中的自贸协定		谈判开始于	
中国—海合会 FTA		2004 年 7 月	多边协定
RCEP		计划 2020 签署协议	
中日韩 FTA		2013 年 8 月	
正在研究的自贸协定		**研究开始日期**	
中国—加拿大 FTA	与发达国家的可行性研究	2017 年 2 月	双边协定
中国—瑞士升级 FTA		2017 年 5 月	
中国—哥伦比亚 FTA	与发展中国家的可行性研究	2012 年 5 月	
中国—斐济 FTA		2015 年 11 月	
中国—尼泊尔 FTA		2016 年 3 月	
中国—巴布亚新几内亚 FTA		2018 年 7 月	
中国—孟加拉国 FTA		2018 年 6 月	
中国—蒙古国 FTA		2018 年 9 月	

资料来源:中国自由贸易区服务网。

(三) 从签订类型来看

一方面,中国现有自由贸易协议多数是双边协议,且贸易伙伴主要来自亚洲,并属于发展中国家;另一方面,现有的自由贸易区协定中,中国—东盟自贸区升级版、更紧密经济伙伴关系协定(Closer Economic Partnership Arrangement,CEPA),包括中国香港和中国澳门以及与中国台湾签署的海峡两岸经济合作框架协议(Economic Cooperation Framework Agreement,ECFA)涉及的贸易额较大,是中国所签署的最为重要的自由贸易协议。此外,开展新一轮的大型区域贸易协定(Mega-Regional Free Trade Agreement,Mega-RTAs)是我国开展自贸区建设的核心内容,旨在强化自贸区建设以及与周边贸易伙伴关系。一方面,加快 Mega-RTAs 的建设是"自由贸易区战略"的重要组成部分;另一方面,也是推动新一轮开放,促进中国经济持续健康快速增长的重要实现路径。正处于谈判中的区域全面经济合作伙伴关系协定(RCEP)、中日韩自贸区(CJKFTA)、中国—海湾合作委员会自贸区(CGCCFTA)和亚太自由贸易区(FTAAP)都是 Mega-RTAs 的重要内容。

(四) 从经济体量来看

2018 年,我国已经签署协定的自贸区经济规模占全球的 10.39%,加上自身 16.04% 的份额,已形成占世界经济 26.43% 的大市场。2019 年,我国对已经签署协定的自贸区的对外贸易总额占比达到 8.18%,2018 年我国对外投资(到达签署国)占总对外直接投资的 6%,自贸伙伴已成为我国重要的原材料、中间品等的进出口贸易市场出口市场和投资合作对象。在与发达国家的合作中,以新加坡为例,自 2008 年我国与新加坡签订自贸协定以来,截至 2019 年年底两国间进出口贸易总额增加了 374.87 亿美元;与发展中国家的合作中,以巴基斯坦为例,中国海关的数据显示,中巴自贸协定的签署和实施带动了双边经贸关系快速发展,2019 年中巴双边贸易额达 161 亿美元,是 2006 年协定实施前的 3 倍。与此同时,2004 年我国与东盟签订《货物贸易协定》,以后于2007 年和 2009 年,分别签订了《服务贸易协定》及《投资协定》。2010 年 1 月1 日,中国—东盟自由贸易区全面建成,并于 2015 年签订东盟("10+1"升级)自贸协定,这是我国开展构建多边伙伴关系的重要一步。

(五) FTA 谈判与"一带一路"协同开展,彼此促进

自 2013 年提出"一带一路"倡议以来,自贸区战略积极协调与周边"一带一路"国家的贸易伙伴关系。目前,已签订自贸协定涉及的 24 个国家(包含东盟 10 国)中,共囊括 14 个"一带一路"国家,占比高达 58.30%。其中,东盟10 国不仅是"一带一路"参与国,也是东亚经济一体化的重要主体,不断深化与东盟的经贸关系,成为夯实我国 FTA 战略的关键依托。2015 年,推进东盟"10+1"自贸区升级谈判,是推进"10+3"实质性进步的重要一环。

（六）　积极推进 CEPA、ECFA 的深入实施，强化 FTA 战略"内核"

首先，签署 CEPA 是内地与香港、澳门经贸往来的不断深化，同时也是货物贸易、服务贸易以及不断提升贸易投资便利化程度的重要措施。其次，ECFA 的正式生效，一方面是 CEPA 内容的升级；另一方面，也是构建"大中华经济圈"的重要保障。2019 年是 CEPA 协议正式实施的第十六年，内地与香港、澳门的贸易与投资不断深化。在货物贸易领域，内地对所有符合原产地规则的 800 多项香港产品实施零关税；基本实现两地服务贸易自由化，内地对香港服务业全面或部分开放的部门有 153 个，占全部 160 个服务贸易部门的 95.60%；贸易投资便利化方面，投资贸易促进、产业合作、知识产权保护等十多个领域，以及金融、旅游、专业人士资格互认合作不断深化和拓展。此外，从内地与香港的经贸关系来看，两地关系已从制造业转向服务业，这也正是 CEPA 框架下两地合作的重要里程碑。2019 年 2 月，党中央国务院实施粤港澳大湾区建设战略，以打造国际一流湾区及世界级城市群为目标，把内地与港澳的一体化发展推向新的阶段。再次，2010 年大陆通过与台湾地区签署 ECFA 以来，两岸四地的产业特别是高科技产业得到提升；通过开展重点区域的双向投资，不断深化两岸的交流与合作，双向投资总额不断扩大。然而近年来，两岸在经贸往来方面却呈现出"减速"态势，这违背了当前不断加速并谋求高标准的亚太区域经济合作局势的"大趋势"的迫切要求。不仅如此，两岸双边投资流量也呈下降态势。这反映出，国际局势不稳定给 ECFA 协定带来新挑战，同时，大陆也将继续开展与台湾地区的经贸合作，共同应对挑战（具体见本章第三节）。

二、现有自贸区建设存在的不足

（一）　自由贸易协定（FTA）未被充分利用

首先，企业对 FTA 的利用率有待进一步提高。根据 2015 年 11 月 18 日汤森路透与毕马威联合发布的《2015 年全球贸易管理调查》显示,只有30%的企业完全利用了所有适用的自由贸易协定。这充分表明,一方面部分企业未享受 FTA 带来的关税"福利",同时也表示,FTA 存在70%的资源错配;另一方面,这违背了我国自2007 年实施"自由贸易区战略"时,政府对企业的殷切希望,即企业通过学习效应等手段,充分利用 FTA 便利条件,深挖自贸区红利,提高企业自身生产率。此外,不同 FTA 的利用率存在差异。具体来说,2011年中国社会科学院两位研究员通过对出口企业进行问卷调查,掌握了出口企业利用 FTA 的情况:中国—东盟 FTA 利用率最高,比例达到35.60%,中国—秘鲁 FTA 利用率为11.50%,中国—新加坡 FTA 利用率为16.30%,中国—新西兰 FTA 利用率为9.20%,中国—巴基斯坦 FTA 利用率为16.10%,中国—智利 FTA 利用率为19.70%。从上述数据可见,只有中国—东盟 FTA 利用率超过了30%,而中国—新西兰 FTA 利用率却低于10%。与此同时,同为 CEPA签署地区,内地—香港 CEPA 利用率为24.80%,内地—澳门 CEPA 利用率仅为7.80%。可以看出,即便为同一协定框架下,在政府支持力度、企业执行效率等方面的差异下,不同地区的利用率也不相同。与上述对比,北美自由贸易区的利用率大概在80%左右,欧盟普惠制的利用率在50%左右[1],这样来看,中国双边 FTA 的利用率明显偏低。

（二） FTA 辐射范围局限,深度挖掘乏力

相比现有的国际协定,例如全面与进步跨太平洋伙伴关系协定（CPTPP）,我国制定的 FTA 规则条款在纵向和横向方面存在明显差距。从协定的横切面来说,中国目前签订的 FTA 议题大多集中在传统范畴之内,较少涉及交叉问题和新兴贸易议题,仅在少数几个 FTA 中提到了知识产权、环境保护、金融服务以及电子商务等方面的内容,对劳资准入、政府职能以及企业

---

① 魏思敏:《中国 FTA 现状及战略分析》,《时代金融》2015 年第35 期。

属性等方面几乎从来没有涉及,这与国际上其他规则,例如 CPTPP 等相比范围过窄。与此同时,我国只在少数几个 FTA 如 CEPA 以及 ECFA 的议题中涉及电子商务和金融服务。[①] 但 CEPA 存在相对缺陷和不足,具体为:对知识产权保护条款并未作出详细规定,仅较为笼统地制定部分规则;条款不具备与时俱进的先进性与通识性,没有涉及国企竞争中立、准入资质、劳工保护等新兴议题,更没有囊括普遍关注的跨境数据传输和存储等新兴概念,而上述都是国际高标准投资贸易协议所普遍包含的。例如,中国—哥斯达黎加谈判中涉及通信议题,其他 FTA 仍以传统贸易问题为主。从协定内容的纵切面来说,我国签订的 FTA 谈判主题大多集中在降低商品关税、促进传统货物贸易与服务贸易共同发展等方面,相比其他国际规则改革力度较轻,例如 CPTPP 规定,缔约方完全取消关税,这个要求就远远超过 FTA 对关税的谈判预期。而且在 CPTPP 基本框架中还增加了劳工准入、环境保护等内容,在广度和深度上都比 FTA 具有前瞻性。在国际贸易形势严峻、国际经济形势发展迅速的背景之下,FTA 谈判领域的横向以及纵向的深入开展是必然趋势,也是目前亟须解决的问题。

(三) 在 FTA 结构中处于辐条国地位

轮轴—辐条效应(Hub and Spokes),它是指一种合作关系,在该关系中存在一个核心成员(Core Member)和多个末端成员(Tip Members)。每一个轮轴—辐条 FTA 模型的构成都包括一个处于中心地位轮轴国和处于四周的辐条国,轮轴国与每一个辐条国单独签订双边贸易协定,辐条国之间不签订贸易协定。双边或多边协议的签订,成为轮轴国与辐条国间产品流动的有效途径,但值得注意的是,辐条国产品却因原产地限制无法自由流动,这也称为“意大利面碗效应”,这种效应将大大减弱贸易协定的执行效率与预期效果。

---

① 庄芮、邓寅、林佳欣:《当前亚太区域经济合作与两岸经贸关系的“双轨路径”分析》,《国际贸易》2017 年第 8 期。

在自由贸易协定下,企业因竞争效应、学习效应向轮轴国集聚,处于中心的轮轴国会获得更大的福利收益,这种现象称为辐轮效应。但经过对外经贸合作的不断开展,中国并未在全球 FTA 构局中成为轮轴国,仍然处于辐条国地位,未能获得 FTA 更优经济效益。而同样是发展中国家的智利、墨西哥,建立的 FTA 达到 37 个。具体表现为:以智利为例,其建设的自贸区中,既包括美国、欧盟、日本等发达国家,也有像拉美十国这样的发展中国家或地区。通过这些 FTA 形成的全球化网络,智利已经成为全球 FTA 网络结构中的重要轮轴国,可以享受到 FTA 最大的经济利益。① 与智利相比,中国 FTA 建设的对象国选择的范围仍然比较狭窄,与上述国家和地区间目前都还没有建立 FTA。2019 年 3 月,中国与智利签订自由贸易协定,同时也加入到了以智利为中心,覆盖南美、辐射全球的 FTA 网络中,但并没有因此摆脱辐条国地位,中国企业也无法享受轮轴国地位的"福利"。我国在南亚的 FTA 发展进程中,2019 年 4 月中国与巴基斯坦签署 FTA,开启了我国与南亚国家 FTA 合作的序幕,同时中国与东盟"10+1"的 FTA 发展迅速,在东盟倡导下的 RCEP 谈判就是东盟国家首次提出,并进行的区域经济一体化合作,谈判对象涉及中国、日本、韩国、澳大利亚、新西兰、印度等国家,东盟在亚洲的 FTA 体系中轮轴国地位也日益显现,但中国仍处于辐条国状态。

(四) 公开渠道局限,信息渠道不畅通

无论是参与区域经济一体化建设,还是双边自由贸易区建设,都要放眼长远,有相对清晰的愿景和规划,同时还应具备完善合理的战略布局和运筹协调的专门机构,这是 FTA 战略得以有效实现的基础。目前,我国尽管已明确 FTA 布局战略,同时设立了中国自由贸易区服务网,但还是相对缺乏与目标以及战略相关的具体实施措施以及实际实施步骤,同时该网站也并没有明确推

---

① 王庭东、钱进:《中日韩自贸区"轮辐"效应研究——基于要素集聚及产业视角的分析》,《东北亚论坛》2017 年第 4 期。

进相关措施、条款的具体负责部门及联系方式,这样既不利于增加信息透明度,消除国际社会对自身战略意图的疑惑,也不利于主动推进合作,最大限度地实现双边经济效益最大化。

第二节　高标准自由贸易区网络建设的评价

中国的大型区域贸易协定是"自由贸易区战略"的重要内容和组成部分,也是推动新一轮开放、促进中国经济持续健康快速增长的重要路径。但现有文献对中国大型区域贸易协定经济效应的系统定量分析及比较还很匮乏,多数是针对单个贸易协定进行的研究,且在建模上也没有考虑最新贸易协定谈判重视新规则和制度层面开放的特点。鉴于此,本节对中国现有大型区域贸易协定建设的经济影响进行全面的量化评估,并比较不同协定的经济效应,为中国的自由贸易区战略发展提供政策支持和参考,同时也扩展和丰富了区域贸易协定的建模和量化研究方法。

根据中国现有大型区域贸易协定的建设状况,本节选择主要的五个协定进行系统分析,分别是区域全面经济合作伙伴关系协定、中日韩自贸区、中国—海湾合作委员会自贸区、中国—东盟自贸区升级版(CAFTA Upgrade)和亚太自由贸易区。这五个大型区域贸易协定涉及了包括中国在内的 31 个国家和地区。

一、潜在经济效应评估

对标包含"可持续友好型经济""平衡东道国与私人投资者利益""精细化知识产权保护""切实维护劳工基本权益""促进环保型投资""争端解决多元化"的 UNCTAD 所提出的国际投资新理念及新标准,是建设高标准自由贸易区的重要内容,同时也是评估其经济效应的主要标准。从对中国的福利、对外贸易、国内生产总值、制造业产值和就业等方面进行经济效应评估。

（一） 区域全面经济合作伙伴关系协定的经济影响

RCEP 涵盖 16 个国家和地区,东盟 10 国加上 6 个国家,中国与成员内国家的贸易占中国总对外贸易的 30% 多①,如果协定能够达成,会对中国经济和世界经济产生较大的影响。

一是对中国经济的影响。RCEP 将显著提高中国的福利和对外贸易,并且贸易效应大于福利效应;同时福利的增加与替代弹性负相关,进口贸易的增加与替代弹性正相关。贸易效应大于福利效应的原因是区域贸易协定首先作用于贸易壁垒并直接影响对外贸易,进而才会影响福利和生产及消费。

二是开展 FTA 建设对其他主要发达和发展中经济体的影响。福利效应方面,协定成员国都获利而非成员国基本都受损,非成员国的美国和欧盟的福利在均值上分别下降了 0.45% 和 0.24%。贸易效应方面,与福利效应的结果相似且影响更加显著。协定成员国进出口都能获益,而非成员国多数都会受损。

（二） 中日韩自贸区的经济影响

中日韩自贸区包括中国、日本和韩国,三国 GDP 之和约占世界的 20%,相互贸易占三国之和的约 20%,中国与成员内国家的贸易约占中国贸易总和的 15%。

对中国的福利和贸易效应上,效用、出口和进口都会显著提高,且贸易效应大于福利效应;福利和进出口贸易的改善都与替代弹性正相关。

对主要发达和发展中经济体的福利和贸易效应上,协定成员国都能获利,但非成员国基本都受损。三个成员国的收益比较发现,日本和韩国的获利明显大于中国,协定对日本和韩国更加重要。

对更多国家和世界整体在更多指标上的影响方面,世界的福利和贸易都会提高,GDP、制造业产值和就业都会增加,非制造业产值的下降是完全就业

---

① 根据世界银行 WDI 数据和联合国 Comtrade 数据计算所得。

假定下制造业产值的增加引起的。中国的 GDP、制造业产值和就业都会增长,将分别提高 0.132%、1.493% 和 1 359%。对其他国家的影响基本是成员国受益,其他经济体大多都会受损。

对主要发达和发展中经济体的福利和贸易效应上,协定成员国都能获利,但非成员国基本都受损。此外,日本和韩国的获利明显大于中国,协定对日本和韩国更加重要,同时会促进世界经济发展与福利提升。

(三) 中国—海湾合作委员会自贸区的经济影响

中国—海湾合作委员会自贸区包含了 7 个国家和地区,中国与区域内成员的贸易占中国对外贸易的约 3.50%,经济规模份额和贸易的份额都不大,对于中国经济的影响预计会比较有限。但海湾合作委员会(GCC)成员是石油的主要输出国,对于中国的能源供给较为重要。

对中国的福利和贸易效应方面,显著提高了福利和进出口贸易,且贸易效应大于福利效应;对主要发达和发展中经济体的影响方面,成员国都能够获益,非成员国基本上都会受损,但也存在一定程度的协定正向溢出效应。

对更多国家和世界在更多指标上的影响方面,世界的福利和贸易都获得了提高,制造业的产值和就业也增加了,GDP 的下降是名义价格下降引起的,非制造业产值的下降是在完全就业的假定下制造业扩张的挤出效应。

(四) 中国—东盟自贸区升级版的经济影响

中国—东盟自贸区"10+1"升级版已经签订协议并开始实施,包含了东盟 10 国和中国共 11 个经济体,中国与协定成员之间的贸易约占中国对外贸易总额的 12%。协定的实施将对中国和世界经济产生一定的影响。

一是对中国经济的影响。福利和贸易都显著提高,贸易效应大于福利效应,且出口增长效应大于进口增长效应。

二是对其他主要发达和发展中经济体的影响。非成员国的福利和贸易基本都受损了,但整体上受损程度不大,同时贸易效应大于福利效应。其中,韩国、日本和印度受到的负面损害较大,而其他经济体遭受的冲击很小。

三是对世界和更多国家在更多指标上的影响。世界福利、贸易、GDP、制造业产值和就业都会提高,但非制造业产值由于制造业的挤出效应而减少;其中贸易效应大于产出效应,而产出效应大于福利效应。

(五) 亚太自由贸易区的经济影响[①]

亚太自由贸易区涵盖了 APEC 的所有 21 个成员,经济规模和贸易规模都约占世界总量的 50%,中国与协定成员的贸易总量占中国贸易总额的约 55%[②]。如果 FTAAP 能够建立,将对世界经济的版图带来非常重要的影响,不过由于涉及的国家众多,预计谈判的难度不亚于多边一体化。

一是分析 FTAAP 对于中国经济的影响。与基准现状相比,中国的福利和贸易都有显著的提高,贸易效应明显大于福利效应,并且出口增加效应大于进口增加效应;同时,贸易的增加与替代弹性正相关,但福利增加与替代弹性呈"U"形变化关系(见图 11-1)。

二是分析 FTAAP 对主要发达和发展中经济体的福利和贸易效应。协定成员国都能够受益,福利上韩国获利最大,效用增加的均值为 1.86%;贸易上日本获利最大,其次是韩国、中国、美国和俄罗斯,贸易总额增加的均值分别为 26.84%、18.95%、17.94% 和 16.96%。而非成员国欧盟、印度和巴西会受损,但由于 FTAAP 对非成员也存在正向溢出效应,部分抵消了转移排斥效应,故而不会给非成员带来很大的冲击。

三是 FTAAP 对世界及更多国家在更多指标上的影响中:世界福利、产出、贸易、制造业产值和就业等都会增加,贸易效应大于产出效应,产出效应大于

[①] 李春顶、郭志芳、何传添:《中国大型区域贸易协定谈判的潜在经济影响》,《经济研究》2018 年第 5 期。

[②] 根据世界银行 WDI 数据和联合国 Comtrade 数据计算所得。

福利效应。

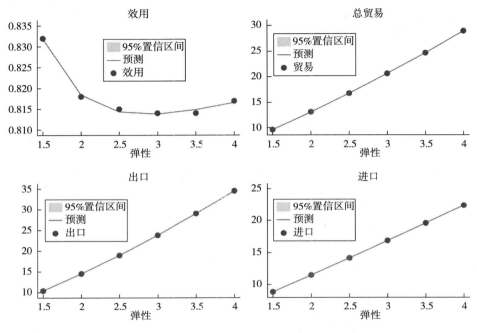

图11-1　亚太自贸区对中国的福利和贸易效应（单位：%）

资料来源：作者根据模拟结果整理。

二、存在的问题

（一）五个大型区域贸易协定的影响效应比较

一是对中国的经济影响比较。整体上亚太自由贸易区和 RCEP 的积极影响效应突出，中日韩自贸区次之，而中国—东盟自贸区升级版和中国—海湾合作委员会自贸区的影响略小。福利效应上，正面影响从大到小的次序为：RCEP、亚太自由贸易区、中日韩自贸区、中国—海湾合作委员会自贸区，以及中国—东盟自贸区升级版。贸易效应上，正面影响从大到小的次序为：亚太自由贸易区、RCEP、中日韩自贸区、中国—东盟自贸区升级版，以及中国—海湾合作委员会自贸区（见图11-2）。福利效应上，RCEP 比亚太自由贸易区更加有利于中国的可能原因是，中国同时向 21 个协定成员开放关税和非关税,会在一定程度上损害中国的贸易条件进而不利于福利的提高。

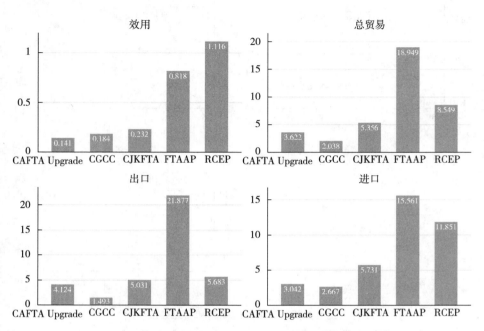

图 11-2　中国参与的大型区域贸易协定对中国的经济影响均值比较(单位:%)

资料来源:作者根据模拟结果整理。

　　二是对其他经济规模较大的发达和发展中经济体的影响比较。对美国来说,几乎所有协定都存在损害,仅有亚太自由贸易区存在积极效应;对欧盟来说,所有的协定都存在损害,而亚太自由贸易区的损害最大;对日本和韩国的福利来说,最优的选择依次是 RCEP、亚太自由贸易区和中日韩自贸区;对印度来说,所有协定都存在损害,仅有 RCEP 有利;对俄罗斯的福利来说,最优的选择依次是 RCEP 和亚太自由贸易区;对巴西来说,所有协定基本都存在负面冲击,除了 RCEP 在福利和出口上有正面影响(见图 11-2)。

　　三是对世界经济和贸易的影响比较。无论是福利、制造业产值和就业,还是对外贸易,五大贸易协定都存在正面的积极效应,并且正面影响最大的是亚太自由贸易区,第二是 RCEP,第三是中日韩自贸区,第四为中国—东盟自贸区升级版,最后为中国—海湾合作委员会自贸区(见图11-3)。

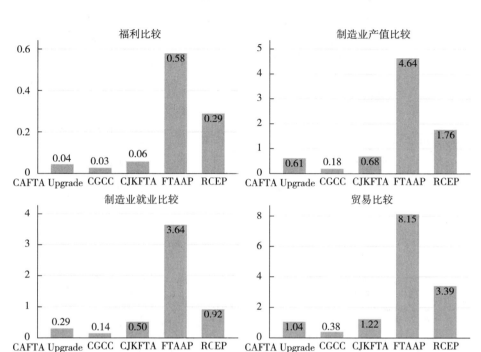

图11-3 中国参与的大型区域贸易协定对世界经济和贸易的影响比较(单位:%)

资料来源:作者根据模拟结果整理。

(二) 模拟结果的稳健性和敏感性检验

对模拟结果的稳健性检验是用希克斯的等价变动(Equivalent Variation, EV)和补偿变动(Compensation Variation, CV)占 GDP 的比重变化来对照比较效用模拟结果;如果 EV、CV 和效用影响的方向和大小差异不大,说明模拟结果稳健可靠;否则如果差异较大甚至存在方向性的差异,则说明模拟结果不稳健。篇幅所限,仅呈现对 RCEP 模拟结果的稳健性检验①。图11-4 是 EV 和 CV 占 GDP 比值的检验结果,可以看出与效用的模拟结果无论影响方向还是

---

① 其他协定模拟的稳健性检验结果可以向作者索取。

影响数值大小都基本一致,说明模拟分析的结果是稳健可靠的。

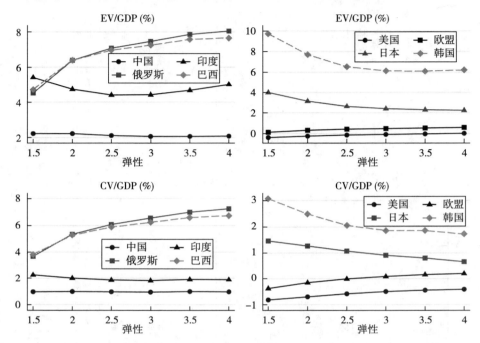

图 11-4　用 EV 和 CV 对 RCEP 福利效应进行稳健性检验(单位:%)

资料来源:作者根据模拟结果整理。

表 11-2　非关税壁垒削减 30%的 RCEP 经济效应敏感性分析

(单位:%)

国家（地区）	均值	标准差	最小值	最大值	均值	标准差	最小值	最大值
	效用				总贸易			
中国	0.909	0.160	0.720	1.133	5.978	2.945	2.274	10.019
美国	−0.433	0.121	−0.621	−0.306	−5.392	1.117	−6.847	−4.077
欧盟	−0.231	0.063	−0.333	−0.167	−3.195	1.356	−5.198	−1.688
日本	1.371	0.314	1.084	1.905	14.379	4.786	8.003	20.844
韩国	3.795	0.719	3.131	5.011	12.026	2.787	8.657	16.045
印度	1.938	0.324	1.642	2.482	10.034	3.447	5.415	14.691
俄罗斯	1.866	0.513	1.250	2.500	0.511	3.144	−4.322	3.992
巴西	2.056	0.527	1.411	2.691	−1.108	2.201	−4.374	1.392

资料来源:作者根据模拟结果整理。

敏感性检验是对部分参数①的变动对模拟结果的影响进行检验,根据以上数值模型的设定,我们分别对非关税壁垒减让水平和替代弹性②进行敏感性检验。首先分析非关税壁垒的减让水平对模拟结果的敏感性,方法是模拟100%关税减免和30%非关税减免情境下的福利与贸易效应,并与基准模拟结果对比。篇幅所限,仅呈现对 RCEP 的检验③,表 11-2 是敏感性分析结果。比较后发现,无论是 30% 的非关税减免还是 50% 的非关税减免,RCEP 对各国福利以及贸易的影响方向基本一致,差别仅仅表现在影响的数值上,说明模拟结果对非关税壁垒的减让水平较为敏感,但可信可靠。

(三) 战略间未能实现有效的互动衔接

高标准自由经贸协定的制定不仅要以我国特定地区市场开放与经贸自由为目标,更要从全局出发考虑当前国家战略间的相互衔接,注重在双边、多边贸易协定国家(地区)中发挥本国战略"乘数"效应。同时,建设高标准自由经贸网络体系,必须弄清、弄懂"高标准'实际内涵,落实"高标准"的实际要求。以国际高标准自由经贸协定为基础和纽带,不断夯实、强化多个国家战略在不同 FTA 的互通互联与协同发展。

从上文不难看出,区域内多边、双边关系的稳定对各方趋于有利。面对区域内复杂的国际关系,需要将"一带一路"倡议、FTA 战略有机结合起来,整体部署,以合力实现高标准自由贸易区网络建设。

协议内容过于传统,不利于统筹发展新时期的高标准自由贸易区网络建设。对接高标准国际经贸规则,是 FTA 国际化的必要条件。近年来,根据美国 2012 年 BIT 协议范本、UNCTAD 所提出的国际投资"协定要素"的核心内

---

① 尤其对数值模型中取值存在一定不确定性,且对模拟情形较为重要的参数,通常选择进行敏感性分析。
② 包括生产函数中的要素替代弹性和消费函数中的消费产品替代弹性。
③ 其他大型区域贸易协定的检验结果可以向作者索取。

容,国际投资 BIT 协议范本呈现出"可持续发展友好型""平衡东道国与私人投资者利益""高标准知识产权保护""维护劳工基本权益""发展绿色投资""争端解决多元化"等一系列新理念与新规则,通过对标这些高标准国际经贸协定范本,主动融入新一代协定文本的新理念、新要素、新规则,能够帮助粤港澳大湾区营造更加法治化、市场化和国际化的外资营商环境,进而有效提升粤港澳大湾区的国际市场竞争力和吸引力。同时,还需注意的是,现有区域贸易协定多集中于 2008 年以前的 WTO 传统贸易规则。相比之下,从 TPP 协定的内容来看,广泛涉及原产地规则、服务贸易、投资、政府采购、竞争政策、知识产权、电子商务、电信、劳工、环境等,其内容远远高出 WTO 的内容要求。

(四)"意大利面碗效应"增加不确定性风险

随着 FTA 范围不断扩大,内容不断深入,原产地规则日渐复杂且互不相同,彼此交织,形成了"意大利面碗效应",这给建设高标准自由经贸网络带来更多风险。这种效应不但使原产地确定更加困难,影响优惠政策的企业利用率,而且增加了高标准自由经贸网络的建设成本。与此相类似的还有各种标准、规则的制定及执行。此时,尽快完善同一原产地规则的统一标准就迫在眉睫。其中,APEC 就已制定 15 条 FTA 示范条款,内容涉及:贸易便利化、争端解决、透明度、卫生和动植物检疫措施、原产地规则等详细说明。

第三节　内地与港澳台内部经贸自由化安排

发展与周边国家地区经贸关系,必须以两岸四地经贸常态化作为基础。经济日益融合,面对亚太区域经济合作的格局变化,两岸四地建立某种区域经济一体化制度更趋必要,内地、香港、澳门、台湾应该首先谋求建立内部更紧密的经贸关系;而中国自由贸易区战略的开展,也应在放眼全球的同时,进一步整合港澳台。

一、内地和港澳合作：CEPA

2003 年至今，《内地与香港关于建立更紧密经贸关系的安排》《内地与澳门关于建立更紧密经贸关系的安排》（Closer Economic Partnership Arrangement，以下简称 CEPA）已经运行了 17 年，这是内地第一个及第二个全面实施的自由贸易协议。成立至今，内地与香港、澳门地区积极开展经贸活动，共同促进内地—香港—澳门的经济发展。

从协议签订进展程度来讲，自 2003 年 6 月签订之日起至 2013 年 8 月，内地和香港、澳门采取进阶式、程式化方式，不断拓展 CEPA 的内容和范畴，在原有协定基础上又签署了 10 个补充协议。同时于 2014 年 12 月签署了《关于内地在广东与香港基本实现服务贸易自由化的协议》，将 CEPA 从广东扩大到整个内地，确保双方在电信服务、文化服务和跨境服务方面进一步发展。通过进一步深化，2015 年 11 月签署了内地与香港、内地与澳门的《CEPA 服务贸易协议》，规范化、深入化内地与香港、澳门间的服务贸易发展。为了更加促进签署地区间经贸合作关系，2017 年 6 月 28 日，内地与香港签署《CEPA 投资协议》和《CEPA 经济技术合作协议》。内地在全境给予香港最惠待遇，即今后内地与其他国家和地区签署的自由贸易协定中，只要是有优于 CEPA 的市场准入措施，均适用于香港。为增强内地与港澳间的 FTA 效率，2018 年 12 月内地与香港、澳门共同签署《CEPA 货物贸易协议》，特别就原产地规则及实施程序作出明确规范与补充说明。2019 年 2 月，中共中央、国务院印发实施《粤港澳大湾区发展规划纲要》，进一步提升了粤港澳大湾区在国家经济发展和对外开放中的支撑引领作用。2019 年 11 月，内地与香港、澳门共同签署《关于修订〈CEPA 服务贸易协议〉的协议》，特别在金融、法律、建筑等多个领域进一步取消或降低对香港服务提供者的准入门槛，放宽对自然人流动、跨境交付等服务贸易模式的限制措施，对全面深化两地经贸交流与合作，支持香港发展经济，改善民生，融入国家发展大局具有十分重要的意义。

从贸易方面来讲,一方面,自 2003 年签署《内地与香港关于建立更紧密经贸关系的安排》以来,2018 年内地对香港的贸易总额已达 3115.21 亿美元,较 2003 年的 873.93 亿美元翻了 2.5 倍,其中内地对香港出口额 2003 年为 762.74 亿美元,此后持续增长至 2018 年的 3029.60 亿美元;同期,一是内地自港进口额也从 111.19 亿美元,不断扩大至 2016 年的 167.01 亿美元;二是受国际贸易局势恶化影响,2018 年这一数字有所回落,降至 85.61 亿美元。另一方面,自 2003 年签署《内地与澳门关于建立更紧密经贸关系的安排》以来,内地对澳门的贸易总额已达 31.62 亿美元,较 2005 年的 18.70 亿美元翻了 0.7 倍,其中内地对澳门出口额 2005 年为 16.05 亿美元,此后持续增长至 2018 年的 30.98 亿美元;同期,内地自港进口额却从 2005 年的 2.65 亿美元,缩减至 2018 年的 0.64 亿美元(见表 11-3)。

表 11-3 2003—2018 年内地与港澳贸易统计

年份	进口贸易		出口贸易		进出口贸易			
	中国香港(亿美元)	中国澳门(亿美元)	中国香港(亿美元)	中国澳门(亿美元)	中国香港(亿美元)	增长率(%)	中国澳门(亿美元)	增长率(%)
2003	111.19	1.86	762.74	12.80	873.93	26.31	14.66	43.92
2004	117.97	2.16	1008.69	16.18	1126.65	28.92	18.33	25.10
2005	122.25	2.65	1244.73	16.05	1366.98	21.33	18.70	1.97
2006	107.80	2.57	1553.09	21.85	1660.89	21.50	24.42	30.64
2007	128.04	2.80	1844.38	26.41	1972.43	18.76	29.21	19.61
2008	129.16	3.06	1907.29	26.02	2036.45	3.25	29.08	-0.46
2009	87.12	2.46	1662.17	18.52	1749.28	-14.10	20.98	-27.87
2010	122.66	1.23	2183.45	21.41	2306.11	31.83	22.64	7.94
2011	102.92	1.62	2660.52	23.43	2763.44	19.83	25.05	10.64
2012	109.14	2.79	3227.07	27.08	3336.21	20.73	29.86	19.22
2013	86.87	3.87	3831.29	31.71	3918.17	17.44	35.58	19.14
2014	91.94	1.97	3610.36	35.93	3702.29	-5.51	37.90	6.52
2015	127.73	1.86	3342.91	46.15	3470.63	-6.26	48.01	26.68

续表

年份	进口贸易		出口贸易		进出口贸易			
	中国香港（亿美元）	中国澳门（亿美元）	中国香港（亿美元）	中国澳门（亿美元）	中国香港（亿美元）	增长率（%）	中国澳门（亿美元）	增长率（%）
2016	167.01	1.40	2872.52	31.41	3039.52	-12.42	32.81	-31.65
2017	73.17	1.04	2792.11	31.69	2865.28	6.08	32.73	0.25
2018	85.61	0.64	3029.60	30.98	3115.21	8.72	31.62	-3.39

资料来源：EPS 数据库。

从投资角度来讲，2003 — 2018 年，内地对港澳两地对外直接投资（Outward Foreign Direct Investment，OFDI）流量从 11.81 亿美元增至 876.80 亿美元，翻了 73 倍，其中对香港投资占对两地投资的 99.3%，显著高于对澳门投资量（见表 11-4）。

表 11-4　2003—2018 年内地与港澳投资统计

年份	中国香港		中国澳门	
	OFDI 流量（亿美元）	增长率（%）	OFDI 流量（亿美元）	增长率（%）
2003	11.49	—	0.32	—
2004	26.28	128.76	0.27	-16.18
2005	34.20	30.11	0.08	-68.62
2006	69.31	102.68	-0.43	-609.71
2007	137.32	98.13	0.47	-211.29
2008	386.40	181.38	6.43	1259.92
2009	356.01	-7.87	4.56	-29.07
2010	385.05	8.16	0.96	-78.95
2011	356.55	-7.40	2.03	111.25
2012	512.38	43.71	0.17	-91.82
2013	628.24	22.61	3.95	2278.13
2014	708.67	12.80	5.96	51.00
2015	897.90	26.70	10.81	81.29

续表

年份	中国香港		中国澳门	
	OFDI 流量（亿美元）	增长率（%）	OFDI 流量（亿美元）	增长率（%）
2016	1142.33	27.22	8.22	-23.98
2017	911.53	-20.20	-10.24	-224.63
2018	868.69	-4.7	8.11	179.20

资料来源：对外直接投资公报。

二、大陆和台湾地区合作：ECFA

大陆与台湾地区于 2010 年 6 月签署《海峡两岸经济合作框架协议》（Eco-nomic Cooperation Framework Agreement，ECFA）至今，取得了丰硕的成果。从协议签订进程来讲，2018 年，两岸经贸合作与发展论坛已经成功举行了 13 届。通过大陆发布对台 31 条措施，内容涵盖金融、就业、教育、文化、医疗等多个领域，两岸互通有无，共同发展的大趋势已经形成。

从贸易角度来讲，其中在货物早期收获清单中，两岸多种货物的关税分两年三阶段降至零，大大降低了两岸货物的生产和营运成本，从而增强了竞争力。服务早期收获清单的成效也相当显著。1978 年两岸贸易额仅有 0.5 亿美元，到 2018 年，两岸贸易额首次突破 2000 亿美元，达到创历史新高的 2262 亿美元，同比增长 13.2%。

从投资方面来讲，自 ECFA 于 2011 年生效以来，大陆共批准台湾 28 家金融企业、167 家非金融企业在大陆提供服务。而台湾方面也进一步开放陆资入岛，促进了两岸金融交流与合作。投资方面，大陆长期是台商投资的首选目的地，吸收台湾对岛外投资的 60% 以上。在两岸同胞的共同努力下，大陆企业在 2009 年也实现了入岛投资，两岸已互为重要的经贸伙伴。一方面，签署协议当年，大陆对台湾地区的投资流量为 0.18 亿美元；到 2017 年，这一数值已经增长为 18.25 亿美元，翻了 100 倍。另一方面，每年的增长率表现不稳定

（见表11-5）。

表11-5　2010—2018年大陆与台湾地区经贸合作统计

（单位:亿美元;%）

年份	贸易总额	大陆出口	大陆进口	贸易增长率	OFDI	OFDI增长率	FDI	FDI增长率
2010	1526.33	375.92	1150.41	39.32	0.17	43275.00	67.01	2.10
2011	1695.47	452.90	1242.57	11.08	0.11	-36.14	67.27	0.39
2012	1623.89	435.79	1188.10	-4.22	1.13	918.77	61.83	-8.09
2013	1656.13	442.58	1213.55	1.99	1.77	56.51	52.46	-15.15
2014	1745.28	497.32	1247.96	5.38	1.84	3.98	51.80	-1.26
2015	1550.22	456.26	1093.96	-11.18	2.67	45.41	44.10	-14.86
2016	1279.40	372.02	907.38	-17.47	0.12	-95.60	36.20	-17.91
2017	1993.90	439.90	1554.00	11.30	2.26	1785.00	47.30	30.70
2018	2262.40	486.47	1775.98	13.21	0.69	-69.47	50.30	6.34

资料来源:台湾经济主管部门、对外直接投资公报。

三、效果评估和存在的不足

（一）经济效果评估

首先,在CEPA运行的16年间,有学者测算指出,现阶段CEPA"港产品零关税"下内地的GDP与福利有所下降,而香港的GDP和社会福利分别上涨了1.64%和13.35亿美元。[①] CEPA对中国内地—香港的双边贸易具有显著的促进作用,而且更能够提高香港在中国内地的贸易地位(见表11-3)。可以看出,2003—2016年,内地与香港、澳门地区的进出口贸易呈增长态势,到2018年这一数值就分别增长达3115.21亿美元与31.62亿美元,合占当年内地全年进出口总额的8.3%,可以看出,与澳门相比,香港与内地的贸易量更

---

① 杜平:《内地与香港经贸合作十五年报告》,《经济研究参考》2012年第68期。

多。内地对香港、澳门的出口贸易远多于进口贸易,这是因为香港独特的地理位置以及其中较多的转口贸易引致的,进一步也证明香港在我国对外贸易中的重要性。其次,在内地对港澳投资流量方面(见表 11-4),内地对香港投资流量整体呈现上涨趋势,由于金融危机影响,2009 年投资放缓,近年来增长率呈上升趋势;在澳门方面,内地对澳门投资低于对香港投资,且对澳投资的波动较大,从增长率可以看出:2008 年和 2013 年这一波动尤为明显,具体数值为 1259.92%及 2278.13%。

其次,从对台湾贸易角度来看,在表 11-15 中也可以看出,对台湾地区的贸易有相当程度的改善。从贸易总额绝对数看,近年来,两岸贸易显著增长,从 2010 年的 1526.33 亿美元攀升至 2018 年的 2262.40 亿美元。其中,大陆对台湾出口额从 375.92 亿美元增至 486.47 亿美元;同期,大陆自台湾进口额从 1150.41 亿美元增至 1775.98 亿美元。值得注意的是,迄今为止,在大陆对台湾贸易中,进口比重远高于出口比重,大陆对台湾以进口为主。

最后,从对台湾投资角度来看,一方面,从对外直接投资的角度:从 2010 年的 0.17 亿美元攀升至 2015 年的 2.67 亿美元。在 2015—2016 年出现断崖式下降,降幅达 95.60%。另一方面,从引用外商投资的角度:2010—2011 年为 67.01 亿美元,随后开始出现下降趋势,最大降幅发生在 2015—2016 年,达 17.91%。

(二) 内地与港澳台 FTA 面临的挑战

首先,从内地与港澳经贸关系角度。

一方面,以进出口贸易总额来说,内地对香港、澳门的贸易总额呈现递增趋势,且上升趋势明显;另一方面,以增长率的角度,2014—2016 年,内地对香港的贸易总额增长率呈现下降趋势,且这种趋势有愈演愈烈之势,2016 年降幅已达 12.42%,澳门的这一数值达 31.65%。且与香港对比,澳门的贸易地位较弱,故贸易总额方面较香港低,但是其波幅较大。2005—2006 年,由于签署与内地相关贸易协定,其贸易总额增长率达 30.64%,但 2008—2009 年,国际金融危机的冲击使得抵御外部风险能力较差的澳门受到波及,与内地的贸易总额也下降了 27.87%,之后发展稳中有进。故内地与澳门的贸易总额受外部影响较大,这可能是由于澳门经济结构较为单一,抵御外部风险能力较低导致的。

从投资方面来看,内地对香港、澳门的 OFDI 流量总体呈现增长态势,但波动较大。一方面,2003—2008 年,内地对香港的对外直接投资流量增长波幅加大,其中在 2007—2008 年增长幅度最大,达到 181.38%,创下近 10 多年来最高纪录。从 2009 年这种增长态势开始呈现断崖式回落,体现了 FTA 利用率较低,降低了内地企业的投资信心。另一方面,内地对澳门的对外直接投资流量增长波幅也较大,呈现不稳定态势。2008—2009 年,为帮助澳门抵御国际金融危机的冲击,内地通过 OFDI 拉动澳门经济,这一年的 OFDI 增长率高达 1259.92%,这样的“异常”情形同样发生在 2013 年,这一年新签订的 CEPA 补充协议,大大促进了内地企业对澳门的投资力度,OFDI 流量增长率高达 2278.13%。但在 2016 年和 2017 年,在投资形势大好的背景下,出现了下降态势,且分别降幅达 23.98%、224.63%。

其次,从大陆与台湾地区经贸角度。

从贸易方面来看,ECFA 的签署在海峡两岸的交流互通过程中具有里程碑意义。然而近年来,两岸经贸却呈“减速”态势,与当前不断加速并谋求高标准自由贸易区网络建设形成鲜明对比。2012—2016 年,两岸贸易增速分别为-4.22%、1.99%、5.38%、-11.18%、-17.47%,远低于此前多年两位数的增长率,只有在 2017 年和 2018 年这一数字增长才分别达到 11.30%、13.21%。

从投资方面来看,2009 年 7 月 1 日,台湾正式开放大陆企业赴台投资,但对陆资采取事前许可制和严格管理条款,并对大陆企业在台投资的领域与产业严格限制。因此,截至目前,大陆企业对台投资仍然较少,与大陆每年近千亿美元的对外投资形成巨大反差。2018 年,大陆企业赴台投资数额仅为 0.69 亿美元,同年,内地 OFDI 流量总额为 1961.5 亿美元。同时与港澳的问题一样,OFDI 增长率波动较大,2012 年 OFDI 增长率为 918.77%,但 2018 年增长率为-69.47%,说明投资态势不明朗,充满不确定性。

此外,ECFA 早期收获计划毕竟涵盖商品范围小,尚属"孩童时期"。ECFA 实施至 2020 年只有短短的 10 年,因而效益并未充分显现。若 ECFA 后续货物贸易协议、经济技术合作协议等相关具体协议能够落地,则 ECFA 的作用还能得到充实和彰显。

第四节　未来建设思路

一、面临的挑战和困难

第一,逐步对标国际标准,亟待与更多国家展开国际合作。自贸协定作为扩大我国影响力战略的重要组成部分,是与各国加强经贸合作,提升国际竞争力的有效途径。国际高标准自由经贸协定要成为我国高标准自贸协定签订的范本,就要考虑如何将其与中国实际相结合,这是我国新一轮高标准自贸区建设的首要问题。

第二,"辐条国"向"轮轴国"的角色转变。由于要素分配在轮轴国和辐条国之间的不平衡分配,将导致"轮辐"效应。生产要素的分配是向轮轴国倾斜的,这是因为轮轴国往往拥有丰富的技术、资本和市场等优势资源。目前,中国在多边 FTA 中并未充分利用轮轴国效应,正如前文所说,即便在以亚洲国家为主导的 FTA——中国—东盟("10+1")FTA 中,我国也并非轮轴国,这使得参与其中的中国企业在相关 FTA 中难以获得"轮轴福利"。如何进行"辐—轮"角色转变,将成为我国进一步构建自贸协定框架的重要途径。此外,还需要不断研究以我国为"轮轴"的经济效应,进一步完善"轮辐"结构自贸区的相关知识体系。

第三,如何提高 FTA 利用率,增强 FTA 参与感。一国在区域经济一体化中的自身特性,如企业认知水平、原产地证书申领成本、最惠国税率与 FTA 特惠税率差额、FTA 中的关税减让过渡期以及其他因素等,都会成为影响其 FTA

利用率的因素。① 尽管中国自贸区战略的实施已有成效,但与国际大多数双边、多边 FTA 一样存在利用率不高的问题。

二、未来建设的政策思路和建议

第一,扩大 FTA 辐射圈,促进 FTA 战略和"一带一路"倡议融合发展。我国在自贸区建设过程中,需要遵循"立足周边,面向全球"和"先易后难、循序渐进"的原则。② 一方面,我国先后与东盟、韩国、新加坡等亚洲周边国家建立自贸区,发展与亚洲其他国家的资源、产品、服务的经贸关系。另外,我国也与新西兰、澳大利亚、智利、秘鲁、哥斯达黎加、冰岛、瑞士分别签署了自贸协定,尝试将辐射范围扩向大洋洲、拉丁美洲、欧洲等地区。另一方面,我国积极与海湾合作委员会、以色列、挪威、毛里求斯等就建设自贸区问题进行磋商,与加拿大、斐济、尼泊尔、哥伦比亚、蒙古国与孟加拉国等国家研究探讨签订自贸协定的可行性,力图将辐射范围扩向非洲、拉丁美洲、欧洲。

自贸区战略肩负着中国自由贸易试验区的历史重任。未来中国的自贸区战略还需要大力发展,扩大自贸朋友圈。加快推进自贸区(FTA)建设,要把"一带一路"建设等与之结合起来。由于各国经济发展水平、区域合作目标以及社会利益诉求方面存在较大差异,故而要对不同经济发展程度经济体的自贸区建设实施差异化战略。

第二,对标国际水准,制定各具特色的协议规则。当与目标国探讨签订相关协议时,首先,应明确与伙伴国可选择的合作方式,应该首先考虑自身能够承受的贸易投资便利化水平;其次,针对彼此敏感的内容,尤其是与对方在以往的谈判中产生过争议的部分,应参考国际范例对问题的界定;再次,考察合

① 张波、刘佳、梁由卉子:《中国 FTA 的利用现状及提高利用率的对策分析》,《对外经贸》2018 年第 3 期。
② 张卉:《"一带一路"战略背景下中国参与 FTA 的现状、问题及对策研究》,《财经理论研究》2015 年第 5 期。

作对象是否具备遵守世贸组织以及自贸协定规则的体制保障和制度条件;最后,分析可能与目标国出现的摩擦、争议以及受到干扰的国际环境,并通过相关国际规则、国际事务案例寻找解决途径。

第三,中国争取成为 FTA 结构中的轮轴国,可以借助于世界主要 FTA 轮轴国宝贵经验进行 FTA 建设。除了智利之外,墨西哥也是发展中国家中利用 FTA 相对成功的国家。一方面,中国如果与轮轴国签订 FTA,就可以迅速成为该轮轴国的辐条国,从而快速融入该国所涉及的国际 FTA 网络,之后可以再通过与其他辐条国不断建立 FTA,来增加中国在国际 FTA 网络中的参与度;另一方面,可以积极推动多边贸易自由化,通过在亚太领域不断增强的经济影响,形成更加积极主动的国际合作态势。自 1994 年乌拉圭回合谈判以来,国际上广泛建立的双边或多边的自由贸易协定,构建了更加自由深化的区域贸易形式,这也是全球的经贸地位和形式新的一轮最大的重构。①

第四,有效提升 FTA 效率,强化政企联动性。要想充分发挥 FTA 对我国贸易、投资以及经济的促进作用,政府和企业的共同努力是不可或缺的。对于政府来说,需要拓宽 FTA 信息提供的平台,及时分享 FTA 的新进展,深度分析 FTA 相关优惠条款,安排专业人员为企业提供咨询服务,积极搭建企业与 FTA 的桥梁。另外,企业应该通过政府网站和公告了解各项优惠措施,尤其是要清楚可享受优惠关税的产品清单。对于进口企业来讲,应关注国家每年年初和年中颁布的海关税则中"协定税率",及时了解情况,督促出口商主动申领优惠原产地证。出口企业可从商务部官方网站上了解自贸区成员对我出口产品关税优惠情况,及时申领原产地证,享受关税优惠。

总之,构建高标准的自由贸易区网络需要统筹国内国外大局,充分思考如何突破发展瓶颈,借助国内利好政策倡议和海外有利资源,充分发挥自身优势,以应对更严峻的挑战。

---

① 林建勇、洪俊杰、杨超:《国际贸易投资规则重塑下中国面临的挑战与应对——基于 TPP 与中韩自贸协定视角》,《管理现代化》2016 年第 5 期。

第十二章 中国与世界主要国家和区域经贸关系建设

20世纪70年代以来,我国与主要大国集团的经贸关系逐渐出现了好转。伴随着中国发展步伐的迈进,中国与美国、欧盟、日本、东盟、俄罗斯等国家及地区的贸易额持续扩大,贸易结构明显改善,有利于后续经贸建设。中国对外投资和中国吸引外资均显著上升不仅代表中国竞争力的增强,还说明中外合作深入程度提升。虽然对外开放会面临保护主义挑战等风险,但是伴随着"一带一路"倡议的推进和对外开放的深入,我国与主要大国的经贸关系将会提升到新台阶。

第一节 中美经贸关系建设

自1972年2月,尼克松总统访华并同中国在上海签订了《中华人民共和国和美利坚合众国联合公报》,美国此后逐步解除对华贸易禁令,中美关系逐渐缓和并重新开启了新的阶段。1979年中美建交,中国与美国签订了双边最惠国待遇的贸易协定,刚刚确定改革开放战略的中国逐步确定了外向型经济发展模式,中美经贸关系由此起步。在经历了中美蜜月期近10年的快速发展后,随着苏联解体,美国对中国的态度发生了数次转折,但是总的来看,中美经贸关系在近四十多年来高速发展,双边贸易额快速增加。如图 12-1 所示,中美贸易额在高速增长的背后,也明显出现了几次较为明显的变化,代表了中美经历的几个不同阶段。

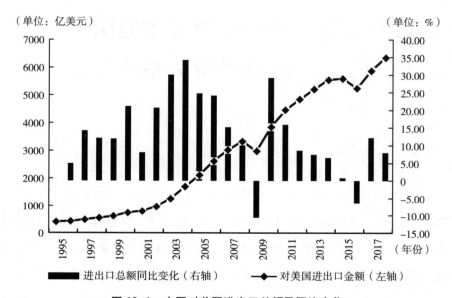

图 12-1　中国对美国进出口总额及同比变化

资料来源:联合国 Cometrade 数据库。

第一阶段是 1989—1999 年,在该阶段内中美围绕是否给予对华最惠国待遇不断磋商,中国逐步争取权利并得到发展。伴随世界经济全球化,中国出口导向型战略迎来了新机遇。随着劳动成本优势和劳动质量的不断提高,在中央和各级地方政府优惠的投资政策推动下,外资企业在中国的投资迅速增加,中国的对外贸易模式逐渐从劳动密集型转变为资本和技术密集型。尽管美国国会对中国最惠国待遇进行了十年的年度审查,但中美之间的贸易总额始终在持续增长。1990 年中美贸易额为 117.7 亿美元,到 2000 年,这一数字上升为 744.7 亿美元,11 年来增加了 533%,年均增长率为 48%。

第二阶段是 2001—2005 年,在该阶段内中国成功加入世贸组织,中美贸易额快速增长。自 2001 年中国加入世贸组织起,对美贸易总额持续扩大,在

2002—2004 年,中美贸易总额年增长率分别高达 20.70%、30.05%、34.21%,中美贸易额持续快速增长,中国贸易顺差也不断扩大(见图 12-2)。自此,中美之间的经济结构性差异导致的贸易失衡问题显露。

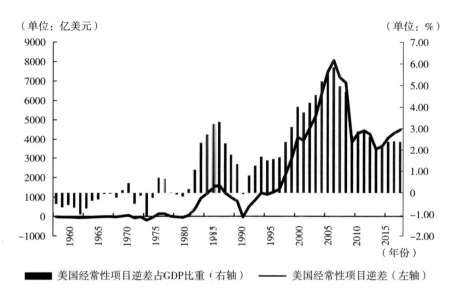

（单位：亿美元）　　　　　　　　　　　　　　　　　　　　　（单位：%）

■ 美国经常性项目逆差占GDP比重（右轴）　—— 美国经常性项目逆差（左轴）

图 12-2　美国贸易逆差及逆差 GDP 占比

资料来源:联合国 Cometrade 数据库、国家统计局国际数据。

第三阶段即 2006 年至今,在此期间,中美经贸关系经历了逐渐转向战略性互动与开展经济对话的阶段。在此期间中美经贸处于一种较为良性的增长过程中,中国也逐步从被动应对美方的措施转变为主动参与对话协商,主动参与到全球贸易秩序维护与改进的进程中。但是,随着中国经济结构的转型,制造业的持续发展促使中国逐渐完成一部分高端制造品的进口替代。高端制造品出口的缩窄,从某种程度上重新使得美国贸易逆差问题又逐渐有恶化的倾向。2016 年特朗普政府上台以后,从宣扬"自由贸易"转向大谈所谓"公平贸易",美国的目的只有一个,就是让"美国优先"落地,让世界各国为美国独霸天下埋单。中国坚决反对美国对华加征关税,实行贸易霸凌,但也完全做好了应对各种情况的准备。无论形势如何发展变化,中国都坚持做好自己的事情。

通过改革开放发展壮大自己,是应对经贸摩擦的根本之道。

第二节　中欧经贸关系建设

一、历程与现状

中国与欧盟建交于 1975 年,当时欧盟还是只有 9 个成员国的欧洲共同体。1978 年,中欧双方签署贸易协定,相互给予对方国家最惠国待遇,从此中欧经贸关系步入了新的阶段。1983 年,中欧启动了双方第一个科技合作项目。次年中欧启动了"管理培训与农村发展项目",这是中欧双方首个在华合作项目。1985 年,中欧签署了《贸易与经济合作协定》,协定将中欧双方的合作领域扩大到工业、农业、科技、环境保护、能源、发展援助、交通运输等领域,奠定了此后中欧关系发展的基础。20 世纪 90 年代后,随着欧盟的建立与中国综合国力的上升,中欧双方先后建立了 60 余项高级别与高端对话机制,中欧关系得到了快速发展。中方于 2003 年发布的对欧政策文件中强调了要致力于发展中欧之间的全面战略伙伴关系。

由图 12-3 可知,中欧建交以来双方进出口额呈现出平稳增长的趋势。2018 年中欧双方的贸易额达到 6821 亿美元,占中国进出口总值的 14.8%,欧盟继续保持中国第一大贸易伙伴的地位,中国是欧盟第二大贸易伙伴。其中,中国对欧盟出口 4116 亿美元,占当年中国贸易出口总额 25019.5 亿美元的 16.5%,欧盟对中国出口 2735 亿美元,占当年中国贸易进口总额 21340.6 亿美元的 12.8%。2019 年,中欧双方的贸易额突破 7000 亿美元大关,达到 7051 亿美元。随着中国改革开放的不断推进和欧盟合作意愿的不断加强,中欧之间的贸易往来愈发紧密。

中国与欧盟建交之初,经济还非常落后,经过四十多年的发展,中国的综合国力和经济实力得到了显著的提升。2010 年以前,欧洲对我国的对外直接

（单位：亿美元）

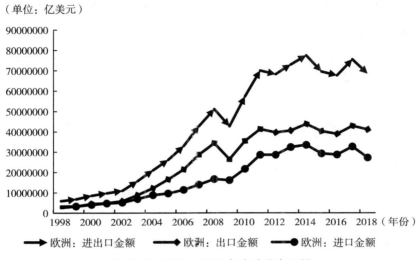

图 12-3　2013—2018 年中欧进出口额

资料来源：国家统计局年度数据、国际数据。

（单位：亿美元）

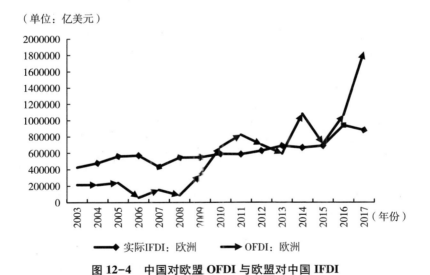

图 12-4　中国对欧盟 OFDI 与欧盟对中国 IFDI

资料来源：商务部商务数据中心。

投资都远大于我国对欧洲的对外直接投资；2010 年以后，我国 OFDI 与 IFDI（Introducing Foreign Direct Investment）逐渐持平；2013 年之后，随着我国国际化进程的加速和"一带一路"基础设施建设的实施，我国对欧直接投资开始大幅上升。2018 年,中国各类企业对欧盟的直接投资达到 78.2 亿美元,并一直保持增长的势头。对外直接投资的增加是一个基石,将带动未来双方之间的贸易快速增加。可以预见,中欧之间的贸易往来还将深化,中欧经贸关系将上升到一个新台阶。

二、未来建设定位

2018 年,随着中美贸易摩擦的开启,中美经济受到了巨大的冲击,加上全球经济都处于不景气的状态,全球掀起了单边主义和保护主义新浪潮。在单边主义和保护主义盛行的国际环境下,中国推行"一带一路"倡议将会受到更大的阻碍。中国的快速崛起使得美国逐渐开始心生嫌隙,因而与欧盟建立良好的经贸关系对我国而言十分重要,同时欧盟也十分需要中国这个巨大的消费市场和生产大国,可以预见在不远的将来,二者之间的经贸关系应该达到一个前所未有的高度。然而自英国脱欧开始,欧盟内部也开始面临一些问题,单边主义与保护主义的风潮不可避免地影响到了一些欧盟成员国,这不利于中欧经济贸易的长足发展。

中欧在很多全球关键问题上存在重要共识。从目前的情况来看,有研究发现欧洲内部存在的民粹主义主要是针对边界管控和移民问题,而整体上欧洲人民并不反对全球化,这与中国支持全球化进程,强调多边主义、标本兼治和维护联合国权威等不谋而合。在全球化的推进过程中,欧盟将会成为我国重要的合作伙伴。

从长远来看,各国经济持续稳定增长离不开全球的对外开放和经济一体化。因而,为了营造一个良好稳定的国际贸易环境和推进开放,中国与欧盟需要共同努力,为全球经济一体化携手奋进。

三、战略建设思路与政策选择

中国在关于世贸组织改革的立场文件中表示:"以世贸组织为核心、以规则为基础的多边贸易体制是经济全球化和自由贸易的基石,这一多边贸易体制为推动全球贸易发展、促进经济增长和可持续发展作出了非常重要的贡献。在世界经济深刻调整,单边主义和保护主义抬头的情况下,多边贸易体制遭受了严重的冲击。中方支持对世贸组织进行必要的改革,以增强世贸组织的有效性和权威性"。

欧盟作为中国第一大贸易伙伴,其重要性日益显现。因而,与欧盟建立起稳定的经贸关系,对中国经济的发展和对外开放的进程至关重要。

对此,中欧经贸关系的建设思路可分为四个部分:在贸易层面,中欧双方降低及减少相对优势产品的进口壁垒(包括关税壁垒和非关税壁垒),以扩大双方对外贸易额。欧盟处于产品价值链的高端,而中方处于相对较低的位置,国内需要欧盟高附加值的产品,而欧盟也需要中国庞大的消费市场和制造能力,二者之间的合作不仅能够促进双方共同的国际收支平衡,也有利于两国经济的发展与改善。

在运输层面,通过一系列的基础设施来增加运输路径,降低运输成本,提高运输效率。截至 2019 年年底,我国已开通的中欧班列累计开行已超过 20000 列,连接 60 座中国城市和欧洲 15 个国家的 50 座城市。2019 年仅中欧班列(成都)就累计开行超过 4600 列。中欧班列的开通不仅为中欧两国之间的商品贸易提供了巨大的便利,还节省了双方的贸易成本。2011 年以来中欧班列发展进程如表 12-1 中总结。

表 12-1　中欧班列发展进程

时间	事件
2011 年 3 月 19 日	首列中欧班列(重庆—杜伊斯堡,渝新欧国际铁路)成功开行
2016 年	中欧班列计划开行 200 班,下货点扩大到 20 个,实现每周去程三班、回程三班
2017 年	中欧班列累计发车超过 1000 列,本年中欧班列开行数量较上一年同期增加 612 列,增长 158%

时间	事件
2018 年	中欧班列(成都)累计开行量逾 2000 列,中欧班列累计开行数量超过 10000 列
截至 2019 年年底	中欧班列累计开行超过 20000 列,运行线路超过 60 条,通达欧洲 15 个国家的 50 个城市

在 FDI 层面,鼓励双方企业直接对外投资,鼓励欧企入华,放松欧资入股个别行业的限制。近年来,我国不断在产业及金融市场等方面加大对外资开放的步伐。2013 年以来 QFII 和 RQFII 投资范围和投资额度都在快速扩大(见图 12-5)。QFII 和 RQFII 是外国投资者进入中国资本市场的主要渠道,放开外商投资使得未来将有更多增量资金进入国内,对国内蓝筹股走势将构成中长期利好。

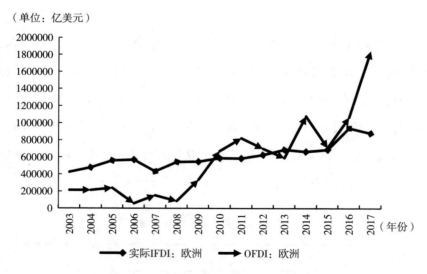

图 12-5　中国 RQFII 和 QFII 投资额度

资料来源:国家外汇管理局统计数据。

在金融层面,不断加强金融系统建设,营造良好稳定的外商投资环境,稳定人民币汇率,加强系统风险的管控。稳定的金融环境是一个国家或地区最终成为世界强国的重要基石,实体经济的发展离不开金融,金融的稳定能够吸引外国投资和国际贸易,二者呈现互相依托的关系。我国目前的金融市场依旧薄弱,因而,为了营造良好的金融环境,我国需要加强国内金融系统的建设,深化征信进程,扩大信贷领域,培育和引进高端金融人才,向国内投资者普及金融知识,以期建立稳定的金融秩序和良好的营商环境。

第三节　中国与东盟经贸关系建设

一、历程与现状

自 1990 年开始,中国陆续与东南亚各国建立友好的外交关系。从此以后,中国与东盟国家之间的关系得到持续改善。1995 年,东盟在曼谷举行首脑会议,提出与中日韩举行首脑会议的设想。这一设想在 1996 年首次亚欧首脑会议中实现。在 1997 年东南亚发生金融危机的时候,中国积极慷慨地伸出援手,加强与东南亚国家之间的合作。1997 年 12 月,为应对东南亚金融危机,东盟、中日韩领导人非正式会议在吉隆坡进行,讨论应对金融危机及加强东亚经济合作等,探讨 21 世纪东亚经济发展前景,东亚经济合作开始进入实质启动阶段,形成了"10+3"及"10+1"对话机制。中国和东盟建立起了"面向21 世纪的睦邻互信伙伴关系"。1999 年,"10+3"首脑会议在马尼拉举行,第一次发表了《东亚经济合作宣言》,明确了东亚经济、货币、科技及政治安全等八方面的重点合作领域,中国与东盟国家的经济合作进入实质阶段。2002 年11 月,《中国—东盟全面经济合作框架协议》签订,中国—东盟自由贸易区建设正式启动。

中国与东盟之间的战略伙伴关系建设则始于 2003 年(见表 12-2),当年,中国与东盟 10 国发布"联合宣言",建立起"面向和平与繁荣的战略伙伴关系"。2013 年,中国与东盟开启了共建 21 世纪海上丝绸之路和中国—东盟命运共同体的宏伟规划。中国"一带一路"倡议的提出,使得中国—东盟关系上升到了一个新高度。对于东盟来说,社会经济发展的前提之一是基础设施的不断完善,这对东盟国家的资金及技术的要求则比较高,东盟国家需要中国资金及技术的帮助。可以预见在不久的将来,东盟国家依托中国的市场、资金及技术,社会经济将飞速发展;对于中国来说,中国现在的社会主要矛盾已经发生了转化,我国消费需求层次的提高速度高于我国产业发展的速度,随着去产能进程的推进,加强对东盟的开放能够帮助产能去化,有利于我国经济转型和发展。

表 12-2   中国、东盟经贸关系发展历程

年份	事件
1990	中国先后与印度尼西亚(复交)、新加坡建交
1991	中国与所有的东盟国家都恢复或建立了友好的国际关系;中国—东盟建立"对话伙伴关系"
1997	中国—东盟提出建立"面向 21 世纪的睦邻互信伙伴关系"
1998	将巩固和发展与东盟国家的睦邻互信伙伴关系定为一项既定国策
2002	《中国—东盟全面经济合作框架协议》签订,自由贸易区建设正式启动
2003	中国加入了"东南亚友好合作条约",双边关系提升为"面向和平与繁荣的战略伙伴"
2010	中国—东盟自由贸易区如期建成
2013	中国与东盟提出共建 21 世纪海上丝绸之路和中国—东盟命运共同体
2014	中国邀请各东盟国家领导人参加"互联互通伙伴关系对话"会议
2016	双边签署升级自贸区相关协议
2017	南向通道建设
2018	签署中国—新加坡《自由贸易协定升级议定书》
2019	第 16 届中国—东盟博览会暨中国—东盟商务与投资峰会召开

自 2013 年以来,在"一带一路"倡议的强力推动下,中国对外承包工程呈现波动式快速增长,6 年来全球合同数量总计增加 2 倍左右。合同数量如表

12-3 所示。

表 12-3　对外承包工程:合同数量　　　　（单位:份）

年份	亚洲	非洲	欧洲	拉丁美洲	北美洲	大洋洲及太平洋岛屿	其他	全球
2012	2753	2557	435	743	56	165	1	6710
2013	2902	6747	733	851	157	166	22	11578
2014	3487	2650	619	642	131	204	7	7740
2015	3975	2815	701	678	191	302	—	8662
2016	7668	3969	4868	1079	1341	232	—	19157
2017	7433	2964	8044	1002	2983	348	—	22774
2018	4662	2314	2017	746	997	243	6	10985

资料来源:中华人民共和国商务部网站。

　　亚洲是我国对外承包工程的主要实施地区,在图 12-6 中可以看出,我国投在东盟的项目数量占亚洲总数的将近一半,也呈现出逐年增长的趋势。

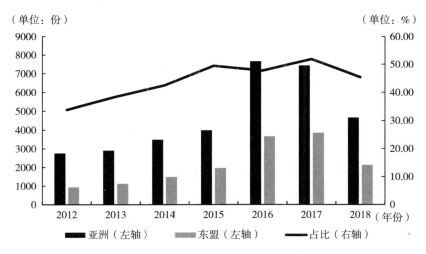

图 12-6　中国对外承包工程—亚洲、东盟

资料来源:商务部商务数据中心。

　　中国与东盟的战略合作伙伴关系已经走过了第 16 个年头,中国—东盟经贸关系建设在这 16 年里取得了巨大成效。2018 年,双方的贸易额已经从 2003 年的 782.52 亿美元提高到 5878.72 亿美元,其中,中国对东盟国家出口额为 3192.44 亿美元,占比 54%,东盟国家对中国出口额为 2686.28 亿美元,占比 46%。当年中国进出口总额为 46229.50 亿美元,双方贸易额占 2018 年中国进出口总额的 12.72%,东盟是我国最重要的经贸伙伴之一。2019 年,中国与东盟双边货物的进出口额为 6414.7 亿美元,相比 2018 年增幅为 9.2%,东盟成为我国第二大贸易伙伴。

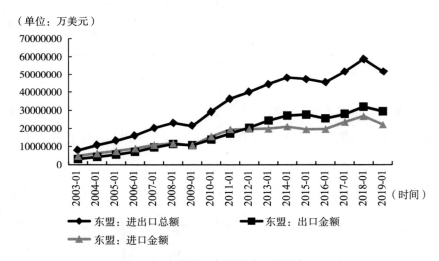

图 12-7　中国—东盟进出口贸易额

资料来源:国家统计局年度数据。

　　我们必须正视,中国与东盟在合作过程中也存在着诸多风险。保护主义的兴起,为中国—东盟的深化合作带来了新的阻碍。同时,东南亚国家经济的不稳定性也加大了双方贸易的风险。一方面,随着全球保护主义浪潮的掀起,出于对国家安全问题的考量,东南亚国家内部民族主义也开始滋生,印度尼西亚、菲律宾等国家担心中国在东南亚影响力的加强会影响甚至损害其国家利益,阻碍了中国—东盟的合作进程;另一方面,还有部分东盟国家存在着政局不稳、宗教冲突、法律不完善等复杂问题,导致中国企业在对外投资或贸易过程中面临着较大的政治风险。许多项目由于政治原因最后以失败告终,给国内投资者造成了巨大损失。同时,中国一些企业投资项目与当地社会契合度较低,对扩大当地就业和改善民生效果不够明显,这在无形中降低了东盟国家民众对中国企业的好感。

二、未来建设定位

中国的发展离不开对外开放。世界经济发展史也表明,只有加强多边贸易,推进全球一体化,才能促进全球经济的发展。东盟国家是中国的邻居,邻里和谐是一国经济得以持续稳定发展的重要条件。自 2013 年以来,中国对东盟的对外直接投资呈现出加速增长的趋势,在 2016 年达到峰值。我国对东盟OFDI 在 2017 年略微下行,其中占比最大的分别为制造业、批发和零售业、租赁和商务服务业以及建筑业。2013 年起,金融业,信息传输、计算机服务和软件业,居民服务和其他服务业,以及科学研究、技术服务和地质勘查业的增长较快,这表明了中国与东盟的合作是建立在促进当地经济和技术发展的愿景上的,这不仅代表我国对东盟重视,也表明了中国带动邻居共同发展的诚意。

表 12-4 中国对东盟 OFDI 流量(分行业) （单位:万美元）

行业 \ 年份	2007	2008	2009	2010	2011	2012	2013	2014	2015	2016	2017
电力、煤气及水的生产和供应业	7745	117573	34932	79130	100641	108179	82211	64604	31080	66424	63299
批发和零售业	11811	9207	90995	17102	75253	68288	123445	111776	174324	196304	244850
制造业	29042	23715	27511	48593	56863	98821	118858	152213	263944	354370	317445
租赁和商务服务业	—	16132	15207	15598	56674	44041	62133	123908	667384	137106	214215

续表

年份 / 行业	2007	2008	2009	2010	2011	2012	2013	2014	2015	2016	2017
采矿业	9681	24175	46554	89817	44609	171434	123399	67424	3895	24119	37028
建筑业	7745	16286	18195	34606	44273	60094	69804	79726	57327	63487	189636
交通运输、仓储和邮政业	13069	27975	6133	8213	108820	9319	14571	11127	6092	−67010	75798
金融业	—	4103	14202	107934	61999	9399	54234	67254	91178	45400	73860
农林牧渔业	—	4224	11061	16843	19072	29971	54331	78346	50432	37370	62330
科学研究、技术服务和地质勘查业	—	2307	527	16659	14918	2464	8181	2297	8479	7364	19986
房地产业	—	59	3548	4704	2675	4453	5121	24152	17583	124590	71142
信息传输、计算机服务和软件业	—	2169	240	104	518	628	1473	−8481	6347	19125	11581
居民服务和其他服务业	—	518	163	148	2713	1202	2045	5234	3922	15515	6131
住宿和餐饮业	—	2	40	148	11	1241	5235	367	1319	1759	724
其他行业	17716	0	502	865	1485	510	1677	980	77125	1945	

资料来源:中华人民共和国商务部网站。

中国要与东盟开展更紧密的合作,构建中国—东盟命运共同体的愿景,打造更高水平的中国—东盟战略伙伴关系,就必须努力以互利共赢方式促进区域各国及各项互联互通战略的对接,以提升双方战略伙伴关系;以政治安全合作、经济合作、人文交流为三大支柱;以双方达成的合作领域为支撑,致力于支持和帮助东盟缩小成员国间发展差距。

三、战略建设思路与政策选择

根据中国与东盟领导人共同发布的《中国—东盟战略伙伴关系 2030 年愿景》,结合中国与东盟经贸关系建设的现状,中国与东盟的建设思路可以从政治安全合作、经济合作和社会文化合作三个方面来进行规划。

表 12-5　中国—东盟愿景规划

政治安全合作	中国尊重各国依照本国国情独立选择自身发展道路,中国与东盟国家之间长期友好;同时,两国在防务、安全、非传统安全和应对跨境威胁等领域通过开展对话、建立信任措施和加强合作,增进双方互信与理解;重申东盟在不断演变的区域架构中的中心地位的重要性;加强高层之间的往来沟通;在海洋问题上,致力于全面有效完整落实《南海各方行为宣言》,在协商一致基础上争取早日达成和通过一个实质和有效的"南海行为准则";加强防腐败合作和应对恐怖主义
经济合作	中国目前是东盟最大贸易伙伴,第三大 IFDI 来源国和重要游客来源地,继续发展中国和东盟贸易、投资和旅游往来;提升营商环境,探讨自贸区进一步升级可能性以及在电子商务、竞争、知识产权、新科技、数字和技术创新等新领域开展合作;深化金融合作,包括推动亚洲基础设施投资银行等国际金融机构积极参与,调动私营资本,提升能力建设,支持区域基础设施发展;本着包容、互利和尊重国际法的原则,进一步促进海洋经济合作领域的对话和交流;促进产能、技术创新,促进中小微企业发展和区域增长,促进当地就业
社会文化合作	加强教育创新和学术交流;鼓励双方人文交流与合作,在语言、文化、艺术和遗产等领域促进青年交流,提升相互理解,深化友谊;加强环保、水资源管理、可持续发展、气候变化合作;鼓励开展文化交流,提升双方文化遗产保护意识,促进积极老龄化,更好地应对老龄化社会挑战;促进政府间政策沟通,欢迎中国在适当领域为东盟国家提供援助,以实现联合国《2030 年可持续发展议程》目标,包括依据各自可持续发展目标消除各种形式贫困

第四节　中国与日本经贸关系建设

一、历程与现状

(一)中日经贸关系历程

自 1972 年 9 月中国与日本建立外交关系以来,中日关系逐步步入正轨,两国之间的经贸关系稳步发展。中日两国贸易额由 1972 年的 10.4 亿美元增加到 2017 年的 3030 亿美元,45 年来双方之间的贸易额增长了 300 余倍,年均增长率 378.4%(见图 12-8)。在此期间日本对中国的直接投资也得到快速增长(见图 12-9)。

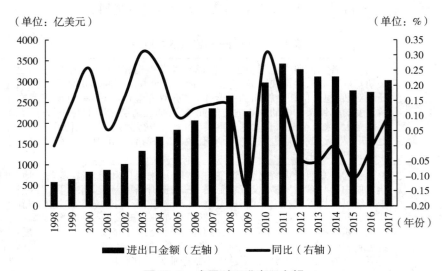

图 12-8　中国对日进出口金额

资料来源:商务部商务数据中心。

中日之间的贸易发展总的来看可分为三个阶段。1978—2000 年是开启发展阶段,2001—2008 年是快速发展阶段,2009 年至今是调整发展阶段。

1978 年,是中日经贸正式关系开启的元年。时任副总理邓小平于 1978 年访问日本,与日本首相福田起夫共同出席了《中日和平友好条约》批准书的互换仪式,参观考察了新日铁、日产汽车和松下电器等大企业,这是中国现代化战略中的一次取经之旅。中国领导人这次出访之后,在 1978 年 12 月党的十一届三中全会上正式拉开了改革开放的序幕。这一时期伴随着中国对外开放的深入,中日分工体系也逐步建立。中国在这个阶段主要向日本出口原材料,从日本大量进口机械、制造设备以及工业制成品,这导致中国巨大的贸易逆差。20 世纪 90 年代开始随着中国市场经济体制的建立,中国工农业生产

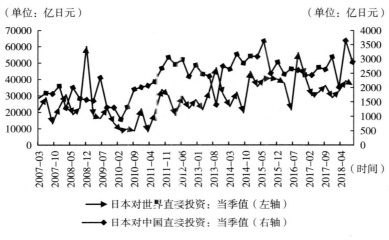

（单位：亿日元）　　　　　　　　　　　　　　　　（单位：亿日元）

——→ 日本对世界直接投资：当季值（左轴）

——◆ 日本对中国直接投资：当季值（右轴）

图 12-9　2007—2019 年日本对外直接投资

资料来源：Wind 数据库。

得到快速发展,中国的组装以及初级制造能力迅速提升。中国对日出口的商品中,纺织品和机械制成品的占比开始上升,中日之间由"垂直分工贸易"过渡到了"水平分工贸易"。

随着中国 2001 年加入 WTO,对外贸易高速发展,中日双方的贸易在 2001—2008 年期间也得到快速发展,连续 8 年刷新两国贸易额纪录。2002 年和 2006 年分别突破 1000 亿美元和 2000 亿美元的大关,2008 年双边贸易额已高达 2668 亿美元。高新技术产品在中日贸易的占比不断上涨,成为该阶段中日贸易的显著特征。这个时期中国收入增速进步明显,对日本高科技产品出口比重也逐步上升,总的来看,国内投资环境和市场层级都出现了非常明显的改善。在这个时期,随着日本经济的持续低迷,中日之间的贸易平衡逐渐向着另一个方向发展,中国对日本的贸易顺差不断增大,中方对日方的贸易顺差由 2001 年的 21.8 亿美元增加到 2005 年的 164.4 亿美元。

2008 年国际金融危机爆发以后,特别是 2010 年中日双方的政治关系急剧恶化以来,中日两国的正常经贸关系受到严重的冲击,再加上中国社会经济快速发展所带来的劳动力成本上升,以及中国在高端制造业上的逐步崛起,使两国之前的经济互补程度减弱,两国在某些贸易领域上逐渐从原来的互补合作转向了竞争关系。中日双边的进出口贸易金额在 2011 年后逐渐下降,从 2011 年的 3428 亿美元下降到了 2016 年的 2780 亿美元。2017 年以来中日关系逐步改善,双方的经贸关系又得到新的发展。

改善对华关系已经成为日本政府和社会各界的共识。2017 年下半年以来,安倍在不同场合多次表达了推动日中关系发展的意愿,表示要"将日中关系提升至一个新高度"。内阁官房长官菅义伟在接受日本各报的年末专访时,也称"日方是真心实意地想改善与中国的关系"。2018 年 10 月 27 日,日本首相安倍晋三访问中国之后,中日关系迎来了缓和的机遇期,除正常续签《中日和平友好条约》之外,两国也相继签订了一系列加强双方金融贸易领域合作的文件。

（二）2017 年以来中日关系逐步改善,合作进程加快

2017 年以来,日本对"一带一路"倡议态度开始缓和,两国国家领导人在 2018 年间实现互访。中日双方在日本首相安倍晋三访华期间签订了总金额超 180 亿美元的 52 个合作项目,并签署新版货币互换协定等 12 项政府间合作协议,中日关系重新回到正轨。可以看出自 2017 年以来,两国从之前的政冷经热逐步转为发展更为积极的双边关系,这种政治层面的转变也将逐步推动中日在经贸等领域取得更大的进展。

二、未来建设定位

对于中国来说,日本不仅是重要的邻国也是重要的经济伙伴,同时是亚洲治理体系的重要组成部分,两国在科技、贸易、金融以及文化等领域合作广泛,合作前景光明。

自 2010 年中国 GDP 总量超过日本以来,中日之间的综合国力和经济发展之间的对比发生了巨大改变,但这并不意味着两国之间的关系进入相互竞

争的僵局。在未来,中日之间的合作不是看数量的多少,更不应该建立在量的竞争上,应当朝着更深层次的经济技术合作发展,建立在东亚区域比较优势之下的功能和角色定位进行重新分工。

对于未来中日经贸关系的建设定位,应当是一种立足于"互为合作伙伴,互不构成威胁"的共识下,构建围绕两国优势技术、产业互补,深度融合共同繁荣的新型经贸关系。

三、战略建设思路与政策选择

中日双方要建设新型经贸关系,首先,就是要加强环保领域务实合作。加强环保和绿色发展是两国当今的重要国家战略,两国可以利用各自的优势,通过节能环保等基础设施建设,推动绿色可持续发展。日本在节能科技领域有着深厚的技术储备,而中国作为世界上基础设施建设能力最为突出的国家,同样有着巨大的优势。二者可以深入围绕节能环保领域,打通两国人员、科技以及服务的自由流动,建设世界先进的绿色设施,优化东亚区域的生态环境。

其次,是深化创新合作。日本拥有先进的教育体系,有着良好的产学研一体机制。而中国在转变发展方式的道路上,正在实施创新驱动战略,积极推进智能制造,努力实现高端技术层面的技术突破。日本可以通过与中国的创新技术合作等活动,深度参与到中国的快速发展中来,扩大两国在创新研发等科创事业的合作,分享中国经济技术快速跃进的"二次红利"。

最后,是共同推进东亚自由贸易区建设。中日两国对于推进自由贸易体系建设有着一致的认识,在当前错综复杂的国际环境下,面对以美国为首的部分国家反全球化、反自由贸易的思潮及行为的冲击下,中日之间可以扩大经贸领域合作,共同推进 WTO 改革,共同参与"一带一路"建设,推进东亚自由贸易区建设,共同抵制反对自由贸易的势力对世界繁荣与稳定的冲击。

第五节　中国与俄罗斯经贸关系建设

一、历程与现状

中国与俄罗斯的正常经贸关系始于 20 世纪 90 年代初。1989 年中苏关系全面改善,1991 年苏联解体之后,中国与俄罗斯相互视为友好国家,两国经贸关系顺利开展,此后双方贸易额总体呈现逐年扩大趋势(见图 12-10)。

（单位：亿美元）

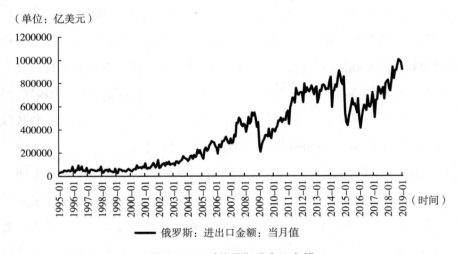

图 12-10　对俄罗斯进出口金额

资料来源:中华人民共和国商务部网站、国家统计局国际数据。

2008 年国际金融危机后,金砖国家之间与其他新兴国家都在积极寻求新的合作空间及领域,为全球经济稳定发展及本国经济注入新的动力。2009年,中俄签订了《中华人民共和国东北地区与俄罗斯联邦远东及东西伯利亚地区合作规划纲要(2009—2018 年)》,中俄之间的经贸合作迈出了坚实的一步,双方之间的经贸合作范围进一步扩大。中国"一带一路"倡议提出后,中俄双方的经贸合作进入新阶段。2015 年,中蒙俄三国共同签署了《建设中蒙俄经济走廊规划纲要》;2018 年,中国与俄罗斯签署《中国与欧亚经济联盟经贸合作协定》,这些区域合作协议将"一带一路"倡议与俄罗斯主导的欧亚经济联盟建设进行对接,双方经贸关系取得进一步进展。总的来说,自 1992 年以来中俄经贸合作持续得到深化(见表 12-6)。

表 12-6 中俄经贸发展历程

年份	事件
1992	中俄相互视为友好国家
1994	中俄上升为"建设性伙伴关系"
1996	中俄发展成为"平等与信任和面向 21 世纪的战略协作伙伴关系"
2010	中俄发展成为"全面战略协作伙伴关系"
2014	中俄进入"全面战略协作伙伴关系新阶段"
2015	中蒙俄三国共同签署了《建设中蒙俄经济走廊规划纲要》
2018	中国与俄罗斯签署《中国与欧亚经济联盟经贸合作协定》

中俄建立友好关系 30 多年来,双方贸易额取得了显著的增长。1998 年到 2008 年间,中俄之间总贸易额从 55 亿美元增长到 569 亿美元,10 年之间增长超过 10 倍。受国际金融危机影响 2008 年到 2009 年间,中俄之间贸易额虽显著下滑,但是危机使得中俄加强了双边贸易合作,双方贸易额在 2009 年触底反弹,特别是中国"一带一路"倡议的提出,为双方经贸合作打开了新思路新领域新空间。到 2014 年,中俄双方的贸易额增加到 953 亿美元。由于俄罗斯受能源价格走低以及卢布贬值等的影响,2015 年中俄之间贸易额出现了明显回调,但是在 2016 年以后又开始显著回升,2018 年双边贸易额首次突破 1000 亿美元,达到 1070.6 亿美元,2019 年达到 1107.6 亿美元。

虽然在历史进程中,中俄进出口贸易额出现了一些明显的波动,然而总体来说,中俄之间经济贸易呈现向上趋势,双边经济贸易快速增长,双方互为重要贸易伙伴。俄罗斯是能源大国,中俄的贸易结构近年来逐步优化,双方合作的项目不仅有能源合作,还包括了核能、高铁、航空航天、基础设施等领域,同

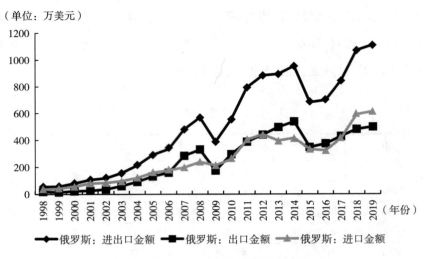

（单位：万美元）

图例：
◆ 俄罗斯：进出口金额　■ 俄罗斯：出口金额　▲ 俄罗斯：进口金额

图 12-11　1998—2019 年中俄贸易额

资料来源：国家统计局国际数据。

时,机电产品和农产品、食品业的贸易额也稳定上升。

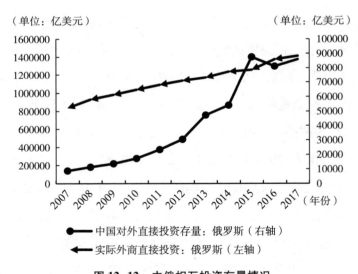

（单位：亿美元）　　　　　　　　　（单位：亿美元）

图例：
● 中国对外直接投资存量：俄罗斯（右轴）
◀ 实际外商直接投资：俄罗斯（左轴）

图 12-12　中俄相互投资存量情况

资料来源：商务部商务数据中心。

　　对外直接投资方面,从图 12-12 中可以看出,中国对俄罗斯投资存量总的来说在逐年增加。从图 12-13 可以更加清晰地看到,中国对俄罗斯 OFDI

流量总体呈现大幅上升趋势。2003 年到 2017 年这 15 年间,中国对俄 OFDI 增长超过 50 倍,从 3062 万美元上升到 15.5 亿美元。在这 15 年间,中国对俄直接投资在 2015 年达到了峰值,近 30 亿美元。其后,由于乌克兰事件导致欧美对俄制裁、能源价格下跌、卢布贬值等政治问题和经济问题交织影响,中国对俄罗斯 OFDI 金额下跌超过 50%,2017 年小幅回升。

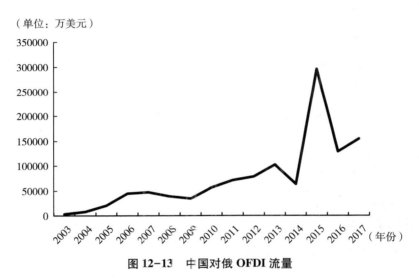

（单位：万美元）

图 12-13　中国对俄 OFDI 流量

资料来源:商务部商务数据中心。

　　贸易方式方面,中俄早期传统的贸易方式是边境贸易合作,目前中国已在满洲里、绥芬河、黑河、珲春等地区设立边境口岸。此外,双方还共同建立了中俄绥芬河互市贸易区。电商的崛起使中俄两国之间的跨境电商业务也得到持续发展,2017 年中俄跨境电商贸易额达 34 亿美元,约占俄跨境电商贸易总额的 53%。

　　俄罗斯是我国最大的邻国,也是我国重要的出口合作伙伴,中俄之间的经贸关系有很大的发展空间,然而由于俄罗斯以能源为主的产业结构比较单一,经济发展受能源价格变动影响较大,同时由于俄罗斯一直存在的边境问题易引发国际争端,因而其政治风险和经济风险都不容忽视。这些政治风险和经济风险为中俄今后经贸合作的稳定发展带来较大的不确定性。

二、未来建设定位

中国与俄罗斯既是邻国,也都是大国,中俄自1992年以来便一直维系友好关系,如今在"一带一路"的背景下,中俄之间的经贸关系得到了进一步的深化。中俄之间要建立新型大国关系,从经贸的领域来说,未来有三方面值得期待:一是双边贸易合作多元化。中俄之间的贸易结构将进一步得到优化,中俄双方合作的主要领域在以后将不仅是能源矿物行业,还将大规模地囊括进机电轻工、核能、高铁、航空航天、基础设施、农产品、食品业等领域,加强这些领域的合作,不仅能够实现双方贸易结构的多元化,还能够增加贸易商品的附加值。二是跨境电商持续快速发展。2017年,两国跨境电商贸易额达到了34亿美元,跨境电商将作为一种新型贸易方式在中俄贸易中持续快速发展,且增长潜力巨大。三是新的合作范围持续扩大。中俄两国共同利益明显,在许多行业都具有互补性,例如数字化经济、服务行业、卫星导航、北极开发等领域,这些都将成为中俄合作待开发的新增长领域。

三、战略建设思路与政策选择

(一) 加强"一带一路"框架下的合作开发

中俄作为中亚地区的区域性大国,双方均对中亚区域内改善基础设施,提高中亚地区的经济增长与地区稳定有着一致的诉求。自"一带一路"建设实施以来,俄罗斯积极响应"一带一路"倡议,扩大对"一带一路"中亚地区沿线国家的投资,取得了积极的成效。今后,可以在推动"一带一路"下加强中俄在中亚地区运输领域的合作,如能源运输、中欧班列、西伯利亚铁路建设等。同时,以"一带一路"为依托,加强双方中亚地区发展规划的对接,共同推进中亚的基础设施的规划和建设。再次,要发挥俄罗斯在"一带一路"中的联通作用,通过俄罗斯中亚地区对接欧洲。

中俄在西伯利亚及北极地区的合作同样有着广泛的诉求。西伯利亚西侧有着广袤的土地与丰富的自然资源,俄罗斯受限于人口增长,难以充分开发西伯利亚,然而中国一侧,东北是中国的传统工业基地,有着良好的技术储备与工业能力,近年来受限于工业转型,人口逐渐出现持续的流出。中俄共同推进西伯利亚的开发投资,一定能造福两国人民。北极地区的开发,特别是当今北极航行的开发,中俄双方能很好地发挥优势互补,这是完全能实现双方以及欧亚国家合作共赢的战略,在"一带一路"的框架下共同推进北极地区的开发,可以进一步加强东亚国家与欧洲国家的经贸合作。

(二) 扩大双方在金融领域的合作

在金融领域,俄罗斯近年来面临的一个主要问题,在于西方频繁地对俄罗斯及其企业进行制裁,严重干扰了俄罗斯正常的资本流动与经济外贸活动。目前俄罗斯企业在国际活动中,主要使用美元进行结算,这给西方国家实现其某些政治目标提供了机会,卢布—美元结算途径受到了严重的阻碍。

中国是俄罗斯的第一大贸易伙伴,近年来双方的贸易额大幅攀升,这为两国实现本币结算等带来机遇。推进双方金融市场合作,对于中国来说,可以扩大人民币在国际上的使用量,提升人民币的国际地位;对于俄罗斯来说,扩大人民币的结算可以避免西方频繁的金融制裁,提升自身外汇体系的稳定。在这个层面上,二者在金融领域的深入合作是双赢的。

(三) 扩大双方的教育创新合作领域

在教育领域,双方仍然有进一步合作的空间。中国驻俄大使李辉在 2018年新年致辞中讲到,中俄双向留学人员达到 8 万人,其中在俄长期留学人员近 3 万人。据俄罗斯教育科学部社会研究中心的数据,2015 —2016 年,在俄高校学习的中国学生人数为 22529 名,中国成为俄罗斯除独联体国家以外的最大留学生来源国。俄罗斯在高等教育领域有着深厚的教学资源,不但可以为中国留学生提供丰富的选择,同时在创新领域,中俄可以有更加深入的合作,中国可以共享俄罗斯的科研资源,而俄罗斯的创新创造活动可以借助中国的产业基础及广阔市场,推进科创成果的转化。

(四) 优化发展双方跨境电商制度体系

进一步扩大跨境电商合作,不仅能够增大两国消费者剩余,还能促进两国之家的商品流通,深化两国贸易关系。要优化发展双方跨境电商制度体系,在政府层面,一是两国可以采取税收优惠、加速清关、降低运费、提高货物运输效率等措施,鼓励两国电商向对方国开放;二是稳定两国汇率来抵抗因汇率波动导致的风险,营造一个稳定的金融环境,减少市场波动,以促进两国之间的国际贸易和国际金融合作;三是继续扩大双方基础设施投入,加快推进例如铁路、航线等交通设施建设,为今后大规模货物运输做准备。在企业层面,要加快企业信用体系建设,保证电商信用和商品质量,提高售后服务质量等。

第十三章　积极参与全球经济治理

　　本章聚焦于世界各国共同面临的全球经济治理的议题,讨论了中国参与全球经济治理实践与成效、面临的问题与挑战,以及中国在最广泛的全球经济治理组织 WTO 中的角色定位与努力,并尝试为中国更好地参与全球经济治理提供新定位与政策建议。全球经济治理是指世界国家和非国家行为主体,通过相应的国际制度规范,协调和处理全球经济问题的过程,同时,全球经济治理也是经济全球化的负面效应凸显时应运而生的全球集体行动。虽然经济全球化已经是当前世界的主流,但由于各国政治经济利益不一致,导致世界经济形势复杂多变,经济金融危机不断发生,贸易保护主义抬头,逆全球化的趋势正在加剧。因此,全球经济问题亟须各国共同努力参与到全球经济治理中去解决。中国自加入 WTO 以来,经济实力和国际地位不断提升,中国积极参与全球经济治理,取得了丰硕的成果。无论是中国参与二十国集团(G20)、人民币加入 SDR、亚投行与丝路基金建设,还是中国与其他国家的跨区域合作,中国一直不断地以理论和实践为全球经济治理改革贡献中国力量和中国智慧。但是,中国要想更好地参与全球经济治理也面临着许多挑战,中国需要继续扩大经济和金融实力、提高国际影响力,才有能力成为全球治理体系中的积极参与者、建设者、改革者和贡献者。

第一节　参与全球经济治理的实践

一、参与 G20 的建设与成效

二十国集团由七国集团财长会议于 1999 年倡议成立,由阿根廷、澳大利亚、巴西、加拿大、中国、法国、德国、印度、印度尼西亚、意大利、日本、韩国、墨西哥、俄罗斯、沙特阿拉伯、南非、土耳其、英国、美国以及欧盟 20 方组成。G20 成立的宗旨是为推动已工业化的发达国家和新兴市场国家之间就实质性问题进行开放及有建设性的讨论和研究,以寻求合作并促进国际金融稳定和经济的持续增长。因此其成立为国际社会齐心协力应对经济危机、解决全球经济发展中遇到的问题、推动全球治理机制改革带来了新动力和新契机,全球治理开始由"西方治理"向"西方和非西方共同治理"转变。G20 的 GDP 总量约占世界 90%,人口约为 40 亿人,因此 G20 对全球经济治理改革具有重大意义。中国是最大的发展中国家,也是新兴市场国家的代表,在参与 G20 的过程中发挥着重要的作用。

G20 首脑峰会是在美国次贷危机引发的全球性金融危机下应运而生的,为解决国际金融危机起到了很好的作用。随着各国经济逐渐复苏,各国的利益分歧使得 G20 的执行力大不如前。在 G20 框架下诞生了很多文件,但许多成员方并没有遵守相关文件的要求,往往从自身利益出发背道而驰。其中,G20 峰会提出了许多反对国际贸易保护主义的建设性要求,然而发达国家却采取了成倍的贸易保护措施。因此,亟待把 G20 从危机应对机制变成一个指导和协调世界经济长期发展的机制。

在这样复杂的背景下,中国勇挑重担,于 2016 年 9 月在杭州举办的 G20 领导人第十一次峰会上,以带动和提高 G20 活力、强化其全球经济治理功能为主题提出了许多建设性的倡议。同时,习近平主席在 G20 峰会上,正式提出了中国推进全球治理改革的框架：以平等为基础、以开放为导向、以合作为动力、以共享为目标；同时倡导更具包容性、更加强调共赢发展的新型全球化；提出经济治理的重点在于金融治理、贸易投资、能源治理、发展治理、腐败治理等方面，并对治理结构、治理机制和治理平台等问题阐明了中国的见解和主张。在此框架下，G20 杭州峰会取得了众多成果，完成了《全球基础设施互联互通联盟倡议》《二十国集团支持非洲和最不发达国家工业化倡议》的发起，获得了众多国家的支持。可以预见，这些倡议必将为发展中国家人民带来更多好处。

在达成多边共识的同时，G20 也是各成员方借此平台开展双边外交的重要场合。借多边平台解决双边问题，是近年外交的一个特点。据中国外交部统计，在杭州峰会召开前后的 4 天内，共有 24 场双边外交活动。在杭州召开 G20 峰会，这极大地提高了中国的国际地位和影响力，同时提升了中国参与全球治理的能力。

二、人民币加入 SDR

2015 年 12 月 1 日凌晨 1 点，国际货币基金组织（International Monetary Fund, IMF）正式宣布人民币 2016 年 10 月 1 日加入执行董事会特别提款权（SDR），在这之前 SDR 货币篮子已经有美元、欧元、日元和英镑这四种货币。SDR 货币篮子中人民币的权重为 10.92%，美元占比最高，为 41.73%，其次为欧元，占比为 30.93%，而日元和英镑的权重分别为 8.33% 和 8.09%。国际货币基金组织总裁拉加德在新闻发布会上表示："人民币加入 SDR 货币篮子将成为中国经济融入全球金融体系的重要里程碑，这也是肯定中国政府在过去几年中在货币和金融体制改革方面取得的进展。中国在这一领域的不断进步和深化将促进建立一个更具活力的国际货币和金融体系，这也将支持中国与全球经济的发展和稳定。"

人民币加入 SDR 不仅反映了中国的国际地位和影响力的提升，未来中国将在全球经济治理方面发挥越来越重要的作用,在讨论和制定国际金融规则的过程中将扮演更重要的角色。人民币加入 SDR 也将有助于进一步改善国际货币体系。历史经验表明,过分依赖于单一主权货币的国际货币体系本质上是不稳定的。2008 年爆发的国际金融危机暴露了国际货币体系过度依赖美元的内在缺陷。人民币加入 SDR 后,将逐渐发展成为世界主要货币之一,美元、欧元和人民币"三足鼎立"的局面可能会在不久的未来出现,这有助于优化国际货币体系,多元化使其稳定性提高。人民币加入 SDR 同样意味着,自 20 世纪 80 年代以来,新兴市场货币首次加入 SDR 货币篮子,有助于改善以往完全以发达国家货币作为储备货币的格局,提高 SDR 本身的代表性与吸引力。

三、新兴经济体和金砖合作

2003 年由美国高盛公司出台的《与金砖四国一起梦想:通往 2050 之路》的报告中首次出现了"金砖"的概念,"金砖四国"(Brazil Russia India China,BRIC)的说法也就是巴西、俄罗斯、印度、中国这四国的英文首字母所组成。高盛的高管在报告里预测,"金砖四国"将在 2050 年使世界经济格局发生重大变化,超越英法德意等西方发达国家,与美国、日本共同成为全球新的六大经济体。2006 年开始,金砖国家的合作逐渐开启。2010 年,金砖国家正式吸收南非加入,由"金砖四国"变为"金砖五国"。

然而,当前的国际经济秩序深刻影响了以金砖国家为代表的新兴经济体的发展,经济实力不断增强的金砖国家在全球治理中地位的不匹配,决定了它们必然是推动变革的主要力量,且在全球治理体系的合作关系具有内在动力和长期性。2011 年金砖国家峰会提出加强与区域内各国的合作与交流。2013 年金砖国家第五次峰会,第一次建立了金砖国家元首与非洲 12 个国家的领导人之间的对话机制,并提出支持非洲大陆一体化的进程。金砖国家在加强区域合作和治理上发挥了重要作用,由此全球经济治理结构发生了新变化。金砖国家是新兴市场国家和发展中国家的代表,是新兴经济体中表现更好、发展更快的主要国家,在参与全球治理的过程中积累的经验对新兴经济体具有重要的借鉴作用。

2014 年 7 月 15 日,金砖国家领导人第六次会议在巴西福塔莱萨举行。这次会议取得的主要成果之一是签署了两项重要协议,即建立初期资本为1000 亿美元的应急储备安排的协议与建立金砖国家开发银行协议。金砖国家开发银行的成立,可以为金砖国家和其他新兴市场及发展中国家的基础设施发展项目提供资金。金砖国家开发银行的建立有利于促进国际金融体系改革,有助于减少新兴经济体对国际货币基金组织和世界银行等机构的依赖。同时,金砖国家开发银行的建立将提高新兴经济体在国际经济领域的地位,促进南南合作。中国在金砖国家开发银行中投资最多,因此,这一银行的建立也将增强中国的软实力和国际形象。

2017 年 9 月,在金砖国家厦门会晤期间,中国提出了"金砖+"模式,邀请了最具代表性的新兴国家和发展中国家及合作组织主席国与会,进一步体现了金砖合作的发展特点,加强了金砖国家与发展中国家之间的联系,有利于提高金砖国家的全球影响力,也为扩大金砖国家影响力提供了彰显"中国智慧"的可行方案。金砖国家是中国参与全球治理的战略平台之一,而金砖国家的首个"黄金十年"中国起着十分重要的作用。因此,中国不仅是金砖国家合作初期的倡议者,也是发展进程中的积极推动者,更是开辟合作新前景的引领者。

四、亚投行和丝路基金设立

2015 年 12 月 25 日,亚洲基础设施投资银行(简称"亚投行")正式成立。亚投行的主要宗旨是通过对基础设施和其他生产区域进行投资,促进亚洲的可持续经济发展、财富创造和基础设施联通改善;同时与其他多边和双边发展机构密切合作,促进区域合作和伙伴关系,应对发展挑战。亚投行的建立将有效增加亚洲地区的基础设施投资,动员各种资源特别是私营部门资金投入基础设施建设,促进区域互联互通和经济一体化进程,有利于亚洲的发展中成员国投资环境的改善,创造就业机会,提高中长期发展潜力,对亚洲和世界的经济增长产生积极影响。亚投行的成立,说明中国有能力进入国际性金融管理中心,在参与全球经济治理舞台上获得更大的话语权,增强了新兴市场和发展中国家在全球经济治理体系中的地位和话语权。

2014年12月29日,丝绸之路基金有限责任公司在北京注册成立。丝路基金规模为400亿美元,第一期资本为100亿美元。丝路基金签署了15个项目,承诺总投资60亿美元,并单独投资20亿美元设立中哈产能合作基金,投资覆盖俄罗斯、蒙古国、南亚、中亚、东南亚、西亚、欧洲和北非等地区的基础设施。在基础设施、产业合作、资源开发和金融合作等领域,通过实际行动践行"一带一路"倡议。丝路基金以中长期开发投资为主导,以市场化、国际化、专业化为运行原则,立足机构定位、推动业务发展、坚持探索实践,在支持"一带一路"建设中开拓创新,走出了具有自身特色的直投机构发展道路。同时,丝路基金与国内外金融机构和企业、多边发展机构及相关政府部门建立了密切的合作关系,加强信息交流和经验共享,发挥各自比较优势,共同推进项目实施。此外,丝绸之路基金参与国际金融公司(IFC)的资金合作,以促进新兴经济体的工业投资。为了满足投资和融资货币的多样化需求,提升双边贸易和投资便利性,丝路基金正在研究使用本币进行投资的机会。丝路基金充分考虑各国人民对维护良好生态环境、提高生活水平的期望,积极探索生态效益与经济效益平衡发展的合作模式。

习近平主席指出,要以创新思维办好亚洲基础设施投资银行和丝路基金。要注意按照国际惯例做事,充分利用好现有多边金融机构长期积累的理论和实践经验,制定和实施严格的规章制度,提高透明度与包容性,确定开展好首批次业务。亚洲基础设施投资银行与丝路基金及其他全球和区域多边开发银行相辅相成,将在当前的国际经济金融秩序下协作运行。

五、跨区域合作的经济治理

上海合作组织(简称"上合组织")作为具有广泛影响的综合性区域组织,已经形成了安全、经济与人文并重的区域性成果和影响力,经济合作是其中重要的支柱。上合组织成员国自然资源优势突出、人口规模巨大、市场空间广阔、经济发展潜力不可估量,尤其是近年来,上合区域已经成为全球经济增速最快的地区,它在未来的全球经济中必将是一个耀眼的板块。上合组织目前的成员,是由非西方的新兴经济体和发展中国家构成,这些国家的政府和人民对发展经济、实现繁荣有着强烈渴望。2008 年国际金融危机发生后,这些国家努力探索符合自身特点的经济发展道路,追求建立平等、互利、共赢和包容发展的国际政治经济新秩序。上合组织的成员本着"互信、互利、平等、协商、尊重多样文明、谋求共同发展"为基本内容的"上合精神",在当前世界经济前景充满种种不确定的环境下,成员国之间加大市场开放、加快各国基础设施互联互通、积极开展产能合作、扩大人员往来规模;区域内各国"抱团取暖",促进了成员之间的经济发展,实现优势互补、互利共赢。上合组织顺应了世界潮流,符合经济全球化的新趋势。上合组织将继续顺应并努力引领国际经济的新趋势、把准区域经济运行的脉搏、破解社会发展面临的难题,为改善全球经济治理发挥更大作用。

亚太经合组织(Asia-Pacific Economic Cooperation, APEC)是亚太地区层级最高、领域最广、最具影响力的经济合作机制,同时也是我国参与全球经济治理的重要平台之一。参与 APEC 合作使我国与亚太地区众多经济体建立了更为紧密的经贸关系,市场开放不断扩大,为此后加入 WTO 和构建多元化的国际经济合作体系奠定了坚实的基础。同时,APEC 是我国推动建立国际和地区政治经济新秩序的有效渠道,帮助中国积极开展双边和多边外交。一方面,中国是 APEC 最大的发展中成员,为推进 APEC 合作进程作出了重要贡献。具体而言,基于"自主自愿、灵活渐进"为核心原则的"APEC 方式",我国在确立、推动贸易投资自由化和经济技术合作"两个轮子一起转"发挥了积极作用,较好地平衡了 APEC 成员的利益诉求。同时,中国经济的快速增长也拉动了亚太经济的繁荣发展,为广大 APEC 成员提供了巨大的商机和广阔的市场。在 2014 年我国主办的北京 APEC 会议上,以"共建面向未来的亚太伙伴关系"为主题,达成了包括《亚太经合组织推动实现亚太自贸区北京路线图》《亚太经合组织互联互通蓝图(2015—2025)》《亚太经合组织促进全球价值链发展合作战略蓝图》在内的一系列重大成果,不仅为 APEC 合作规划了新的目标和路径,同时也充分展现了我国推进亚太区域经济一体化进程的责任感,国际社会对此予以了高度评价。

2015 年 12 月,习近平主席在中非合作论坛约翰内斯堡峰会开幕式上,宣布将中非双边关系提升为"全面战略合作伙伴关系",同时指出中非合作论坛已经成为引领中非合作的一面旗帜,为南南合作树立了典范,成为带动国际社会加大对非洲关注和投入的先锋。近年来中国对非投资大幅增长,中非基础设施建设合作进一步扩大,双方在区域航空合作方面也取得一系列新的突破。中国连续 8 年成为非洲第一大贸易伙伴国。2017 年,中非贸易额已达 1700 亿美元,同比增长 14%,同 2000 年相比,增长了 17 倍。2019 年,中国与非洲贸易额达到创纪录的 2087 亿美元。2016 年,中国企业在非洲新签承包工程合同额 652 亿美元,同比增长 7.2%。2017 年,中国企业对非洲非金融类直接投资达到 31 亿美元,同 2000 年相比,中国对非投资增长 100 多倍。

新兴和发展中经济体在参与全球经济治理时,往往面临来自传统体系调整刚性和自身能力不足的双重压力。其中拉美作为新兴和发展中经济体最集中的地区之一,虽然积极参与了世界银行、IMF、WTO 等传统经济治理体系,也创建了一批有影响力的区域性治理机构和一体化组织,并在跨区域治理中发挥了积极作用,但是由于拉美总体经济实力与发达国家相比还有很大的差距,只能作为全球经济治理体系中的追随者,缺少足够的话语权和决策权。解决这种困境的方式在于通过南南合作提升经济实力,从而形成推动全球治理体系改革的合力。因此,全面提升中拉合作水平,是提升双方经济实力、增强双方全球经济治理参与能力的重要路径。中拉双方在政治、安全、贸易投资、金融、基础设施建设等多个领域开展整体合作,并取得一系列成果与进展。2016年,中国对拉美非金融类直接投资298亿美元,同比增长39%。中国企业在拉美签署承包工程合同额191.2亿美元,同比增长5.3%。2016年11月,习近平主席访问拉美,积极推动了中拉经贸合作。2016—2018年期间,中国对拉美投资平均额更是增长到了176亿美元,21世纪以来的近20年中国在拉美的投资额翻了7倍,拉美地区已经成为中国海外投资的第二大目的地和中国对外开展境外承包工程合作的第三大市场。2018年双方贸易额已经突破了3000亿美元,中国是拉美第二大贸易伙伴。在习近平主席访问期间,中方宣布启动开展中智自贸协定升级谈判和中秘自贸协定升级联合研究工作,与哥伦比亚的自贸协定联合可行性研究工作也在积极推进中,乌拉圭也向中方提出开展自贸区合作。到2019年年底,中国和智利自贸协定生效已经超过十年,已实现了升级;中国和秘鲁的自贸协定升级谈判于2018年11月正式启动。中拉经贸合作潜力巨大。

六、南南合作持续深化发展

南南合作,发展中国家自力更生、谋求进步,同时也有利于发展中国家有效融入和参与世界经济。南南合作的目的在于密切发展中国家间的技术和经济等方面的合作,同时不断加强在基础设施建设、能源与环境、中小企业发展、人才资源开发、健康教育等产业领域的交流合作。南方国家的团结合作,壮大了这些国家的力量,对提高它在南北对话中的地位,对建立国际经济新秩序有重大意义。

随着发展中国家实力快速提升,南南合作的意义越来越大,影响也越来越强。中国是最大的发展中国家,是南南合作的重要参与者。多年来,中国积极支持和参加南南合作,推动南南合作机制不断完善和发展。党的十八大以来,习近平主席遍访亚洲、非洲、拉丁美洲等地区的众多发展中国家,深入参与包括金砖国家组织在内的一系列南南合作机制,阐述南南合作在促进世界发展中的重要地位,表达中国参与南南合作的坚定决心,提出有关南南合作的中国方案,有力推动了南南合作的深化发展。新中国成立 70 年来,中国共援助了 166 个国家和国际组织,累计金额超过 4000 亿元人民币,派遣 60 多万援助人员。中国通过与联合国粮农组织开展的南南合作项目,共向非洲、亚洲、南太平洋、拉丁美洲和加勒比地区的 25 个国家和地区派出了 1023 名专家和技术员,占到南南合作项目外派人员总数的 56%。此外,中国还通过在世界银行设立 5000 万美元中国基金,捐赠 5000 万美元支持亚投行特别基金等方式,帮助发展中国家发展,推动南南合作向高水平迈进。

2017 年 5 月,习近平主席在"一带一路"国际合作高峰论坛开幕式上指出,新时期加强南南合作,需要在机制建设方面加强投入,探讨建立南南合作新机制。而"一带一路"倡议就是这一观念的具体体现。"一带一路"倡议以共商共建共享为原则,旨在打造开放、包容、均衡、普惠的区域经济合作架构,很大程度上改变了南南合作由于传统国际合作机制影响而长期处于边缘位置的不利状态。习近平主席承诺,中国将在未来 3 年向参与"一带一路"建设的发展中国家和国际组织提供 600 亿元人民币援助,建设更多民生项目,同时也将向有关国际组织提供 10 亿美元落实一批惠及沿线国家的合作项目。习近平主席在主持南南合作圆桌会议时强调,同广大发展中国家团结合作,是中国对外关系不可动摇的根基。2019 年 4 月,第二届"一带一路"国际合作高峰论坛在北京举行,习近平主席在开幕式上的主旨演讲中表示,我们要致力于加强国际发展合作,为发展中国家营造更多发展机遇和空间,帮助他们摆脱贫困,实现可持续发展。中国是发展中国家一员,中国的发展机遇将同发展中国家共享,不断推进南南合作向更高水平迈进,是中国对外发展战略的必然要求,也是新形势下中国展现大国担当、贡献中国智慧的应有之义。

第二节　WTO 改革与中国的角色

一、WTO 机制存在的问题

WTO 成立至今,由原本的传统货物贸易领域已扩大到服务贸易、知识产权等领域,还建立起了争端解决机制。虽然,其在国际贸易发展的层面作出了贡献,但是 WTO 当前也面临着巨大的问题与挑战。这些问题显著地体现在协商一致的决策机制、强制性争端解决机制、"一揽子"承诺方式、对发展中成员的特殊和差别待遇方面。

(一) 协商一致的决策机制存在问题

只要组织内没有成员反对,决策就可以通过,这就是协商一致的决策机制。协商一致的决策机制在决策的过程中会考虑每位成员的意见,并试图协调,但是并未规定详细具体可执行的决策规则。协商一致可理解为所有成员一致同意,也可以是其中部分。因而,协商一致的决策机制限制了其中个别成员对决策否决的权利。

这一规则试图协调所有成员,因此就会导致以下情况:只要没有成员反对,决策就可以通过。虽然决策变得比较容易,但是协商一致的决策机制需要在成员内部进行调和,这必然会使决策的达成变得困难。实际上,协商一致的决策机制更适合 WTO 内部事务的决策,比如 WTO 各项条款的解释等。若涉及新条约的缔结或者条约的修改,各成员需在签署并认可条约的前提下才接受条约的约束。

(二) 强制性争端解决机制未必适用于所有问题

WTO 在 20 世纪 90 年代成立之时,采取法治的方式来规范和约束国家间关系是一种主流的观点。因此,WTO 制定了一系列的国际条约以期规范国际贸易关系,采取了强制性争端解决机制来解决贸易问题。但是,现实却并非如此,如美国和欧盟在荷尔蒙牛肉问题上就产生了分歧,他们提起争端解决机制,结果是欧盟败诉,但是却拒绝执行判决。因此,WTO 成员间的争端并不是一味采取法律方法就能解决,有时还要考虑政治、文化、历史等因素。

(三)"一揽子"承诺方式不能适应 WTO 的复杂现实

当前,WTO 采取"一揽子"承诺的方式即"或者全部成功,或者全部失败"的规则。然而,这一规则是对谈判结果而言的,对于 WTO 的成员并不完全适用。虽然乌拉圭回合期间缔结了对所有成员都具有法律效力的规定,但是其中的许多规则仅对个别成员有效,如加入议定书、义务的豁免等,虽然这能保证法律上的一致性,但是其内部新的协定达成的难度却在增加。

(四) 对发展中成员的特殊和差别待遇有待落实

当前,WTO 体制内一个重要的问题就是发展中成员要求差别待遇。但成员的发展中资格是其自己认定的,超过 50% 的成员认定发展中成员的身份。贸易的自由化在促进全球经济发展的同时,使得成员间经济发展的差异也日益增大。由于成员间的差异越来越大,就更应该考虑到如何在成员间公平分担责任的问题。WTO 内部的谈判,在将来应当越来越多地考虑到不同成员的实际情况和需求,结合特定的议题,按照成员的能力开展。

二、中国在 WTO 改革中的原则与主张

(一) WTO 改革中我国"三原则、五主张"

目前,我国在 WTO 改革中有自己坚持的原则和主张。第一,WTO 的基本原则不能动摇,也即国民待遇、关税约束、特殊和差别待遇等,绝不能另起炉

灶,推翻重来;第二,应当坚持互相尊重、平等互利,抓主要矛盾,循序渐进,要优先解决有关世贸组织生死存亡的重大问题;第三,以发展为首要任务,照顾发展中成员的合理需求。

在当今世界经济大变革中,保护主义和单边主义抬头,中方大力支持世贸组织进行改革,以适应全球变革增强自身权威。为此,中方提出有关 WTO 改革的三项基本原则和五项主张。

三项基本原则:第一,WTO 改革要坚持维护多边贸易体制的核心理念,中方认为,开放和非歧视是最为重要的价值观;第二,WTO 改革需要保障与维护发展中成员的利益;第三,WTO 改革需要遵循协商一致的决策机制。

五项主张:第一,改革要坚持维护多边贸易体制的地位;第二,改革要优先解决危及 WTO 生存的关键问题;第三,改革要注重解决贸易规则问题,注重公平性;第四,改革需要落实好发展中成员方的差别、特殊待遇问题;第五,改革需要尊重不同成员不同的发展模式。

在如今多边贸易体制改革的过程中,我国要更加主动地与其他大国进行协调,保证国际贸易新秩序调整的成本最低化,从而实现我国参与并引领 WTO 改革实现利益最大化。

(二) WTO 改革中我国"三原则、五主张"的具体思路

当前中美贸易摩擦日益加深。三要大国围绕多边贸易体制改革纷纷提出自己的主张,我国的"三原则、五主张"的具体思路是更为细化的符合大多数发展中国家诉求的改革方案。

具体思路如下:第一,必须充分肯定 WTO 及其基本机制的作用。首先,WTO 及其基本原则是根据国际经贸关系不断发展、变化作出补充、调整而形成的,理应得到尊重和认同;其次,WTO 及其基本机制在保持国际经贸秩序稳定方面发挥了重要作用,特别是在抢救 2008 年国际金融危机中发挥了不可缺少的作用。

第二,基于"透明度"和平等互利原则提出"综合经济平衡"的主张,提出对货物贸易、服务贸易、贸易平衡与不合理出口技术限制之间进行跨部门的综合解决方案。

第三,基于"黄箱""绿箱"的合理性,充分肯定其合理性。允许将这类补贴纳入关税和非关税壁垒,寻求同步对等削减的谈判。

第四,基于"协商一致"原则,提出争端解决机制改革的新主张。增加发展中成员的话语权,对WTO上诉机构和仲裁制度提出改革办法。

第五,按照WTO和国际通用的"过渡期"原则,提出对知识产权保护、劳工和环境保护以及国内制度改革制定过渡期限。

第六,本着充分的协商和一致性原则,重申构建"人类命运共同体"的美好愿景,强烈反对和拒绝将国内法凌驾于国际法之上的单边主义和保护主义。

提出中国的对WTO改革方案,从短期来看有助于明确我国推动经济全球化、反对单边主义的立场,从长远来看则有利于拯救WTO,增加中国在重构国际经济贸易规则的话语权。

第三节　参与全球经济治理面临的挑战

一、存在的问题

中国要在解决自身治理困境的前提下,才能真正把可能的全球治理建设者变成实实在在的全球治理建设者,甚至是全球治理的改革者。但是我们必须清醒地认识到,中国的破茧道路仍障碍重重,不断发生的新情况和新问题制约着中国向全球治理建设者和改革者迈进的步伐,其问题如下。

(一) 中国自身的经济实力有限

尽管目前中国已经成为仅次于美国的全球第二大经济体,但是中国的经济金融实力仍远远落后于美国等发达国家。中国的人均 GDP 尚未达到世界平均水平，从国内经济发展科技创新现状来看，东西经济发展不协调不同步的问题依然明显，在兼顾效率的前提下，如何更加公平地分配资源也考验着执政者的政治智慧与治理方式。与此同时，中国经济面临着环境资源承载力不足、发展动力不够的困境。

（二）中国民众对参与全球经济治理认识不足

近年来，我国政府越来越重视民意舆情，鼓励民众积极参与国家大政方针的民主评议，积极向民众宣传诸如"一带一路"倡议、"金砖五国"合作等事项。但是，民众对参与全球经济治理认识不足、不全面、不深刻的问题依然存在。

（三）全球治理主体利益分化，难以对中国合理主张形成有力支撑

全球治理主体多种多样，其中一个明显的矛盾是西方发达国家和以我国为代表的发展中国家如何在某些重大国际事务与国际议题中意见达成一致。在 G20 改革上，由于各国之间利益关系复杂和政策的取向性很不一致，为此即使中国支持将 G20 建设成为全球经济治理甚至是解决全球问题的重要平台，但是许多积极的政策主张依然无法实现。

（四）大国间的政治利益对抗，加大了中国参与全球经济治理的难度

全球治理的变革过程必然伴随着大国间的利益博弈，事实表明目前西方发达国家依然掌握着全球治理的话语权，特别是大国间政治利益的对抗直接影响着全球治理变革的成效。中国，作为新兴大国的代表，在全球经济和治理格局中地位逐步提升，引致发达国家对发展中国家的遏制措施越来越明显。

二、面临的挑战

（一）全球化与逆全球化两股思潮的交互

无论反全球化的思潮怎样扩散，一个不容争辩的事实是：全球化是人类社会发展历程中的主导潮流，经济全球化是其中最主要的表现形式之一。

（二）全球扩张已经减弱，经济增长面临严峻挑战

2008—2009 年爆发的国际金融危机，使得全球经济陷入了长期低迷状态，是第二次世界大战后发生的历次危机中恢复期最长的一次。在过去的 10年，部分经济体的经济发展水平还未恢复到危机前的水平。然而近年来，尤其是 2018 年、2019 年以来，发达国家及发展中国家为应对全球贸易摩擦等所导致的本国低迷的经济，纷纷采取量化宽松的货币政策，把一直笼罩在经济危机阴影之中的全球经济，慢慢地拖进 2020 年。2018 年尽管一些经济体增长减缓，特别是在欧洲和亚洲，全球增长率依然达到 3.7%，与 2018 年 10 月《世界经济展望》预测一致。2019 年 9 月，联合国贸发会议发布了《2019 年贸易和发展报告》，将 2019 年全球经济增长率从 3% 降至 2.3%。2019 年全球经济实际增长率只有 2.9%，比 2018 年低 0.3 个百分点。刚刚踏进 2020 年，新冠肺炎疫情肆虐全球，全球金融市场及石油价格大幅波动，世界经济进入新一轮衰退，将创下 20 世纪 30 年代大萧条以来最强烈的收缩。

（三）外部世界政策环境和国际力量对比存在不确定性

2018—2019 年，IMF 等许多国际组织对世界经济表示极度担忧。根据《世界经济展望报告》2019 年最新预测（见表 13-1），全球经济扩张正在减弱。随着新冠肺炎疫情的全球暴发，所有机构均预测 2020 年全球经济陷入大萧条以来的最大衰退。中国社会科学院世界经济与政治研究所徐秀军（2017）认

为,"世界各国在全球治理领域博弈的重点在于规则制定权的竞争,并在治理全球化负面效应的同时实现自身利益的最大化。但是,对霸权国家与新兴大国而言,由于实力地位和规则制定权的不同,两者参与全球治理的路径也往往各不相同"①。

表 13-1 《世界经济展望报告》最新预测

全球经济扩张正在减弱(2019 年 1 月)			
国家(地区)	估计值	预测值	
	2018 年	2019 年	2020 年
世界产出	3.7	3.5	3.6
发达经济体	2.3	2.0	1.7
美国	2.9	2.5	1.8
欧元区	1.8	1.6	1.7
德国	1.5	1.3	1.6
法国	1.5	1.5	1.6
意大利	1.0	0.6	0.9
西班牙	2.5	2.2	1.9
日本	0.9	1.1	0.5
英国	1.4	1.5	1.6
加拿大	2.1	1.9	1.9
其他发达经济体	2.8	2.5	2.5
新兴市场和发展中经济体	4.6	4.5	4.9
独立国家联合体	2.4	2.2	2.3
俄罗斯	1.7	1.6	1.7
俄罗斯以外的独联体国家	3.9	3.7	3.7
新兴和发展中亚洲	6.5	6.3	6.4
中国	6.6	6.2	6.2
印度	7.3	7.5	7.7
东盟五国	5.2	5.1	5.2
新兴和发展中欧洲	3.8	0.7	2.4
拉丁美洲和加勒比地区	1.1	2.0	2.5

① 徐秀军:《规则内化与规则外溢——中美参与全球治理的内在逻辑》,《世界经济与政治》2017 年第 9 期。

续表

全球经济扩张正在减弱(2019 年 1 月)			
国家(地区)	估计值	预测值	
	2018 年	2019 年	2020 年
巴西	1.3	2.5	2.2
墨西哥	2.1	2.1	2.2
中东、北非、阿富汗和巴基斯坦	2.4	2.4	3.0
沙特阿拉伯	2.3	1.8	2.1
撒哈拉以南非洲	2.9	3.5	3.6
尼日利亚	1.9	2.0	2.2
南非	0.8	1.4	1.7
低收入发展国家	4.6	5.1	5.1

资料来源:国际货币基金组织 2019 年 1 月《世界经济展望报告》预测。

当前外部世界面临的一个大问题是在贸易领域内,如何在此轮发达经济体"引领"的规则"碎片化"中辨识利益,如何寻求贸易便利化优势的延续,依然是摆在我们面前的重大挑战。同样在投资领域内,西方发达国家制造的经济阻碍的负面影响依然严峻,而这样的发展困境亟须全球治理主体对规则意识的重视,形成发展新共识,聚力向前才能共赢未来。同样的情况也发生在货币领域内,目前国际货币体系错综复杂,货币篮子的多元化格局尚未得出定论。

(四) 发展中国家缺少紧密联结的组织,发达国家对现有经济体系的掌控

发展中国家虽有"金砖五国"等联盟组织,但其联盟的程度和意义都远不及发达国家的联盟。以 IMF 为例,IMF 的份额投票权改革方案早在 2010 年就经 IMF 理事会批准,但却在五年后才得以实施,背后主要阻力来源于美国的干扰和阻拦。资料显示,IMF 投票前十强的席位中,虽然中国、印度、巴西和俄罗斯均跻身十强,但是在重大国际性事务中掌握着话语权的依然是以美欧为代表的西方发达国家。发达国家仍然会通过消极应对的方式放缓改革的步伐。此外，西方发达国家对新兴经济本的打压还体现在经济制裁、关税壁垒和反倾销调查等方面。

第四节　深度参与全球经济治理的思路

一、未来定位

根据我国相关专家学者研究，鉴于近几年在国际事务中的积极表现，中国在全球治理体系中的角色定位应该是：积极参与者、建设者、改革者、倡导者和贡献者。习近平主席指出："中国是现行国际体系的参与者、建设者、贡献者，是国际合作的倡导者和国际多边主义的积极参与者。"[1]

作为最大的发展中国家和新兴大国，中国在全球治理体系中肩负着改革者和贡献者的角色，有必要推动全球治理的改革，提出中国方案，为世界建立公平、公正、高效、合理的全球治理体系献计献策。习近平主席指出："推动全球治理体系变革……要坚持共商共建共享原则，使关于全球治理体系变革的主张转化为各方共识，形成一致行动。"[2]

二、具体政策建议

作为发展中大国，中国参与全球经济治理要基于满足自身发展需求和促进全球经济合作的双重利益，实行内外双赢的战略。[3]

（一）增强自身经济金融实力

在经济发展层面，我们应积极思考如何缩小贫富差距，平衡区域发展不协

---

① 中共中央宣传部编：《习近平总书记系列重要讲话读本》，学习出版社、人民出版社 2016 年版，第 275 页。
② 《习近平谈治国理政》第二卷，外文出版社 2017 年版，第 449 页。
③ 周宇：《全球经济治理与中国的参与战略》，《世界经济研究》2011 年第 11 期。

调、不可持续性的问题;思考深度挖掘国内市场潜力,建立健全完善国内市场对资源配置起决定性作用的社会主义市场经济机制;加强科技研发投入力度,努力提升产品的自主创新研发能力,激发"中国创造"能力,积极鼓励中国企业"走出去";防范金融和经济风险。在金融发展方面,在国际政治局面不稳定的情况下,加快人民汇率制度改革进程,稳住人民币汇率,使其在一个合理的区间稳定波动;完善利率调控和传导机制,促进我国金融市场的对外开放;加强金融市场监管,打击监管漏洞下的内幕交易、地下钱庄等活动,为中国金融市场创建一个健康有秩序的环境。

(二) 推进全球治理与国家治理联动

不少专家和学者研究发现,国内治理和国外治理明显呈现积极的联动机制,国内治理为国外治理提供坚实基础,国外治理为国内治理提供有益的借鉴和参考。当前全球经济治理过程的一个显著现象是,处于核心和领导地位的国家其国内的改革创新成果越多、成效越大,其创新改革的原则、理念甚至方案等,在全球议程推广中越能牢牢把握住话语权。针对上述现象,我国应该紧抓国内治理和国外治理联动机制不放,不断提高中国实践在全球经济治理中的影响力、传播力及公信力,提升话语权。

我国政府还应该对国内外联动治理机制进行逻辑性和整体性的有机规划。例如,当前推动《2030 年可持续发展议程》落实是全球治理的中心议题之一,中国应将 G20 杭州峰会成果、金砖合作机制、中非合作论坛约翰内斯堡峰会等成果,以"多元联动"的思维提高中国在《2030 年可持续发展议程》落实中的积极贡献。

(三) 推进更坚实有效的地区机制

事实证明,全球性经济议题的治理主要内容是全球经济治理体系,但治理难点在于其参与者是多维度的,从不同层级来看呈现一个金字塔式结构,这一结构中包含最基本的国家、地区及全球三层级。地区是一个国家通向全球的必由之路,因此,推进有效的地区治理机制,是我国参与全球经济治理的关键环节及重要的组成部分。中国推进更坚实有效的地区机制,具体来说要做好以下几方面的工作。

1. 切实做好"一带一路"倡议的落实,确保亚洲基础设施投资银行成功运营,推动亚洲地区更好发展

"一带一路"建设是我国扩大对外开放的顶层设计和外交在经济领域的重大举措,"一带一路"建设是为破解人类发展难题提供的中国智慧和中国方案。2017 年 5 月,第一届"一带一路"国际高峰论坛在中国北京成功举办,吸引了来自 29 个国家的国家元首、政府首脑与会,可见全球各国对"一带一路"倡议怀揣着极大的期望。从目前的情况来看,"一带一路"沿线多为新兴市场国家和发展中国家,各国发展状况大有不同,中国将加大对"一带一路"建设的资金支持,通过"五通"促进沿线国家共同发展,致力于推进沿线国家之间经济发展战略相互对接和加快基础设施、贸易金融等领域新机制、新规则的创建。

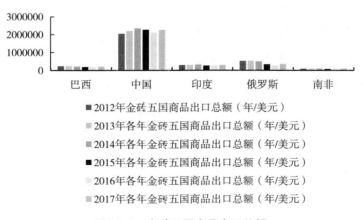

图 13-1 金砖五国商品出口总额

资料来源:国际货币基金组织。

此外,亚投行应该按照多边开发银行模式和原则运作,积极担当国际金融体系的建设者和补充者,而不是竞争者和破坏者。亚投行在推进基础设施建设中,要特别重视与其密切相关的软性设施方面的建设,具体包括帮助发展中成员加强基础设施管理的能力建设,以及帮助他们进行体制和机制改革等。亚投行在治理结构、债务可持续性等方面可以与现有多边发展银行加强合作。

2. 在货币领域切实推进地区机制的有效性建设,为全球金融体系建设添砖加瓦

增加中国与"一带一路"沿线国家的自由贸易区建设,充分利用中国和"一带一路"沿线国家和地区的经济的互补性和带动性,积极扩大贸易往来,发挥人民币国际化中的跨境贸易结算功能。目前,我国已经在东南亚和伦敦成功建立了离岸人民币市场,通过离岸市场对中国的贸易进行计价结算是人民币区域化在新时期下的又一有效途径。

3. 推进地区贸易体系建设,建立开放型经济新格局

事实证明,只有尽快把我国各地开展自由贸易试验区的基础建设,系统地纳入到"一带一路"倡议的大型综合规划中,才能真正意义上突破自身"画地为牢,故步自封"的发展局限和单一发展模式。

自贸区金融创新的核心是资本项目可兑换、人民币跨境使用、跨境投融资便利以及金融服务业开放,因此,自贸区作为金融开放的先行表率发挥着排头兵的作用。此外,我们积极创新"一带一路"沿线投融资服务,不断跨界整合"一带一路"沿线国家和地区的金融和人力资源,以外汇储备资金、产业基金、对外援助资金为杠杆,汇集世界各方资金参与"一带一路"建设。从目前的实践表明,通过金融创新鼓励中国企业积极参与"一带一路"重大项目建设,带动自贸区的企业对沿线国家和地区进行直接投资,继续为重大项目建设提供融资帮助和支持等成效显著。

4. 进一步加强地区经济治理公共品的供给,争取更大的制度性话语权

当前,国际经济形势深刻表明,发达国家的经济实力在相对不断衰退,而以中国为代表的新兴发展中国家经济实力在不断崛起,虽然发展的基础和速度有着不一样的节奏,但经济发展差距的不断缩小,已经是全球不可争议的共识。面对国际经济权力发生的巨大变化,新兴经济体必然要求在地区治理及国际经济事务中拥有更大、更多的话语权,以更积极的形象活跃在国际舞台。而中国,作为国际经济体系中重要一员,要获得更多的制度和领导性话语权,以及来自世界各国各地区的充分信任,需要以更大的勇气和自信提供更多的地区及全球性公共产品。

第十四章 研究的主要结论与中国全面开放新格局展望

第一节 全面开放新格局的内涵是动态发展的

一、开放格局的空间和内容在拓展完善

（一）中国开放空间格局的演变和特征

党的十八大以来，以习近平同志为核心的党中央在坚持对外开放的基础上，通过建设"一带一路"，设立自由贸易试验区、亚洲基础设施投资银行等，逐步推动我国形成对外开放的新局面。2017 年，习近平总书记在党的十九大报告中，明确提出了要形成全面开放新格局的发展要求，主要内容为"要以'一带一路'建设为重点，坚持引进来和走出去并重，遵循共商共建共享原则，加强创新能力开放合作，形成陆海内外联动、东西双向互济的开放格局"。

从中国对外开放的四个不同发展阶段可以发现，中国的对外开放空间格局经历了沿海城市开放，沿海和沿边城市开放，全国全域开放，东西部联动开放四个发展阶段。中国对外开放的空间格局是一个由点到面，由沿海到内陆，由孤立开放到联动互济开放的渐进发展过程。

(二) 完善中国对外开放空间格局的意义和作用

中国的对外开放在空间格局上一直存在着两个问题:一是东部开放水平较高,西部开放水平较低,东西部开放程度不同,开放水平不平衡;二是东西部联动发展、互济发展的程度不够,东部的有些产业近年来不是转移到中西部,而是转移到东盟、非洲等国,而内地不少不发达省市则招商引资困难重重。打造"东西双向互济"开放新格局有利于我国由现在的东西不平衡发展逐步走向平衡,有利于形成东中西部三地区相互合作、支持,实现有序、共同发展的对外开放新局面。"陆海内外联动"则有利于我国通过沿海带动内陆开放和发展,并利用好国际国内两个市场、两种资源,让国内和国际的产业链、供应链、创新链、价值链联动起来,通过国内产业链、供应链、创新链的发展,提升我国企业在全球价值链中的位置,实现打造对外开放新格局的宏伟目标。

二、打造开放新格局的途径在创新丰富

在中国对外开放的四个发展历程中,在第一个对外开放阶段:对外开放战略的试验探索阶段(1978—1991年),主要的开放途径是通过设立经济特区和沿海开放城市,主要面向港澳台的华侨华人资本招商引资,大力发展服装、玩具、制鞋等劳动密集型企业来出口创汇。在第二个对外开放阶段:对外开放战略的全面发展阶段(1992—2002年),主要的开放途径是沿海和沿边选择重点城市对外开放,建立社会主义市场经济体系,大力吸引全球资本,接受西方产业链转移来发展。在第三个对外开放阶段:对外开放战略的纵深发展阶段(2003—2011年),主要的开放途径是加入WTO,通过全面深度融入世界经济产业链、价值链来发展自己。

综上可见,在党的十八大之前的中国前三个对外开放阶段,中国的对外开放的模式虽然一直在演变,对外开放的途径一直在创新和丰富,但是归根到底,还是奉行出口导向型发展模式,通过招商引资"引进来",全面嵌入西方发

达国家主导的全球价值链,主要借助西方发达国家的市场发展自己("旧"的开放途径和开放模式)。这样的开放途径和开放模式是符合当时中国的国情和发展需要的。但是经过四十多年的发展,中国的经济已经得到了极大的发展,中国已经发展成世界第二经济大国(按购买力平价计算已经是第一经济大国),国内产能非常充沛(部分行业甚至是过剩),资金充足,人均 GDP 也已达到世界中等收入水平,如果我国还奉行"旧"的开放模式,走"旧"的开放途径肯定是不行的。因为这会带来如下几个问题:一是这种模式已经走到尽头了,我国许多劳动密集型产业、资源型产业在世界上的占比已经非常高了,进一步提高的可能越来越小;二是随着全球"逆全球化"升温,美日等发达国家加强对我国的"围堵",开拓世界市场的难度会越来越大,负面影响也会越来越大;三是继续这种模式,继续依赖要素投入来促进经济增长的话,中国的资源环境承受着巨大的压力,产业得不到升级,在全球价值链上依然处于低端的位置,有可能陷入"中等收入陷阱"。

为了适应国内外形势的巨大变化,在党的十八大上,习近平总书记提出了打造对外开放新格局这一伟大构想,从此我国的对外开放进入了第四个阶段:新时代开放战略创新与全面开放新格局构建阶段。在这一阶段,中国打造开放新格局的途径和方式得到了巨大的创新和丰富。这些新的途径主要有:

(1)提出了"一带一路"倡议。"一带一路"倡议是习近平总书记亲自谋划和推动的一项重大战略,党的十九大报告中,明确提出了形成全面开放新格局要以"一带一路"建设为重点。通过"一带一路"建设能推进中国和沿线国家的"政策沟通、设施联通、贸易畅通、资金融通、民心相通"。从习近平总书记 2013 年提出这一伟大倡议至今已有 6 年,"一带一路"倡议已经越来越得到世界的认可,越来越深入人心,在这一倡议的引领下,中国陆海内外联动、东西双向互济的开放新格局构建初见成效。

(2)加快实施自由贸易区战略,逐步构筑高标准的自由贸易区网络。党的十八大提出"加快实施自由贸易区战略",中国的对外开放进入新阶段,构建高标准的自由贸易区网络成为我国打造对外开放新格局的主要途径之一。

截至 2019 年,中国已经签署并实施的自由贸易协定有 16 个(其中有 5 个完成升级谈判),涉及 24 个国家和地区;正在谈判中的协定有 13 个,涉及 29 个国家和地区。

(3)服务业扩大开放。中国改革开放的前三个阶段(党的十八大之前),成功之处主要在于推动了制造业的对外开放,全面融入了全球产业链、价值链。但是随着我国和世界宏观经济形势的发展变化,我国需要重点推动服务业扩大开放。

党的十八大以来,我国服务业扩大开放取得了快速进展,主要措施体现在上海、广东、福建等自由贸易试验区的服务业扩大开放(我国在自由贸易试验区选择了金融、航运、商贸、专业、文化等服务领域扩大开放),北京成为服务业扩大开放综合试点城市以及内地与香港、澳门服务业进一步自由化(CEPA的继续深化和升级)。大力发展服务贸易,加大服务业对外开放已经成为我国打造新时代对外开放新格局的主要途径和抓手。

(4)自由贸易试验区(自由贸易港)。从 2013 年 9 月至今,经过 5 轮增设,我国批准了 18 个自贸试验区,已经初步形成了"1+3+7+1+6"的基本格局,形成了东西南北中协调、陆海统筹的开放态势,推动形成了我国新一轮全面开放格局。2018 年 4 月,习近平主席在庆祝海南建省 30 周年大会上宣布,海南省除了要以海南全岛为范围建设自由贸易试验区,还要探索建设中国特色自由贸易港。自由贸易试验区(自由贸易港)建设已经成为我国打造对外开放新格局的一个途径。

(5)推动人民币国际化。推动人民币国际化将为我国扩大对外开放提供良好的金融基础,是打造中国对外开放新格局的主要途径之一。截至 2019 年5 月,我国已与 38 个国家和地区的中央银行或货币当局签署了双边本币互换协议,总金额达 3.67 万亿元人民币,其中仅 2018 年一年,我国就与马来西亚、日本、英国、印度尼西亚、乌克兰 5 国签订了总额近万亿元人民币的货币互换协议,有力地推动了人民币的国际化。

(6)实施扩大进口战略。目前,中国的扩大进口战略已经初见成效,中国国际进口博览会(China International Import Expo,简称 CIIE 或"进博会")已经举办了两届。进博会在全球博览会中是以进口为主题的唯一的国家级的博览会,是国际贸易史上的一大创举,也是中国主动对世界开放市场,打造我国新时代对外开放新格局的一个重要举措。

(7)积极参与全球治理。在新时代全面开放新格局构建中,我国重视通过积极参与全球治理,在国际组织中努力发出中国声音,促使国际规则更加公平和合理。目前,我国参与全球经济治理,取得了丰硕的成果。中国推动了人民币加入 SDR,设立了亚洲基础设施投资银行和丝路基金,加强了与新兴经济体和金砖国家合作,打造了金砖峰会,还积极参与 G20 以及 WTO 改革。积极参与全球治理,能为我国对外开放新格局的构建创造一个好的外部环境,已经成为我国打造对外开放新格局的一个主要途径。

(8)打造对外开放新高地。党的十八大以来,党中央提出了"一带一路"倡议、京津冀协同发展和长江经济带的三大区域建设战略。党的十九大之后,又相继增加了粤港澳大湾区和长江三角洲区域一体化战略。至此,我国区域发展的"三大战略"在空间布局上进一步优化为"五大战略"。这些区域发展战略承担着统筹东西、协调南北、发挥先行示范和辐射带动的功能。可见进入新时代,在构建对外开放新格局方面,党中央、国务院通过区域发展战略,一方面促进区域平衡发展;另一方面着力打造对外开放新高地,让京津冀、长三角、粤港澳大湾区代表国家参与全球最高端的竞争。

综上可见,进入新时代,我国打造开放新格局的途径和方式得到了很大的创新和丰富,而采取这些新的举措的目的就是为了转变我国对外开放的模式,打造我国对外开放新格局。

第二节 构建开放新格局的思路和对策是渐进的

一、对外开放新格局的构建必须适应国内外形势的变化

在1978年中国刚刚开始改革开放时,整个国家处于一穷二白的阶段,外汇、资金缺乏,人民受教育程度低;但是劳动人口极为庞大,劳动力价格极为低廉。而国际上,劳动密集型产业正处于第三波大转移的时机,我国和欧美等西方发达国家的关系也处于新中国成立以来最佳的时候,西方发达国家对我国开放市场。因此,在这样的国内外的条件下,我国走了一条发挥比较优势,接受西方国家劳动密集型产业转移,通过大力发展"三来一补"产业,努力出口创汇,主要依托西方发达国家市场发展自己的路子。改革开放四十多年来,我国取得的巨大成就证明这一思路和对策是实事求是的,是符合中国当时的社会经济基础的。但是,当前我国对外开放所面临的国内外形势已经发生了天翻地覆的变化,面临的社会主要矛盾是人民日益增长的美好生活需要和不平衡不充分的发展之间的矛盾。因此,我们构建对外开放新格局的思路和对策必须在摸清我国现阶段对外开放所面临的形势和基本条件后,根据国内外的形势变化而不断调整。

(一) 新时代中国对外开放的优势

新时代中国对外开放的优势主要体现在如下几点:一是形成了庞大的内部市场,目前中国已经是全球第二大消费市场,保守估计中国在2020年就能成为世界第一大消费市场①。庞大的国内市场使得我国依托内需发展成为可

---

① 见 https://3g.163.com/money/article/F1L2RCNJ0519EO06.html? from＝history－back－list。

能。二是快速稳健的发展速度。虽然近年来,我国发展速度有所下滑,但是GDP 超过 6% 的增速仍然是主要经济体里发展速度较快的国家之一。三是持续优化的营商环境。据世界银行发布的《全球营商环境报告 2020》,中国营商环境全球排名从 2018 年的第 46 位跃升至第 31 位,中国成为世界上营商环境进步最大的 10 个经济体之一。四是科技实力近年来大幅提高,在某些领域已经达到国际一流水平。

(二) 新时代中国对外开放面临的问题

新时代中国对外开放面临的问题主要有如下几点:一是高水平开放所需的经济基础还不够扎实;二是对标世界一流,中国的营商环境还有待优化;三是科技创新水平和科技强国相比还有较大的差距,关键技术受制于人;四是劳动力成本快速提高,劳动密集型产业竞争力下降较大,但是产业转型升级的速度较慢,有落入"中等收入陷阱"的风险;五是资源安全不容忽视,石油、铁矿石、天然气等大宗商品对外依存度高。

(三) 新时代中国对外开放面临的机遇

新时代中国对外开放面临的主要机遇有如下几点:一是面向发展中国家,通过"一带一路"建设,促进产能合作和基础设施建设的机遇;二是面向发达国家,开展服务外包,承接服务产业国际转移的机遇;三是面向 5G 技术、人工智能等新科技革命,新产业新业态新模式的发展机遇;四是面向全球治理,提高中国话语权,全球经济治理地位大幅提升的机遇。

(四) 新时代中国对外开放面临的挑战

新时代中国对外开放面临的挑战有如下几点:一是价值链高低两端同时面临挑战,当前,中国生产要素价格提高很快,劳动密集型等处于价值链低端的产业,面临东盟、非洲等低成本国家的挑战,但是中国向价值链高端攀升的努力却受到以美国为首的西方国家的打压。二是逆全球化盛行,国际经贸大环境日益严峻。近年来,贸易保护主义、民粹主义兴起,全球化出现了倒退的现象,国际市场开拓的阻力日益增大。三是中美关系紧张,中美面临"修昔底德陷阱"的挑战。

二、循序渐进构建新时代对外开放新格局

新时代中国对外开放具体的优势和劣势,面临的机遇和挑战,构成了中国打造对外开放新格局的基本面。针对中国对外开放的这一基本面,我们认为,中国构建对外开放新格局应采取稳中求进、循序渐进的原则,按照习近平总书记在 2018 年新年贺词中所说的"不驰于空想、不骛于虚声,一步一个脚印,踏踏实实干好工作"的要求,稳步有序地构建新时代对外开放新格局。

(一) 在东西双向互济的全域协调开放方面

东西部发展不平衡是我国的老问题,党和政府一直高度关注这一问题,出台了多种措施促进东西部平衡发展,其中最为波澜壮阔的大举措就是 2000 年开始实施的"西部大开发"。这一发展战略极大地促进了西部的发展,其中西南的云南、贵州、四川、重庆取得的成绩更是引人瞩目。进入新时代,党和政府高瞻远瞩,适时在党的十八大上提出了东西双向互济打造对外开放新格局。

我们认为,"东西双向互济"有利于我国由现在的东西部不平衡发展逐步走向平衡,形成东中西部有序发展的对外开放新局面。具体来说,东中西部地区应根据自己的实际需求确定发展方向:东部沿海地区可以借鉴国内外成功的经验,通过加强自主创新和产业升级来重点发展高新技术,提升我国在国际分工中的地位。在我国未来开放新格局的构建中,东部地区应该继续提高开放水平、发展水平,作为我国的开放高地、发展高地,代表中国最高的科技水平、产业水平、发展水平参与全球竞争。北上广深等一线城市和杭州、武汉、南京、成都等强二线城市更应牢牢把握这一使命。中部地区主要承接东部地区

的产业转移,在这一个过程当中,中部地区需要不断提升自身的产业基础,同时利用中欧班列等已打通的陆上通道,加强与主要贸易伙伴的经济往来;西部地区基础设施和工业发展较东中部地区有一定的差距,但是沿边地区可依托"一带一路"的天然区位优势,积极参与"一带一路",同时加强基础设施的建设。综上可见,东西双向互济,就是东部要引领西部发展,西部要给东部提供支撑。东部可以通过产业转移、产业共建等方式促进东部已经不具备比较优势的产业向西部转移,从而拉动西部发展;而西部要为代表国内最高发展水平、参与世界竞争的东部地区,提供市场腹地和人力资源支持。

(二) 在陆海内外联动的外部空间全方位开放方面

西部发展相对落后,最主要的原因就在于缺乏出海口,不利于货物的大进大出。为了解决这一问题,改革开放初期,我国主要是疏通西部东向出海(经长江水道,从上海出海),但是这一通道非常周折耗时。经过多年努力,目前我国已经建立了多条西部出海大通道,其中尤以从重庆出发,经过贵州,最后在广西北部湾出海的西部陆海大通道最为成熟。

在党的十八大报告中,中央适时提出了通过陆海内外联动来推动对外开放新格局的构建,就是要求在新时代把对外开放和国内区域开发结合起来,在开放中推进西部大开发、东北振兴、中部崛起,在开放中促进京津冀协同发展、长江经济带保护发展,加快粤港澳大湾区建设,推动长江三角洲经济一体化。

具体来说,在陆海联动方面,第一,我国应继续提升沿海地区的发展水平、发展质量,在打造陆海联动的同时,首先使沿海地区充分联动起来,加深我国主要经济集聚区之间的联动性,形成东部沿海地区联合对外开放高地。第二,要推动内陆对外开放,加快发展。在中部,要充分发挥郑州、南京、长沙、武汉等新一线核心城市的作用,以核心城市为支点,连点成线、交汇联动。在西部,要以西部地区重点核心城市成都、重庆、西安、西宁、乌鲁木齐、呼和浩特等为支点,以"一带一路"作为对外开放发展的重点,推动边境贸易创新发展,使我国西部地区成为对外开放的新门户。第三,要通过陆海新通道建设、中欧班列开通等措施进一步加强陆海之间的联动。

在内外联动方面,我们必须把对内改革和对外开放联动起来,坚持以开放促进改革、以改革推动对外开放再创新高,积极统筹利用好国际国内两个市场、两种资源,推动进出口、内外需协同扩大,在实现东、中、西部整体协调开放的同时实现"引进来"和"走出去"共同增长。

(三) 在自由贸易试验区建设方面

如果说改革开放之初,我国的改革开放试验田是沿海经济特区和开放城市,那么进入新时代,中国更高层次的改革开放的试验田就是自由贸易试验区。自由贸易试验区所开展的一切改革创新实践和相关的体制机制建设都是服务于深化改革和扩大对外开放这两个目标。

目前,各自贸试验区在贸易、投资、金融服务、法制和监管上已展开了一系列的创新活动,而在当前中国面临着复杂的国际环境和亟待发展的国内需求的情况下,自贸试验区还需进一步探索经济发展和对外开放的路径,增强自身的辐射带动作用,推动中国形成更高水平的对外开放。另外,自贸试验区改革实践要为中国经济持续健康发展寻求新的增长动力。自贸区要积极支持和培育朝阳产业,出台相关的创新创业举措和政策,吸引高端人才和产业的集聚,以创新推动本区的发展,为全国改革开放提供新的借鉴和参考。

(四) 在开发区建设方面

开发区是招商引资的重要载体、对外开放的重要平台以及地区经济发展的重要增长极。根据开放和发展的需要,设立各种类型的开发区、开放区,促进体制机制转变和经济增长,是我国改革开放的主要成功经验,也是我国打造开放格局的主要途径之一。

我们认为,未来我国首先要明确开发区的战略地位,明确开发区的发展方向是以产业发展为导向,将开发区作为本地区制造业和生产性服务业集聚发展平台。第二,要加快产业转型升级,提升经济发展质量。开发区应加快推进传统产业与互联网、物联网、大数据、云计算、人工智能等新一代信息技术充分融合,率先推动"互联网+中国制造"取得实质性突破。第三,要促进开发区整合优化,推进开发区建设和运营模式创新。各级政府要尽量避免开发区的同质化现象和低水平的恶性竞争,积极构建开发区统一协调机制。

(五) 在扩大市场开放和削减准入壁垒方面

党中央根据国内外形势的变化,适时提出了扩大进口战略。这一战略是中国进入新时代以来的重大制度创新,在未来打造我国对外开放新格局中将发挥着重要的作用。

我们对中国扩大进口战略的研究表明:首先,整体上,中国扩大进口战略既"利己"也"利他",对于中国经济和世界经济的增长、居民福利的提高、贸易的增长都有益。但比较起来,"利他性"大于"利己性",更多地为世界经济增长贡献力量。其次,关税减让和非关税措施,都能够有效地促进中国的贸易平衡,但比较而言非关税措施的效应更加突出。最后,扩大进口战略的"利己"效应上,非关税措施优于关税措施,积极效应明显更强,也更有利于中国。"利他"效应上,关税措施在促进经济增长、制造业就业、出口贸易以及贸易平衡上的表现更优,而非关税措施在提高社会福利、推动整体贸易增长上的作用更加明显。

因此,我们建议:第一,中国主动扩大进口战略在关税和非关税措施齐头并进的同时,要更多地使用降低非关税壁垒的措施,推动贸易便利化和制度、规则及标准层面的一体化。第二,扩大进口战略在整体上有利于消费升级和产业升级,但也需要谨防贸易条件恶化带来的社会福利减少。第三,扩大进口战略是惠及中国并有利于世界经济增长的政策选择,随着中国在国际舞台上的作用不断提高,作为一个负责任的大国,中国面对发达国家的贸易保护主义,全面深化改革并推动新一轮对外开放,主动扩大进口,维护多边贸易体制,为世界经济的增长贡献中国力量。

（六）在推动"一带一路"建设方面

共建"一带一路",是习近平总书记亲自提出、亲自谋划、亲自推动的伟大倡议,是因应国内外形势变化,为了促进我国经济发展,实现"两个一百年"奋斗目标,打造人类命运共同体的伟大措施,是新时代我国构建全面开放新格局最为重大的举措。

习近平总书记提出的"一带一路"要走和平发展之路、走繁荣发展之路、走开放发展之路、走创新发展之路、走文明发展之路,为我国"一带一路"建设指明了方向和长期努力目标,但近期"一带一路"顺利推进,则要解决好"一带一路"建设中目前存在的几个主要风险:一是东道国的财政风险（东道国是否能够承担起投资产生的债务）;二是东道国管理治理风险（腐败和政府行政能力低下）;三是直接和间接的环境风险。另外,为了"一带一路"倡议的顺利推进,我国还需和"一带一路"沿线国家一起着力于推进贸易一体化（减少贸易政策壁垒,促进贸易便利化）,并通过规则及其执行,强化对私营企业投资的法律保护力度,鼓励私营企业、民营资本大力参与"一带一路"建设。另外,要大力推动多边合作,建立"一带一路"合作的多边协调框架,以解决"一带一路"推进中出现的问题。

（七）在构建高标准的自由贸易区网络方面

近年来,国际贸易保护主义盛行,WTO 等多边机制举步维艰,美国、欧盟、日本等主要经济体纷纷打造以自己为核心的自由贸易区网络,因应这一形势的变化,党的十九大报告提出了逐步构筑"面向全球的高标准自由贸易区网络",我国进入了积极推动大型区域自由贸易协定谈判的阶段。

我们建议,在新时代推动高标准的自由贸易区网络构建中,第一,要扩大

FTA 辐射圈,促进 FTA 战略和"一带一路"倡议交叉发展。我国在自贸区建设过程中,需要遵循"立足周边,面向全球"和"先易后难、循序渐进"的原则稳妥推进。第二,要对标国际水准,制定具有特色的水准规则。第三,中国要争取成为 FTA 结构中的轮轴国,这有助于我国更大地获取 FTA 的利益分配,更全面地参与世界经济体系,更大程度地争取全球经济治理制度性权力。第四,要有效提升 FTA 效率,强化政企联动性。要想充分发挥 FTA 对我国贸易、投资以及经济的促进作用,政府和企业的共同努力是不可或缺的。

(八) 在大国经贸关系建设方面

我国一直重视和主要贸易伙伴构建互惠互利、合作共赢的大国经贸关系。改革开放之初,西方主要发达国家对我国的改革开放总体上来说是支持的,因此,虽然我国也受到了反倾销、反补贴等不公平的贸易待遇,但我国和西方主要发达国家的经贸关系总体上是良好的。良好的经贸关系还往往成了两国关系中的"压舱石"。但随着我国的发展和崛起,近年来个别西方发达国家对我国的发展越来越敌视,中美贸易摩擦就是其中最典型的例子。我国大国经贸关系的建设面临着巨大的挑战。

我们建议,未来我国仍应大力推行互惠互利、合作共赢的大国经贸关系,并且更加注意贸易平衡和促进共同发展,尤其是重视加强和欧盟、东盟、日本、韩国等主要贸易伙伴的经贸关系。

(九) 在积极参与全球经济治理方面

改革开放之前,我国可以说是全球经济体系的旁观者,改革开放之后,我国积极融入全球经济体系,成为全球经济体系的参加者。进入新时代,我国根据国内外形势的变化,积极参与全球治理体系改革和建设,不断推动着全球经济治理体系的完善。全球经济治理体系的完善将为我国对外开放新格局构建提供一个良好的环境。

具体来说,中国作为发展中大国,参与全球经济治理要基于满足自身发展需求和促进全球经济合作的双重利益,实行内外双赢的战略。第一,增强自身经济金融实力。第二,推进全球治理与国家治理联动。第三,推进更坚实有效的地区机制,主要包括以下内容:一是切实做好"一带一路"倡议的落实,确保AIIB成功运营,推动亚洲周边地区的更好发展;二是货币领域切实推进地区机制的有效性建设,为全球金融体系建设添砖加瓦;三是推进地区贸易体系建设,建立开放型经济新格局;四是进一步加强全球经济治理公共品的供给,争取更大的制度性话语权。

(十)　在打造对外开放新高地方面

如果说20世纪80年代的开放高地是经济特区和沿海开放城市,那么新时代的开放高地就是京津冀(雄安新区)、长江经济带、粤港澳大湾区、长江三角洲。目前,这些区域已经具备了打造开放新高地的基础。我国要继续强化这些区域的竞争优势,进一步优化营商环境,促进京津冀(雄安新区)、长江经济带、粤港澳大湾区互济联动发展,把它们打造成我国对外开放的新高地,让它们代表中国最高的科技水平、产业水平、开放水平参与全球竞争。

第三节　建设开放新格局的目标是明确的

新时代对外开放新格局的总体目标是非常明确的,就是要实现我国的"两个一百年"奋斗目标:在2020年全面建成小康社会、实现第一个百年奋斗目标,在此基础上,再奋斗15年,在2035年基本实现社会主义现代化,而从2035年到本世纪中叶,在基本实现现代化的基础上,再奋斗15年,把我国建成富强民主文明和谐美丽的社会主义现代化强国。简而言之,新时代对外开放新格局的总体目标就是实现我国经济又快又好的发展,把我国建设成社会主义现代化强国。为了实现这一总目标,我国对外开放新格局构建中,在国内、区域、全球的不同角度有着不同的目标需要实现。

一、国内的目标：满足人民日益增长的美好生活需要

当前，中国特色社会主义进入了新时代，我国社会生产和社会需求发生了新的变化。党的十九大报告明确指出，我国社会主要矛盾已经转化为人民日益增长的美好生活需要和不平衡不充分的发展之间的矛盾。我国构建对外开放新格局目标就是要为解决这一社会主要矛盾提供在开放和发展领域的思路和方案。为了构建对外开放新格局，在产业上，我国要推动形成全方位对外开放的产业格局；在开放空间布局上，我国要推动形成陆海内外联动、东西双向互济的空间开放格局；在投资上，我国要推动形成"引进来""走出去"并重的双向投资开放格局；在贸易上，我国要推动形成多边、区域、双边兼顾的贸易开放格局。总之，打造对外开放新格局就是要促进我国经济平衡发展、充分发展，以满足人民日益增长的美好生活需要。

（一）形成全方位对外开放的产业格局

我国改革开放以来取得的巨大成就，主要来源于第二产业（尤其是制造业）的成功。我国制造业实现了全面的对外开放，深度融入了全球产业链、价值链，并形成了强大的产业竞争力。制造业的强大使得我国成为"世界工厂"和世界第一货物贸易大国。但是相比于制造业，我国的第三产业（服务业）对外开放一直存在着开放深度不深、开放广度不宽等诸多问题，在服务业领域，我国的全球竞争力并不强，这也是我国近年来服务贸易占比不高，服务贸易存在巨额逆差的主要原因。而当前，全球经济越来越进入服务业驱动的阶段，服务业对我国经济增长的作用也日益凸显，因此，在新时代，我国应该增强服务业竞争力，加快服务业全面深度开放，大力促进服务贸易增长，打造服务业、制造业全面开放、双轮驱动的全面开放产业格局。

（二）形成陆海内外联动、东西双向互济的空间开放格局

我国的对外开放空间格局一直存在东西部开放水平不同,东西部联动互济发展程度不够等问题。因此在新时代我国对外开放新格局的构建中,我国要通过陆海内外联动、东西双向互济的空间开放格局的打造,促进东部更高水平的开放,让东部代表中国最高的科技水平、发展水平参与全球竞争,让西部能在东部的引领带动下快速发展。打造"东西双向互济"开放新格局有利于我国由现在的东西不平衡发展逐步走向平衡,有利于形成东中西部三地区有序发展的对外开放新局面。"陆海内外联动"则有利于我国通过沿海带动内陆开放和发展,并利用好国际国内两个市场、两种资源,让国内和国际的产业链、供应链、创新链、价值链联动起来,促进我国经济增长和产业转型升级。

（三）形成"引进来""走出去"并重的双向投资开放格局

改革开放直到 2008 年的国际金融危机的 30 年时间,我国都是以"引进来"为主。2008 年国际金融危机之后,我国企业加快了"走出去"的步伐。"一带一路"倡议提出以后,在"一带一路"倡议带动下,中国企业开始了大规模"走出去"。在未来开放新格局的构建中,我国应以"一带一路"沿线国家为重点,继续加大"走出去"的力度,实现促进国际产能合作、确保资源安全、提升国内产业竞争力的对外投资目标。在加大"走出去"力度的同时,我国也应加大"引进来"的力度,但是新时代的"引进来"将不再是着重于引进资金、设备,而是着重于引进人才和创新要素,最终就是要形成我国"引进来""走出去"并重,"引进来""走出去"互相促进的双向投资开放格局。

（四）形成多边、区域、双边兼顾的贸易开放格局

自 2001 年加入 WTO 以来,中国一直是 WTO 的坚定支持者和维护者,一直致力于推动 WTO 的完善和多边谈判的推进,但是近年来,国际贸易保护主

义、民粹主义日益兴起,WTO 框架下的多边谈判已经举步维艰,WTO 的作用也受到不断的弱化。在此背景下,中国在继续支持和维护 WTO 作用、继续支持多边谈判的基础上,也要更加重视区域自贸区、双边自贸区的谈判,并进一步巩固和主要贸易伙伴的关系,积极参与全球经济治理,力争在新时代形成多边、区域、双边兼顾的贸易开放格局。

二、区域的目标:打造利益、命运和责任共同体

中国位处东亚,自古以来就是亚洲区域的核心国家。当前,亚洲各国经贸往来密切,但亚洲各国却因为历史、地缘政治等原因而未能形成一个利益、命运和责任的共同体。我国构建对外开放新格局,在区域目标上就是要通过在亚洲打造以我国为核心的区域产业链,促使互利共赢、和睦相处的区域经贸关系形成,和亚洲各国一起打造利益、命运和责任共同体。

(一) 打造以中国为核心的亚洲区域产业链

当前全球已经形成了北美产业链、欧洲产业链、亚洲产业链三大区域产业链。这三大产业链中,北美产业链依托于美墨加自贸区,以美国为核心;欧洲产业链依托于欧盟,以德国为核心;而亚洲产业链虽然已经成型,中国、日本、韩国、东盟、印度、海湾国家等经贸往来密切,产业高度融合,互为最主要的贸易伙伴之一,但是却没有如北美产业链、欧洲产业链一样有一个大型的区域自贸协定和一个非常明显的核心国家。在未来构建对外开放新格局中,我国要大力推进 RCEP(区域全面经济伙伴关系,包含东盟 10 国、中国、日本、韩国、澳大利亚和新西兰共 15 个国家)、中日韩自贸协定、中国—海湾合作委员会自贸协定等的落地生效和继续完善,力争依托这些大型区域自贸协定推动亚洲区域产业链的大力发展。我国还应努力发展科技推动产业升级,并通过"一带一路"推动我国产业在区域合理布局,把我国打造成亚洲区域产业链的核心。

（二）形成互利共赢、和睦相处的区域经贸关系

取长补短、互利共赢的经贸关系往往是两国关系的"压舱石"，我国在构建对外开放新格局、力争成为区域价值链的"链主"的同时，要注意促进经贸关系的互利共赢，注意通过互利共赢的关系来推动和睦相处的周边关系发展和"一带一路"倡议的推进。

三、全球的目标：打造人类命运共同体

党的十八大报告明确提出"人类命运共同体"的理念。习近平总书记在党的十九大报告中明确提出"坚持和平发展道路，推动构建人类命运共同体"思想，是对中国优秀传统文化的创造性转化和创新性发展，是对马克思列宁主义的继承、创新和发展。

全面开放新格局的构建在全球的层面上的目标就是要为人类命运共同体的打造提供助力。因此，我国必须大力推进"一带一路"倡议，并推动"公平、开放、全面、创新"的全球经济新秩序的形成，以此助推全面开放新格局的打造。

（一）大力推进"一带一路"倡议

"一带一路"秉承共商共建共享的原则，核心理念是和平合作、开放包容、互学互鉴、互利共赢，目的是打造政治互信、经济融合、文化包容的利益共同体、命运共同体和责任共同体。"一带一路"倡议和人类命运共同体的理念、目标都是高度契合的。可以说，"一带一路"倡议是实现人类命运共同体的手段之一，而实现人类命运共同体是"一带一路"倡议的目标之一。我国要紧抓"一带一路"建设这个"牛鼻子"，全力打造全面开放新格局，助推人类命运共同体的实现。

（二）推动"公平、开放、全面、创新"的全球经济新秩序的形成

当前,全球经济秩序还存在着严重的不合理、不平衡。南北发展差距日益加大,部分亚非拉国家可能彻底成为治理混乱、民不聊生的失败国家。而当前全球经济治理话语权仍为发达国家所牢牢把握。因此,我国在构建对外开放新格局中,要积极参与全球经济治理,大力推动"公平、开放、全面、创新"的全球经济新秩序的形成。这将大大有利于世界各国,尤其是发展中国家更好的发展,实现人类共同发展、平衡发展,促进人类命运共同体的形成。

第四节 全面开放新格局的未来方向

回顾历史,中国经济在改革开放四十多年的磅礴历程中砥砺前行。中国从贫穷落后的发展中国家变成了世界第一大贸易国、第一大外汇储备国、第二大经济体。中国经济的崛起是近百年来改变世界经济格局的大事。国家统计局公开数据显示,按照不变价格计算,我国 GDP 总量在 1978 年至 2017 年间增长 33.5 倍,9.5% 的年均增长率是同期世界经济平均增速的 3.3 倍,平均每 8 年翻一番的增长速度创下了世界经济的增长奇迹。

放眼未来,中国将进一步开创全面开放新格局。未来中国开放型经济的发展将以既有开放布局为基础,进一步在空间布局、层次深入和体制改革等方面持续发力,对外贸易、资本流动、自贸区网络建设、国际经济合作等领域将是全面开放新格局的未来方向。全面开放新格局整体框架如图 14-1 所示。

一、对外贸易

党的十九大报告明确提出"拓展对外贸易,培育贸易新业态新模式,推进贸易强国建设",对外贸易将成为全面开放新格局的重要方向。改革开放四十多年来,中国货物贸易进出口贸易总额从 206 亿美元增长到超过 4 万亿

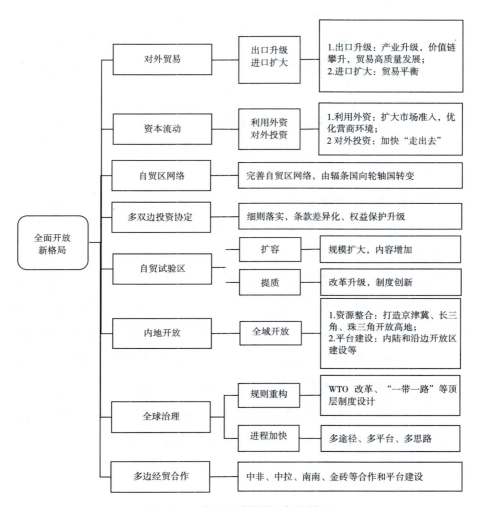

图 14-1 全面开放新格局框架体系

资料来源:作者根据公开资料整理。

美元。

　伴随中国经济的持续发展,未来中国将进一步扩大进出口贸易整体规模,提升贸易质量。中国出口贸易和进口贸易双轮驱动模式将进一步增强,出口贸易方面,中国将持续推动外贸领域供给侧结构性改革;在贸易主体上进一步促进民营企业的加速增长;在贸易结构上推陈出新、不断优化;在贸易伙伴分布上加强全球布局、多点突破、渐次推进、更加均衡。

　　未来,中国将加强对"一带一路"沿线经济体、金砖国家、G20 成员方等重要经济体的贸易拓展,深度挖掘和这些地区与国家的贸易潜力;同时将全面推动出口贸易产业升级,中国的劳动力综合成本自 2008 年国际金融危机以来快速攀升,当前中国已经跨越了"刘易斯拐点",人口红利逐步下降,传统的以廉价且丰富的劳动力要素为比较优势的劳动力密集型出口贸易已经不再符合当前中国经济的发展实际,因此以人口红利为基础的低端加工贸易应逐步向以技术创新和资本实力为核心的高科技产业贸易转变,未来中国出口贸易的关键在于积极培育贸易新业态新模式,注重在品牌建设、技术迭代、服务升级、质量优化等系列环节下功夫,促进出口贸易向价值链上游攀升。

　　另外,中国要坚持"引进来"和"走出去"并重的全面开放新格局思想,在进一步巩固提升出口贸易质量的同时要坚持积极扩大进口贸易规模,促进进出口贸易均衡发展。党的十九大以后,中国积极推进全面开放新格局,更加强调扩大进口,逐步放开政府采购市场和进口产品管控名录,推进贸易全球化。进口贸易规模的扩大将有助于缓解大规模贸易逆差产生的贸易摩擦压力。中国作为经济全球化的受益者,将与世界各国一起共享发展红利,积极扩大进口,缩小贸易逆差规模,向世界展示中国全面开放的信心和决心。

二、利用外资和对外投资

　　改革开放的四十多年是中国利用外资的黄金期,外资的有效利用显著提高了中国的开放水平和全球化程度。在建设全面开放新格局的历史机遇下,中国将进一步放宽市场准入,全面缩短外商投资负面清单,降低外商投资门槛,允许并鼓励外资进入金融、电信、医疗、教育等领域,并将全面推广外资独资经营至更广阔的领域。同时,我国将健全保护和促进外商投资的相关法律法规体系,并建立信用报告制度以强化对外商投资权益保护,另外还将通过完善 FT 账户体系、推进人民币国际化、达成多双边投融资机制等方式建立多种途径的外资流入通道,全面优化营商环境,提升外资流入规模和质量。

国际货币基金组织数据显示,截至 2018 年年末,我国仍稳居全球外汇储备第一大国地位,储备量占全球总规模的 30%,总量超过 3 万亿美元。扩大对外投资,加快"走出去"是全方位开放新格局建设的题中之义。当前,中国已经成为"一带一路"沿线诸多国家的外资主要来源地,中国正在由资本输入国向输出国转变,未来中国将继续以"一带一路"建设为重点,以双边、多边合作框架协议为支撑,在对外投资的规模、渠道、方式、产业、区域等各方面优化布局,推动科学合理的对外投资。中国的对外投资是共建共享发展成果、深度参与全球化治理,兑现负责任大国承诺的重要表现,是全方位开放新格局建设的未来方向。

三、高标准自由贸易区网络建设

党的十八届三中全会将自贸区建设纳入开放型经济新体制的建设规划中,确立了建设"面向全球的高标准自由贸易区网络"的总体目标的总体方针。2015 年国务院发布的《关于加快实施自由贸易区战略的若干意见》又明确指出自贸区建设是新一轮对外开放的重要内容,要加快构筑"立足周边、辐射一带一路、面向全球的高标准自由贸易区网络"。

坚定不移继续推进区域经济一体化建设,构建高标准自由贸易区网络体系是中国全面开放新格局的未来方向之一。在自由贸易区网络建设方面,中国要采取"由点到线、由线到面"的阶梯式自由贸易区网络建设思路,充分发挥"示范效应",加快自由贸易区扩容升级速度。努力把中国打造成全球自由贸易区网络的"轮轴国"。在自由贸易协定内容标准方面,中国要由传统的减免关税模式逐步向技术标准、环保标准等转变,充分发挥中国的市场、技术、资金等优势,稳步提高贸易协定的标准,引导资源型开放向制度型开放转变。在合作对象选择方面,未来中国要更加注重拓展规模体量大、区域辐射带动力强的核心国家和发达国家。

四、多双边投资协定建设

双边投资协定（BITs）是目前国际投融资领域的主导性规则制度,截至 2018 年 9 月,中国就已经与 131 个国家和地区达成了 145 份多双边投资协定。其中,到 2018 年年底"一带一路"沿线与中国达成双边投资协定和避免双重征税协定的国家就分别达到 56 个和 55 个之多。大力推进多双边投资协定签订,是更好地保护我国的投资收益和资金安全,推动区域经贸合作的内在要求。未来中国应围绕风险规避、体制机制完善、平台搭建等内容贯彻落实多双边投资协定的细则条款,不断优化双边营商环境,并根据双边国情,设计差异化协议条款,进一步降低投资风险、提高投资者权益保护水平,推动全方位开放新格局深化发展。

五、自由贸易试验区建设

目前我国已经形成了"1+3+7+1+6"的自贸试验区基本格局,全域协调、陆海统筹的自贸试验区空间体系逐步完善。我国应继续以自贸试验区为"试验田"探索差异化开放和普适性开放的体制机制创新,充分发挥敢闯敢试的改革精神,助力全方位开放新格局的发展。

自贸试验区的进一步扩容和覆盖面的进一步扩大是未来趋势,未来自由贸易试验区建设在空间布局上将进一步向中西部地区和沿边地区扩展,以全方位开放促进中西部和沿边等不发达地区的平衡发展;在目标定位上,将根据各个自贸试验区的地区特色、实际需求和改革任务的不同而差异化设定,更加注重因地制宜、一地一策;在改革思路上,自贸试验区的改革试点作用和开放排头兵作用将进一步突出,真正发挥自贸试验区在全方位开放新格局中的先行先试作用。

六、沿边和内陆开放区建设

目前我国已经基本形成了"经济特区—沿海开放城市—沿海经济开放

区—沿江和内陆开放城市—沿边开放城市"的立体开放格局。未来,沿边和内陆的协同开放建设将是全面开放新格局的议题之一。沿边和内陆地区的全面开放是提高我国对外开放整体水平的重要手段。我国前期开放水平和综合竞争力自东向西逐级递减的格局将在未来的沿边和内陆开放建设过程中得到整体性的调整。我国将逐步形成具有宽领域、多层次、重点突出和点线面结合等特色的沿边和内陆开放体系。

七、深度参与全球经济治理

深度参与全球经济治理是建设全面开放新格局的必然要求。中国作为全球经济的重要参与者,将积极探索建设开放型经济新体制,敞开大门融入全球经济的汪洋大海,推动形成全方位开放新格局。

未来中国要把握主动、重点推进,以倡导"一带一路"和参与 WTO 改革为核心,全力支持 APEC、G20、达沃斯论坛、金砖会晤等重大全球经济治理活动,扎实推进亚洲基础设施投资银行、金砖国家开发银行、金砖国家应急储备安排、丝路基金等重要组织和机构的协同发展,推动南南合作、南北对话等重要合作机制进程,并积极加强和世界各国在国际经济、金融、贸易、发展领域的沟通协调,全面推进全球贸易治理、投资治理等领域的深度合作,为全球经济治理贡献中国方案。

八、多边经贸合作机制和平台建设

世界经济格局深刻调整,贸易保护主义和逆全球化势力抬头,各种名目挑起的贸易摩擦不断,中国作为经济全球化的倡导者将继续推动以多边经贸合作机制和平台建设为重点的国际经贸合作。中国将在继续支持和维护 WTO 作用、继续支持多边谈判的基础上,更加重视区域自贸区、双边自贸区的谈判,进一步巩固和主要贸易伙伴的关系,力争在新时代形成多边、区域、双边兼顾的贸易开放格局。

表 14-1　全面开放新格局建设各方面行动成果

主要方向	具体内容
对外贸易	1. 外贸总额高增长：2018 年,中国外贸总额达 230.51 万亿元人民币,同比增长 9.7%,其中与前三大贸易伙伴欧盟、美国和东盟增长分别为 7.9%、5.7% 和 11.2%; 2. 外贸市场多元化：2018 年与"一带一路"沿线国家进出口总额同比增长 13.3%,超过整体增速 3.8 个百分点,其中对俄罗斯、沙特阿拉伯、希腊的增长达到了 24%、23.2% 和 33%; 3. 扩大进口：中国国际进口博览会,下调汽车、部分日用消费品、抗癌药品等热销消费品进口关税(2017 年 12 月 1 日起,部分消费品进口平均税率由 17.3% 降到了 7.7%),跨境电商推动"买全球、卖全国"快速发展
资本流动	1. 缩短外商投资负面清单,积极利用外资：2018 年 6 月 30 日,全国和自贸试验区的外资准入负面清单,以及鼓励外商投资产业指导目录公布,并于 7 月 30 日实施,新一轮负面清单压减酝酿落地,11 月 7 日,国务院印发了《关于进一步做好利用外资工作的意见》进一步完善外商投资相关制度; 2. 对外投资快速增长：2018 年中国跃居全球第二大对外投资主体,过 2.7 万家中国投资者在全球 188 个国家(地区)设立 4.3 万家企业,覆盖 80% 以上国家(地区),对外直接投资仅次于日本达到 1430.4 亿美元; 3. 对外投资产业结构和地域结构优化：投资向信息传输、科学研究和技术服务、电力生产、文化教育等领域快速流动,地方企业非金融类对外直接投资和非公经济控股企业对外投资分别增长 14% 和 11.2%
自贸区网络建设	1. 自贸协定谈判加速：中国已经 17 个自贸协定,并正在与 27 个国家进行 12 个自贸协定谈判或者升级谈判,包括《区域全面经济伙伴关系协定》(RCEP)、中日韩、中国—挪威、中国—斯里兰卡、中国—以色列、中韩自贸协定第二阶段谈判、中国—巴基斯坦自贸协定第二阶段谈判以及中国—新西兰自贸协定升级谈判等; 2. 自贸协定内容扩充：由以关税减免带动货物贸易为主向资本流动、人才流动、技术流动、基础建设、环境保护等多个领域扩充
多双边投资协定	世界第一大多双边投资协定缔约国,截至 2018 年 9 月,签订 145 份多双边投资协定,涉及全球 131 个国家和地区;至 2018 年年底,在"一带一路"沿线达成 56 个双边投资协定和 55 个避免双重征税协定
自由贸易试验区	1. 自贸试验区规模扩大：已经经历 5 次自由贸易试验区扩容,涉及上海(2013 年),广东、天津、福建(2015 年),辽宁、浙江、河南、湖北、重庆、四川、陕西(2017 年),海南(2018 年),山东、江苏、广西、河北、云南、黑龙江(2019 年)共 18 个省市,"1+3+7+1+6"的自贸试验区格局基本形成; 2. 自贸试验区区域广覆盖：东南西北中点阵式布局,随着规模扩大,由点到面逐步扩散; 3. 改革创新效果显著：自贸试验区形成的可复制制度创新成果多达 202 项
沿边和内陆开放区建设	截至 2018 年年底,我国沿边内陆的开发区和开放区总数已达 2674 个,其中国家级高新区 168 家,国家级经济开发区 219 家,省级开发区 2051 家

续表

主要方向	具体内容
全球经济治理	推进"一带一路"倡议、参与 WTO 改革、金砖会议、全球气候大会、G20 峰会等
多边经贸合作机制和平台建设	推动 APEC 会议、G20 峰会、金砖国家领导人峰会、RCEP 领导人峰会、中非合作论坛等(其中金砖厦门会晤、APEC 北京会议、G20 杭州峰会等发挥主场作用)

资料来源:作者根据公开资料整理。

第五节　全面开放新格局的未来展望

新中国成立七十多年来,尤其是改革开放四十多年来,中国经济实现了质的飞跃,成功实现了向开放型经济体制的转变,历史已经证明,开放是中华民族伟大复兴的唯一出路。党的十一届三中全会召开、4 个经济特区批准设立、加入 WTO、"一带一路"倡议提出、中国国际进口博览会成功举办等都是中国对外开放的里程碑事件,七十多年风雨兼程、四十多年披荆斩棘,中国已经基本形成全方位、多层次、宽领域的全面开放新格局。新时期,全球经济正处于深刻调整和变革阶段,国内经济体制改革走入深水区,提质增效、优化产业结构、转换增长动力迫在眉睫,内外形势发生复杂而深刻的变化。展望未来,中国全面开放新格局的巩固提升有望在开放空间、开放层次、开放领域、开放布局等方面再创辉煌。

一、对外开放空间进一步扩大

我国的空间开放格局将从沿海、沿边开放向内陆开放演变,从区域性开放向全域开放转变,全域开放将常态化。党的十九大报告明确提出加大西部地区开放力度,其内在含义是以开放促开发,以开放促进要素流动,带动内陆区域形成若干新的开放型经济增长点。内陆开放是经济特区、沿海开放城市和沿海经济开发区后新的开放空间布局,可以预见,加强沿边内陆的开发区和开放区建设将有效调动区域资源开发、产业结构调整和制度创新,带动区域内形成一批产业特色鲜明、技术创新能力强、国际化程度高的优质企业,同时带动地区产业集群和基础设施建设。

二、对外开放层次深度拓展

(一) 资源型开放向制度型开放转变

过去四十多年改革开放,中国以廉价劳动力、自然资源、税收优惠、广阔市场等作为对外开放的核心要素,并取得了巨大的成功,但现阶段经济增长由旧动能向新动能转变,高速度向高质量转变已成必然。传统的资源型开放已经不适应当前发展趋势和发展理念,以体制机制创新,市场化、法制化为核心的制度型创新是全面开放新格局的基本要求。中国的改革开放将在新时代实现由资源型开放向制度型开放转变。

(二) 自贸区、自贸港在制度改革试点中的先锋作用更为突出

自贸区、自贸港建设不是单纯的技术、资金和人才等资源输入,而是调动其发挥制度创新先行者和试验田的示范试点作用,在持续性的制度创新过程中激发内生动力,探索可复制可推广的改革经验,助推开放型经济建设。以上海自贸区为例,截至 2018 年年底,共有 127 项制度创新成果从上海自贸区向全国复制推广,以证照分离改革、负面清单改革、"放管服"改革、FT 账户等为代表的制度改革创新在全国范围内产生了连锁反应。以优化营商环境、贸易和投资便利化等为核心的自贸区体制机制创新和市场改革形成了一股风潮,全面促进了开放型经济体制建设,推动了对外开放层次的深度拓展。

三、对外开放领域全面放开

外资准入负面清单不断缩减。我国的外资准入负面清单在过去 5 年经历

了4次修改,新一轮的以服务业开放为重点的开放拓展了外商投资领域,我国还调整了部分行业的外资股权占比,放宽了金融、电信、医疗、教育、养老等领域的外资准入门槛。未来中国将进一步放开外商投资领域限制,尽快实现外商投资准入零限制,营造更高水平、更大范围的开放环境。另外,政府采购市场开放等关键领域也会有新突破,并将在自由贸易试验区开展试点。我国的对外开放领域的全面放开将不断延伸,有序推进。

四、对外开放布局全面优化

(一) 陆海内外联动、东西双向互济的协同趋势增强

当前我国经济发展水平呈现自东向西阶梯式递减,未来中国要全面推进区域协同,发挥中东部地区资金、技术、人才等产业优势,促进内陆地区营商环境优化、激活市场活力,带动区域开放发展;同时,统筹利用好国际国内两个市场、两种资源,以“一带一路”倡议向西、向南开放为平台,以新亚欧大陆桥、中蒙俄经济走廊、中缅铁路、中越铁路等为纽带,实现全方位内外联动带动内陆开放型经济发展。

(二) “引进来”与“走出去”结合更为紧密

我国要进一步加快“引进来”步伐,一方面要扩大进口规模,调整进口商品结构,缩小贸易逆差;另一方面要扩大开放领域,优化市场环境,提升市场信心,吸引投资。但是单向的“引进来”模式已经不适合当前的国内外形势,中国应“引进来”和“走出去”并重,应在技术输出、品牌输出、直接投资、跨国并购等方面发挥更大的作用,应通过“引进来”和“走出去”的双向互动、合理布局,促使我国产业在全球更为合理地布局,并提升我国在全球价值链中的位置,争取引领全球价值链。

第六节　2035 年的中国与世界

党的十九大报告明确指出,到 2035 年,我国要基本实现社会主义现代化。到那时,我国经济实力、科技实力将大幅跃升,跻身创新型国家前列;人民平等参与、平等发展权利得到充分保障,法治国家、法治政府、法治社会基本建成,各方面制度更加完善,国家治理体系和治理能力现代化基本实现;社会文明程度达到新的高度,国家文化软实力显著增强,中华文化影响更加广泛深入;人民生活更为宽裕,中等收入群体比例明显提高,城乡区域发展差距和居民生活水平差距显著缩小,基本公共服务均等化基本实现,全体人民共同富裕迈出坚实步伐;现代社会治理格局基本形成,社会充满活力又和谐有序;生态环境根本好转,美丽中国目标基本实现。

现在全党全国的目标已经确定,前景无比光明,我们相信在中国共产党领导下,我国的伟大目标一定能实现,中华民族一定能迎来伟大的复兴。到时,大中华经济圈建立,亚洲区域经济实现一体化,"一带一路"推进取得重大成就,人类命运共同体打造初见成效,我国全面开放新格局的构建取得阶段性的成功。

一、大中华经济圈建立

中华经济区目前有中国大陆、中国香港、中国澳门、中国台湾四个经济体。我们相信,在党的领导下,内地和港澳更紧密经贸关系(CEPA)、大陆和台湾经济合作框架协议(ECFA)一定能得到更好的实施,内地和港澳台经济一定能得到更深度的融合,到时四地经济互相依存,取长补短,高度融合,共同发展,最终将形成一个类似于现在欧盟,甚至是比欧盟还紧密的大中华经济圈。经贸关系的密切,也将大大增进四地同胞的感情,增强港澳台同胞对中华文化的认同,促进四地在政治、文化等方面的深度融合,实现两岸四地全面一体化。

二、亚洲经济一体化

相比于欧盟和北美,亚洲经济一体化程度是大大落后的,而亚洲各国地理邻近,经贸往来密切,完全有条件实现经济一体化。我们相信,到了2035年,区域全面经济伙伴关系、中日韩自贸区、中国—海湾合作委员会自贸区、中国—东盟自贸区进一步升级等亚洲区域的大型自由贸易区将会落地实施。亚洲区域将形成以中国为"轮轴国"的大型区域自由贸易区网络和以中国为核心的亚洲产业链。亚洲经济将实现一体化,真正成为一个互利共赢、和睦相处的整体。

三、"一带一路"推进取得重大成就(人民币区初步形成)

到2035年,"一带一路"的共商共建共享理念将更为深入人心,"一带一路"倡议将更为"一带一路"沿线各国所普遍接受。届时,中国和"一带一路"沿线各国实现了良好的产能合作,经贸关系日益密切,"一带一路"大型自由贸易区谈判初步达成,人民币越来越受到"一带一路"沿线各国的欢迎和认可,成为大部分沿线国家的主要储备货币和贸易支付货币。"一带一路"区域成为人民币区,人民币成为和美元、欧元三足鼎立的国际货币。"一带一路"的推进也促进了中国和沿线国家的民心相通,中国和沿线国家建立了更加和睦的互利共赢关系。

四、人类命运共同体初步形成

人类命运共同体是进入新时代以来,党和政府大力提倡的关于人类社会的新理念。到2035年,我国提倡的人类命运共同体理念将为大多数国家所认可。我国推动了相互依存国际权力观、共同利益观、可持续发展观、全球治理观在全球更好地落地生根。在政治上,世界各国往互相尊重、平等协商,对话而不对抗、结伴而不结盟的国与国交往新路发展;在经济上,经济全球化朝着更加开放、包容、普惠、平衡、共赢的方向发展;在文化上,各国更加尊重世界文明多样性;在生态上,世界各国往环境友好,合作应对气候变化,保护好人类赖以生存的地球家园方向发展。可见,届时人类命运共同体的打造将会初见成效,人类命运共同体初步形成,世界将更加和平,发展将更加充分和平衡,环境生态将更加良好。

第七节　持续研究的意义及设想

一、持续研究的意义

虽然本书从构建全面开放新格局的背景、构建全面开放新格局的理论基础、中国全面开放新格局的内涵、东西双向互济的全域协调开放、陆海内外联动的外部空间全方位开放、自由贸易试验区建设、沿边内陆的开发区和开放区建设、扩大市场开放和削减准入壁垒、对外开放新高地的打造、"一带一路"倡议的推进、构建高标准的自由贸易区网络、中国和世界主要国家和区域经贸关系的建设、积极参与全球经济治理等多个方面、多个角度力争对中国打造开放新格局的战略进行较为深入和系统的阐述和研究,但是中国对外开放新格局的构建是一个非常庞大和复杂的,并且时时都在变化的研究对象,限于作者的水平和精力,中国对外开放新格局的构建中尚存在大量值得研究的话题,值得进行持续和深入的研究。

(一) 可从国际政治、国际关系的角度深入研究

本书基本上是基于经济学的理论来研究和阐述对外开放新格局构建这一宏大话题,但是对外开放新格局的打造必然会受到国与国之间的关系,尤其是大国之间的关系的影响,因此从国际政治、国际关系的角度来系统和深入地研究这一话题,并和从经济学角度研究得出的结论进行比对和印证,研究的结果

将会更加全面、更加深入、更加令人信服。

（二）可对近期发生的重大事件进行跟踪研究

新冠肺炎疫情全球暴发是一个非常重大的事件,可能会导致全球贸易大幅萎缩、逆全球化情绪大幅升温、全球产业链和价值链重构、全球债务危机爆发,而这些都将会对我国构建对外开放新格局产生重大的影响,限于成书时间的原因,本书并没有对此进行研究。因为类似的原因,中美贸易摩擦的进展、演变以及中美大国经贸关系的构建对中国对外开放新格局的影响,WTO 等国际组织改革对中国对外开放新格局的影响等重大问题,本书也无法进行深入研究。

（三）可进一步研究如何通过开放促进我国产业转型升级和经济增长

我国打造对外开放新格局,归根到底,主要目的就是为了通过开放促进产业转型升级和我国经济增长。对外开放新格局的构建是手段,而促进产业转型升级和经济增长才是主要目的。本书对如何通过开放促进产业转型升级和我国经济增长这一问题的研究虽然有所涉及,但是分散在各章节中,并不系统和全面,对于其中的机理、作用机制也并没有研究透彻,这些都是值得持续研究的地方。

（四）可对开放新格局和"旧"的格局的成效进行对比研究

开放新格局的构建取得的成效如何,哪些措施是有效的,哪些措施是需要改进和完善的,和"旧"的格局相比,成效如何? 这些都是值得持续进行跟踪研究的。当然,这些研究的开展,依赖于数据的不断完善和取得。

二、下一阶段研究的设想

本书的主要不足之处以及存在的值得深入研究的话题就是下一阶段我们

的主要研究设想,具体来说,我们的主要研究设想如下。

（一） 对新冠肺炎疫情对中国构建对外开放新格局的影响进行研究

新冠肺炎疫情的全球大暴发和持续蔓延是一个足以对中国对外开放新格局构建造成影响的大事件,下一阶段,我们将从新冠肺炎疫情对对外贸易、对外投资、"一带一路"推进、全球价值链重构、产业转移、逆全球化、大国经贸关系的影响等多个领域、多个角度进行跟踪研究。

（二） 对中美贸易摩擦的发展、演变以及对中国构建对外开放新格局的影响进行研究

中美贸易谈判的第一阶段协议已经达成,执行这一协议会对我国经济造成什么样的影响,中美贸易摩擦会如何发展、演变,对中国构建对外开放新格局有什么影响,中国应该如何应对,这是我们下一阶段要重点研究的内容之一。

（三） 对全球化的演变、国际经贸规则的重构以及对中国构建对外开放新格局的影响进行研究

近年来,逆全球化情绪升温,全球化走到了一个紧要关口,国际经贸规则也出现了重构的趋势,下一阶段,我们将对全球化的演变、国际经贸规则的重构以及对中国构建对外开放新格局的可能影响进行跟踪研究。

（四） 对通过开放促进产业升级和经济增长的内在机制进行研究

未能对如何通过开放来促进我国产业升级和经济增长进行系统和全面的研究,是本书研究的一个主要不足,在下一阶段,我们将对此进行系统和深入

的研究,梳理出扩大开放的各种措施对创新、产业升级和经济增长的作用机制和传递路径。

(五) 对打造开放新格局取得的成效进行评价和比对

下一阶段,我们将进一步搜集和整理党的十八大以来的各项数据,对进入新时代以来,我国采取的各项打造开放新格局措施取得的成效进行研究和评价,并在此基础上,提出我国打造对外开放新格局的新的政策建议。

参 考 文 献

毕晶：《改革开放四十年中欧经贸关系回顾与思考》，《国际贸易》2018 年第 10 期。

陈波：《中国自贸区：开放创新，多点开花》，《中国经济报告》2018 年第 11 期。

陈东晓、叶玉：《全球经济治理：新挑战与中国路径》，《国际问题研究》2017 年第 1 期。

陈卫东：《全面评估中国金融业开放："引进来"和"走出去"》，《新视野》2019 年第 1 期。

陈勇兵、李伟、钱学锋：《中国进口种类增长的福利效应估算》，《世界经济》2011 年第 12 期。

陈冬晴：《关于中国河南自贸区助力中原崛起创新之路的发展研究》，《品牌研究》2018 年第 3 期。

陈宏、程健：《"一带一路"建设与中国自贸区战略协同对接的思考》，《当代经济管理》2019 年第 1 期。

《重庆自贸试验区引进项目超 1600 个》，《重庆日报》2018 年 11 月 19 日。

《邓小平：解放思想，实事求是，团结一致向前看》，中国网，2012 年 9 月 10 日。

东艳：《主动扩大进口：新时代的开放自信》，《经济日报》2018 年 5 月 15 日。

杜平：《内地与香港经贸合作十五年报告》，《经济研究参考》2012 年第 68 期。

冯其予：《自贸试验区重在首创性差异化探索》，《经济日报》2019 年 1 月 21 日。

高国力、陈曦：《推进"一带一路"建设同国家重大区域发展战略对接》，《中国发展观察》2019 年第 23 期。

高凌云、王洛林：《进口贸易与工业行业全要素生产率》，《经济学（季刊）》2010 年第 2 期。

谷合强:《"一带一路"与中国—东盟经贸关系的发展》,《东南亚研究》2018 年第 1 期。

顾国达:《研究外资溢出效应和挤出效应的创新之作——评新书〈中国利用外资溢出效应和挤出效应研究〉》,《国际经济合作》2016 年第 1 期。

浦东美国经济研究中心等编:《改革开放三十年来中美经贸关系的回顾与展望》,上海社会科学院出版社 2009 年版。

顾学明:《扩大进口是遵循经济发展规律的主动选择》,《经济日报》2018 年 5 月 18 日。

关昊:《习近平全球经济治理战略思想研究》,辽宁大学硕士学位论文,2016 年。

郭晴、陈伟光:《中国参与全球经济治理机制与战略选择的探讨》,《国际经贸探索》2018 年第 3 期。

郭晴、钟华明、陈伟光:《全球经济治理下的人民币区域化问题研究——基于"一带一路"沿线国家的分析》,《宏观经济研究》2018 年第 4 期。

《中共中央 国务院关于构建开放型经济新体制的若干意见》,《人民日报》2015 年 9 月 18 日。

韩超、朱鹏洲:《改革开放以来外资准入政策演进及对制造业产品质量的影响》,《管理世界》2018 年第 10 期。

贺伟跃等编著:《中国(上海)自由贸易试验区制度解读与展望》,经济日报出版社 2016 年版。

胡锦涛:《高举中国特色社会主义伟大旗帜 为夺取全面建设小康社会新胜利而奋斗——在中国共产党第十七次全国代表大会上的报告》,《求是》2007 年第 21 期。

胡锦涛:《坚定不移沿着中国特色社会主义道路前进 为全面建成小康社会而奋斗——在中国共产党第十八次全国代表大会上的报告》,《共产党员》2012 年第 23 期。

贾承儒:《中国参与全球金融治理的挑战和战略研究》,《企业改革与管理》2017 年第 16 期。

姜建清:《改革开放四十年中国金融业的发展成就与未来之路》,《上海交通大学学报(哲学社会科学版)》2019 年第 1 期。

江泽民:《全面建设小康社会,开创中国特色社会主义事业新局面——在中国共产党第十六次全国代表大会上的报告》,《求是》2002 年第 22 期。

江泽民:《高举邓小平理论伟大旗帜,把建设有中国特色社会主义事业全面推向二十一世纪——在中国共产党第十五次全国代表大会上的报告》,《党建研究》1997 年第 10 期。

焦贝贝、张治河、肖新军、刘海猛:《中国开发区发展阶段与时空分布特征研究》,《科研管理》2018 年第 10 期。

乐美龙编著:《中国(上海)自由贸易试验区变革与机遇》,上海交通大学出版社2015 年版。

李春顶、郭志芳、何传添:《中国大型区域贸易协定谈判的潜在经济影响》,《经济研究》2018 年第 5 期。

李盾:《贸易便利化视角下的湖北自贸试验区建设研究》,《湖北经济学院学报(人文社会科学版)》2017 年第 11 期。

李锋、陆丽萍:《上海自贸试验区五年来突出进展与新一轮改革开放思路及突破口》,《科学发展》2019 年第 1 期。

李逢春:《对外直接投资的母国产业升级效应——来自中国省际面板的实证研究》,《国际贸易问题》2012 年第 6 期。

李光辉:《中日经贸关系发展的特点及展望》,《日本学论坛》2007 年第 2 期。

李力行、申广军:《经济开发区、地区比较优势与产业结构调整》,《经济学(季刊)》2015 年第 3 期。

李月凤:《福建自贸试验区政府职能转变:成效、问题、对策》,《发展研究》2018 年第 11 期。

林建勇、洪俊杰、杨超:《国际贸易投资规则重塑下中国面临的挑战与应对——基于 TPP 与中韩自贸协定视角》,《管理现代化》2016 年第 5 期。

刘军:《信息化密度与中国企业出口决定:基于产品价值链视角》,《国际贸易问题》2016 年第 6 期。

刘勇、张译文:《中国参与全球经济治理的新模式及路径研究》,《经济纵横》2017 年第 11 期。

路洪卫:《提升三大功能　对接国家区域协调发展战略》,《政策》2018 年第 5 期。

路璐:《中国(天津)自由贸易试验区服务京津冀协同发展的实践与探索》,《天津经济》2018 年第 11 期。

潘晔、张振、苗海民:《农业国际贸易对国内产业结构影响机制研究》,《经济问题》2019 年第 5 期。

裴长洪:《进口贸易结构与经济增长:规律与启示》,《经济研究》2013 年第 7 期。

裴成荣、顾菁:《长江中上游建设高水平自贸试验区调研报告》,《新西部》2018 年第 31 期。

蒲杰:《中国自由贸易试验区法律保障制度研究》,电子科技大学出版社 2017

年版。

钱水土、张宇:《中国金融业双向开放对货币政策效应的影响研究》,《商业经济与管理》2017 年第 11 期。

强力:《内陆型自贸试验区与"一带一路"倡议的深度融合——以陕西自贸试验区为例》,《国际商务研究》2018 年第 5 期。

任琳:《中国全球治理观:时代背景与挑战》,《当代世界》2018 年第 4 期。

沈琪、周世民:《进口关税减免与企业全要素生产率:来自中国的微观证据》,《管理世界》2014 年第 9 期。

宋艳梅:《俄罗斯加入世贸组织对改善外资环境的影响》,《东北亚论坛》2014 年第 4 期。

孙艳:《经贸合作推动中欧关系行稳致远》,《中国社会科学报》2018 年 12 月 13 日。

孙艳:《新形势下中欧经贸关系发展及制约因素分析》,《当代世界》2018 年第 12 期。

陶珺、任春杨:《中国(广东)自由贸易试验区制度创新研究》,《广东经济》2018 年第 10 期。

天工:《我国能源领域对外开放不断扩大》,《天然气工业》2018 年第 5 期。

万纳赛:《中国与东盟贸易合作发展浅析》,《商场现代化》2018 年第 5 期。

王海峰:《主动扩大进口 打开对外开放新局面》,《紫光阁》2018 年第 5 期。

王嘉奕:《中国与东盟关系研究的可视化分析》,《图书情报研究》2018 年第 4 期。

王杰宁:《国外自贸园区比较研究——兼论辽宁自贸试验区的发展对策》,辽宁大学硕士学位论文,2018 年。

王庭东、钱进:《中日韩自贸区"轮辐"效应研究——基于要素集聚及产业视角的分析》,《东北亚论坛》2017 年第 4 期。

王义桅:《全球治理的中国自信与自觉》,《乡音》2017 年第 1 期。

王卓:《全球经济治理变革的路径选择——以 CPTPP、AIIB 为中心的国际政治经济学分析》,外交学院博士学位论文,2018 年。

魏浩、付天:《中国货物进口贸易的消费者福利效应测算研究——基于产品层面大型微观数据的实证分析》,《经济学(季刊)》2016 年第 4 期。

魏浩、李晓庆:《进口投入品与中国企业的就业变动》,《统计研究》2018 年第 1 期。

魏浩、巫俊:《知识产权保护、进口贸易与创新型领军企业创新》,《金融研究》2018 年第 9 期。

魏全平：《中日经贸关系的现状与变化——"东亚共同体"倡议的经济背景》，《亚太经济》2010 年第 2 期。

魏思敏：《中国 FTA 现状及战略分析》，《时代金融》2015 年第 35 期。

肖伟：《提高自由贸易试验区发展水平》，《经济日报》2019 年 1 月 31 日。

习近平：《决胜全面建成小康社会　夺取新时代中国特色社会主义伟大胜利——在中国共产党第十九次全国代表大会上的报告》，《人民日报》2017 年 10 月 28 日。

邢广程：《中俄关系是新型大国关系的典范》，《世界经济与政治》2016 年第 9 期。

《中共中央关于全面深化改革若干重大问题的决定》，《中国合作经济》2013 年第 11 期。

《习近平在庆祝海南建省办经济特区 30 周年大会上发表重要讲话》，新华网，2018 年 4 月 13 日。

徐光耀：《我国进口贸易结构与经济增长的相关性分析》，《国际贸易问题》2007 年第 2 期。

薛新红、王忠诚：《中国 OFDI 对国内投资的影响：挤出还是挤入》，《国际商务（对外经济贸易大学学报）》2017 年第 1 期。

杨伯江：《新时代中美日关系：新态势、新课题、新机遇》，《日本学刊》2019 年第 1 期。

杨正位：《扩大进口的国际经验和对策》，《国际贸易》2011 年第 3 期。

叶芳、Jaepil Park：《中国（浙江）自由贸易试验区探索更大改革自主权的若干思考》，《浙江海洋大学学报（人文科学版）》2018 年第 6 期。

易纲：《在全面深化改革开放中开创金融事业新局面——纪念改革开放 40 周年暨中国人民银行成立 70 周年》，《中国金融》2018 年第 23 期。

尹刚、宋志勇：《改革开放 40 年中日经贸关系发展脉络与展望》，《东北亚经济研究》2018 年第 6 期。

于玉艳：《进一步推动"深化福建自贸试验区改革开放"——王惠敏副主席代表专题调研组发言》，《政协天地》2018 年第 9 期。

余川江、白佳琦：《内陆自由贸易港的属性及建设内容和路径——兼析重庆自贸试验区建设经验》，《西部论坛》2019 年第 2 期。

余淼杰：《五方面解析扩大进口利好中国经济》，《中华工商时报》2018 年 6 月 26 日。

余淼杰：《改革开放四十年中国对外贸易奇迹：成就与路径》，《国际贸易》2018 年第 12 期。

占华、于津平:《贸易政策、扩大进口与失业》,《世界经济文汇》2016 年第 1 期。

张波、刘佳、梁由卉子:《中国 FTA 的利用现状及提高利用率的对策分析》,《对外经贸》2018 年第 3 期。

张瀚文、朱瑞雪、贾春明:《辽宁(大连)自贸试验区发展对策分析》,《对外经贸》2018 年第 3 期。

张卉:《"一带一路"战略背景下中国参与 FTA 的现状、问题及对策研究》,《财经理论研究》2015 年第 5 期。

张杰:《进口对中国制造业企业专利活动的抑制效应研究》,《中国工业经济》2015 年第 7 期。

张晓兰:《应客观认识当前我国对外投资热潮》,《经济纵横》2017 年第 3 期。

张永亮、邹宗森:《进口种类、产品质量与贸易福利:基于价格指数的研究》,《世界经济》2018 年第 1 期。

张宇燕:《扩大进口是我国坚持的既定方向》,《经济日报》2018 年 5 月 21 日。

赵萍、段秀芳:《反全球化背景下的中俄经贸现状与发展研究》,《价格月刊》2018 年第 11 期。

郑宝银:《中日经贸关系的战略思考》,《国际贸易问题》2006 年第 2 期。

《中共中央关于建立社会主义市场经济体制若干问题的决定》,《党的建设》1994 年第 1 期。

《中国(上海)自由贸易试验区指引》编委会编:《中国(上海)自由贸易试验区指引》,上海交通大学出版社 2014 年版。

庄芮、邓寅、林佳欣:《当前亚太区域经济合作与两岸经贸关系的"双轨路径"分析》,《国际贸易》2017 年第 8 期。

Betina, V. D., R. A. McDougall and T. W. Hetel, "GTAP Version 6 Documentation: Chapter 20 'Behavioral Parameters'", *GTAP Discussion Paper*, 2016.

Chen, Z., J. Zhang and W. Zheng, "Import and Innovation: Evidence from Chinese Firms", *European Economic Review*, Vol.94, 2017.

Consoli, Domenico, "Literature Analysis on Determinant Factors and the Impact of ICT in SMEs", *Procedia-Social and Behavioral Sciences*, Vol.62, 2012.

Li, C. and J. Whalley, "China and the Trans-Pacific Partnership: A Numerical Simulation Assessment of the Effects Involved", *World Economy*, Vol.37, No.2, 2014.

Liu, Q. and L.D. Qiu, "Intermediate Input Imports and Innovations: Evidence from Chinese Firms' Patent Filings", *Journal of International Economics*, Vol.103, 2016.

Novy, D., "Gravity Redux: Measuring International Trade Costs with Panel Data", *Economic Inquiry*, Vol.51, No.1, 2013.

Patinkin, D., "Inside Money, Monopoly Bank Profits, and the Real−balance Effect: Comment", *Journal of Money, Credit and Banking*, Vol.3, No.2, 1971.

Shoven, J. B. and J. Whalley, *Applying General Equilibrium*, Cambridge University Press, 1992.

Tarute A., Gatautis R., "ICT Impact on SMEs Performance", *Procedia−Social and Behavioral Sciences*, Vol.110, 2014.

Whalley, J. and L. Wang, "The Impact of Renminbi Appreciation on Trade Flows and Reserve Accumulation on a Monetary Trade Model", *Economic Modelling*, Vol.28, 2010.

Whalley, J., J. Yu and S. Zhang, "Trade Retaliation in a Monetary−Trade Model", *Global Economy Journal*, Vol.11, No.1, 2011.

责任编辑:孟　雪
封面设计:石笑梦
封面制作:姚　菲
版式设计:胡欣欣
责任校对:黎　冉

图书在版编目(CIP)数据

中国全面开放新格局战略研究/何传添等 著. —北京:人民出版社,2021.1
ISBN 978－7－01－022778－8

Ⅰ.①中… 　Ⅱ.①何… 　Ⅲ.①对外开放-研究-中国 　Ⅳ.①F125

中国版本图书馆 CIP 数据核字(2020)第 248820 号

中国全面开放新格局战略研究

ZHONGGUO QUANMIAN KAIFANG XINGEJU ZHANLÜE YANJIU

何传添　霍伟东　李春顶　林创伟　著

人民出版社 出版发行

(100706　北京市东城区隆福寺街 99 号)

北京汇林印务有限公司印刷　新华书店经销

2021 年 1 月第 1 版　2021 年 1 月北京第 1 次印刷
开本:710 毫米×1000 毫米 1/16　印张:22.5
字数:300 千字

ISBN 978－7－01－022778－8　定价:79.00 元

邮购地址 100706　北京市东城区隆福寺街 99 号
人民东方图书销售中心　电话 (010)65250042　65289539